"十三五"全国高等院校物流专业规划教材

国际物流

International logistics

主　编◎刘丽艳　袁雪妃

副主编◎李　宁　白璐璐

参　编◎支海宇　李　楠

清华大学出版社
北　京

内 容 简 介

经济全球化为国际物流发展带来前所未有的机遇，为了保障我国全球经济活动的顺利运转，需要专业化的国际物流管理人才。本书以物流管理理论及国际物流管理实务为主要内容进行阐述，注重课堂教学与业务实践相结合，力求在系统阐述基础知识的同时，增加大量实践性和可操作性的实习训练，通过相关案例实训达到学以致用、强化技能培养的目的。

本书内容具体，阐述简练，案例丰富，版式活泼，不仅可作为本科物流管理专业的学生用书，也可作为第三方物流企业及工商企业物流管理人员的参考书籍。

本书封面贴有清华大学出版社防伪标签，无标签者不得销售。

版权所有，侵权必究。 举报：010-62782989，beiqinquan@tup.tsinghua.edu.cn。

图书在版编目（CIP）数据

国际物流/刘丽艳，袁雪妃主编. —北京：清华大学出版社，2017（2022.2重印）
（"十三五"全国高等院校物流专业规划教材）
ISBN 978-7-302-46333-7

I. ①国… II. ①刘… ②袁… III. ①国际物流-高等学校-教材 IV. ①F259.1

中国版本图书馆 CIP 数据核字（2017）第 021349 号

责任编辑：刘淑丽
封面设计：刘 超
版式设计：魏 远
责任校对：何士如
责任印制：刘海龙

出版发行：清华大学出版社
    网　　址：http://www.tup.com.cn, http://www.wqbook.com
    地　　址：北京清华大学学研大厦 A 座　　　邮　　编：100084
    社 总 机：010-83470000　　　　　　　　邮　　购：010-62786544
    投稿与读者服务：010-62776969，c-service@tup.tsinghua.edu.cn
    质量反馈：010-62772015，zhiliang@tup.tsinghua.edu.cn
印 装 者：北京嘉实印刷有限公司
经　　销：全国新华书店
开　　本：185mm×230mm　　　印　　张：18.25　　字　　数：377 千字
版　　次：2017 年 7 月第 1 版　　　　　　印　　次：2022 年 2 月第 6 次印刷
定　　价：55.00 元

产品编号：071317-03

前　言
F O R E W O R D

随着国际贸易不断发展，资源全球化配置的趋势逐渐增强，国际物流业的发展异常迅速。国际物流在整个物流行业中发挥着越来越重要的作用。目前国际物流出现了展品物流、快递物流、保税物流等新的物流形式，而货运代理企业也向第三方物流企业转型，已呈现出新时期的特点，因此急需适合我国国际物流环境，集理论和实践于一体，既具有知识的系统性又具有较强操作性的技能型人才。在这种背景下，我们组织编写了本教材。

全书共九章，以学习者应用能力培养为主线，依照国际物流的基本过程和规律，结合实际，突出实操性。本书内容包括国际物流与货运代理概述、与国际物流相关的业务知识、国际物流基础设施与标准化、国际海洋货物运输、国际航空货物运输、国际集装箱与多联式运输、国际物流中海关实务、国际物流关税筹划及国际物流单证实务。

本书严格按照教育部"加强创新教育、突出实践技能培养"的教育教学要求，根据教学改革的实际需要，审慎地对教材内容进行反复推敲和修改，以使其更贴近现代物流企业实际、更符合社会经济发展、更好地为物流教学实践服务。

本书作为本科物流管理专业的特色教材，内容具体，阐述简练，案例丰富，版式活泼，不仅可作为本科物流管理专业的学生用书，也可作为第三方物流企业及工商企业物流管理人员的参考书籍。

本书由大连科技学院刘丽艳、大连财经学院袁雪妃主编，大连财经学院李宁、白璐璐担任副主编，参与本书编写的人员还有大连财经学院支海宇、李楠。具体编写分工为：第一章由大连财经学院支海宇、李楠编写，第二章、第九章由大连财经学院白璐璐编写，第三章、第四章由大连财经学院李宁编写，第五章由大连财经学院支海宇编写，第六章由大连科技学院刘丽艳编写，第七章、第八章由大连财经学院袁雪妃编写。在本书编写过程中，大连财经学院李楠老师在书稿的编辑、整理上做了大量工作，在此表示感谢。

在教材编写过程中，我们借鉴、引用了大量国内外有关物流方面的书刊资料和业界的研究成果，并得到编审委员会有关专家教授的具体指导，在此一并致谢。由于作者水平有限，书中难免有疏漏和不足，恳请同行和读者批评指正，以便修正。

编　者

2016 年 7 月

目 录

C O N T E N T S

国际物流概述

学习目标

- 掌握国际物流的概念、特点与分类；
- 了解国际物流的发展；
- 掌握国际物流系统的概念及组成；
- 熟悉国际物流系统网络结构。

引导案例

沈阳港打造东北亚重要国际物流中心

中国排名前十的营口港务集团与省会城市沈阳已合作组建沈阳港（集团）有限公司，使其成为东北亚重要国际物流中心。

营口港是东北三省和内蒙古自治区最便捷的海上通道之一，建有 5 个港区。在三省一区各主要城市建立了具有报关报验、订船订舱、仓储运输等功能的 10 余个陆港场站。2015 年，营口港吞吐量实现 3.38 亿吨。

据沈阳港相关负责人介绍，营口港是沈阳经济区的唯一出海口，沈阳港将前移营口港的所有功能。即在沈阳可以接受货物运代、直接签订合同和订舱，未来还将实现一次性报关。

组建沈阳港的新模式，相当于将港口移到了腹地，使近海城市沈阳成为具备所有海港功能的港城。建成以"沈满欧"铁路为出口的陆路口岸、以沈阳港为出口的海港口岸、以桃仙机场为出口的空港口岸，形成"三位一体"的海陆空立体枢纽架构。

2015 年，沈阳和营口两地相继开通多条国际班列，其中营口港入欧集装箱直达班列每周"六连发"，成为沈阳港对外贸易的重要载体。海运可对接韩国、日本、东盟等

国家和地区，海铁联运可辐射欧亚大陆至大西洋岸线，将"一带一路"建设有机衔接。

目前，沈阳港正在抓紧建设位于沈阳市境内的沈北陆港、辽中陆港、法库陆港三个物流平台，将集装箱业务前移至货源所在地以及当地物流商，使货物在最短时间内分拨，实现内陆建港拉近港口与货源距离的目标，构建海陆联运大通道上的国际物流母港。

沈阳港建成后，将成为集海运、铁路、公路、航空多式联运为一体的全方位物流平台，有效拉动中俄欧国际贸易流通，成为具有国际影响力的交易中心、物流中心、信息中心和定价中心，促进辽宁老工业基地新一轮经济发展。

（资料来源：新华网，http://news.xinhuanet.com/fortune/2016-02/16/c_128724269.htm）

第一节　国际物流的概念、特点与分类

一、国际物流的概念

（一）国际物流的定义

国际物流（International Logistics）是国内物流的延伸和进一步扩展，是跨越国界的、流通范围扩大了的"物的流通"，是实现货物在两个或两个以上国家（或地区）间的物理性移动而发生的国际贸易活动。

国际物流的实质是按国际分工协作的原则，依照国际惯例，利用国际化的物流网络、物流设施和物流技术，实现货物在国际间的流动与交换，以促进区域经济的发展和世界资源优化配置。

📢 小提示

广义的国际物流包括贸易性国际物流和非贸易性国际物流。

狭义的国际物流仅指贸易性国际物流。

贸易性国际物流是指组织国际贸易货物在国际的合理流动，即商品的生产和销售之间有空间距离和时间间隔时，对商品进行空间和时间转移的活动。

非贸易性国际物流是指各种行李物品、会展物品、办公用品、捐助、援外物资等非贸易货物在国际的合理流动。

（二）国际物流标准体系

随着经济全球化的发展，贸易活动实现国际化，其标准也日趋国际化，以国际标准为其制定本国标准，已成为 WTO 对其成员的要求。目前，世界上有近 300 个国际和区域性组织制定了标准和技术规则。其中最大的是国际标准化组织（ISO）、国际电工委员会（IEC）、国际电信联盟（ITU）、国际物品编码协会（EAN）与美国统一代码委员会（UCC）联盟等，它们创立的 ISO、IEC、EAN、UCC 均为国际标准，构成了国际物流标准的两大体系。

二、国际物流的特点

国际物流最大的特点是物流跨越国界，物流活动是在不同国家之间进行的。所以国际物流的存在与发展可以促进世界范围内物的合理流动，使国际间物资或商品的流动路线最佳、流通成本最低、服务最优、效益最高。

同时，由于国际化信息系统的支持和世界各地域范围的物资交流，国际物流可以通过物流的合理组织促进世界经济的发展，改善国际间的友好交往，并由此推进国际政治、经济格局的良性发展，从而促使整个人类的物质文化和精神文化朝着和平、稳定和更加文明的方向发展。

国际物流的总目标是为国际贸易和跨国经营服务，即选择最佳的方式与路径，以最低的费用和最小的风险，保质、保量、适时地将货物从某国的供方运到另一国的需方。国际物流是为跨国经营和对外贸易服务，使各国物流系统相互"接轨"，因而与国内物流系统相比，国际物流具有以下六个特点。

1．物流环境存在差异

国际物流的一个非常重要的特点是，各国物流环境的差异，尤其是物流软环境的差异。主要体现在不同的物流适用法律、不同的经济和科技发展水平和不同的标准。这些差异将造成国际物流整体系统水平的下降，并最终使国际物流系统难以建立。

2．物流系统范围广

物流本身的功能要素、系统与外界的沟通就已是很复杂的，国际物流再在这复杂系统上增加不同国家的要素，这不仅是地域和空间的广阔，而且所涉及的内外因素更多，所需的时间更长，广阔范围带来的直接后果是难度和复杂性增加，风险增大。

3．国际物流必须有国际化信息系统的支持

国际化信息系统是国际物流，尤其是国际联运非常重要的支持手段。国际信息系统建立的难度，一是管理困难，二是投资巨大，加上世界上有些地区物流信息水平较高，有些地区较低，所以会出现信息水平不均衡因而信息系统的建立更为困难。

4．国际物流的标准化要求较高

要使国际间物流畅通起来，统一标准是非常重要的，没有统一的标准，国际物流水平将无法提高。目前，美国、欧洲基本实现了物流工具、设施的统一标准，如托盘

采用 1 000 毫米×1 200 毫米、集装箱采用统一的规格和采用条码技术等。国际物流的标准化降低了物流费用，降低了转运的难度。

5. 经营运作的风险性

物流本身就是一个复杂的系统工程，而国际物流在此基础上增加了不同国家的要素，这不仅仅是地域和空间的简单扩大，也涉及更多的内外因素，增加了国际物流的风险。例如，由于运输距离的扩大延长了运输时间并且增加了货物中途转运装卸的次数，使国际物流中货物灭失以及短缺的风险增大；企业资信汇率的变化使国际物流经营者面临更多的信用及金融风险；而不同国家之间的政治经济环境的差异可能使企业跨国开展国际物流遭遇一定程度的国家风险。

6. 国际物流以海洋运输方式为主

国际物流是以海洋运输为主，还包括铁路运输、航空运输、公路运输以及由这些运输手段组合而成的国际复合运输方式。运输方式选择和组合的多样性是国际物流的一个显著特征。海洋运输由于成本低，能进行长距离、大批量的货运，是国际物流运输中最普遍的方式，因而是国际物流的重要手段。如果能够提高远洋运输的效率，降低远洋运输成本，就能在国际物流竞争中占有优势地位。目前，在国际物流活动中，为了追求整个物流系统的运作效率和缩短运输时间，"门到门"（Door to Door）的运输方式越来越受到货主的欢迎，由于国际复合运输方式能够满足这种需要，因此得到了快速发展，逐渐成为国际物流运输中的主流。

三、国际物流的分类

根据不同的标准，国际物流主要可以分为以下几种类型。

1. 进口物流和出口物流

按照货物流向进行划分，可分为进口物流和国际出口物流。凡是存在进口业务中的国际物流行为，被称为"进口物流"；而存在于出口业务中的国际物流行为，则被称为"出口物流"。鉴于各国的经济政策、管理制度、外贸体制的不同，反映在国际物流中的具体表现既有交叉，又有类型的不同，因此须加以区别。

2. 国家间物流和经济区域间物流

依照不同国家所规定的关税区域予以区别，可分为国家间物流与经济区域间物流。这两种类型的物流，在形式和具体环节上存在着较大差异。如欧共体区域间、欧共体与其他国家、欧共体与其他区域间物流的差异现象，自由贸易区（或保税区）之间、自由贸易区（或保税区）与非自由贸易区（或保税区）物流的差异现象。

3. 国际商品物流及其他物品的物流

根据国家进行货物传递和流动方式，国际物流又可以分为国际商品物流、国际军火物流、国际邮品物流、国际援助和救助物资物流等。

　　围绕国际物流活动而涉及国际物流业务的企业有经营国际货运代理、国际船舶代理、国际物流公司、国际配送中心、国际运输及仓储、报关行等业务的具体企业。

第二节　国际物流的发展历程及趋势

一、国际物流的发展历程

　　国际物流活动随着国际贸易和跨国经营的发展而发展。国际物流活动的发展经历了以下历程。

　　历程一：第二次世界大战以后，国际间的经济交往才越来越扩展，越来越活跃。尤其在 20 世纪 70 年代的石油危机以后，国际间贸易从数量来讲已达到了非常巨大的数字，交易水平和质量要求也越来越高。在这种新情况下，原有为满足运送必要货物的运输观念已不能适应新的要求，系统物流就是在这个时期进入到国际领域。

　　历程二：20 世纪 60 年代开始形成了国际间的大数量物流，在物流技术上出现了大型物流工具，如 20 万吨的油轮、10 万吨的矿石船等。

　　历程三：20 世纪 70 年代，石油危机的影响，国际物流不仅在数量上进一步发展，船舶大型化趋势进一步加强，而且出现了提高国际物流服务水平的要求，大数量、高服务型物流从石油、矿石等物流领域向物流难度最大的中、小件杂货领域深入，其标志是国际集装箱及国际集装箱船的大发展，国际间各主要航线的定期班轮都投入了集装箱船，一下子把散杂货的物流水平提了上去，一下子使物流服务水平获得很大提高。

　　历程四：20 世纪 70 年代中、后期，国际物流的质量要求和速度要求进一步提高，这个时期在国际物流领域出现了航空物流大幅度增加的新形势，同时出现了更高水平的国际联运。

　　历程五：20 世纪 80 年代前、中期，国际物流的突出特点是在物流量基本不继续扩大情况下出现了"精细物流"，物流的机械化、自动化水平提高。同时，伴随新时代人们需求观念的变化，国际物流着力于解决"小批量、高频度、多品种"的物流，出现了不少新技术和新方法，这就使现代物流不仅覆盖了大量货物、集装杂货，而且也覆盖了多品种的货物，基本覆盖了所有物流对象，解决了所有物流对象的现代物流问题。

　　历程六：20 世纪 80 年代、90 年代在国际物流领域的另一大发展，是伴随国际物流，尤其是伴随国际联运式物流出现的物流信息和首先在国防物流领域出现的电子数据交换（EDI）系统。信息的作用使物流向更低成本、更高服务、更大量化、更精细化

方向发展，许多重要的物流技术都是依靠信息才得以实现的，这个问题在国际物流中比国内物流表现更为突出，物流的几乎每一活动都有信息支撑，物流质量取决于信息，物流服务依靠信息。

历程七：20 世纪 90 年代国际物流依托信息技术发展，实现了"信息化"，信息对国际物流的作用，依托互联网公众平台，向各个相关领域渗透，同时又出现了全球卫星定位系统、电子报关系统等新的信息系统，在这个基础上，构筑国际供应链，形成国际物流系统，使国际物流水平进一步得到了提高。

二、国际物流的发展趋势

1. 系统集成化

传统物流一般只是货物运输的起点到终点的流动过程，如产品出厂后从包装、运输、装卸到仓储这样一个流程，而现代物流，从纵向看：它将传统物流向两头延伸并注入新的内涵，即从最早的货物采购物流开始，经过生产领域再进入销售领域，期间要经过包装、运输、装卸、仓储、加工配送等过程到最终送达用户手中，甚至最后还有回收物流，整个过程包括了产品出"生"入"死"的全过程。从横向看：它将社会物流和企业物流、国际物流和国内物流等各种物流系统，通过利益输送、股权控制等形式将它们有机地组织在一起，即通过统筹协调、合理规划来掌控整个商品的流动过程，以满足各种用户的需求和不断变化的需要，争取做到效益最大和成本最小。

国际物流的集成化，是将整个物流系统打造成一个高效、通畅、可控制的流通体系，以此来减少流通环节、节约流通费用，达到实现科学的物流管理、提高流通的效率和效益的目的，以适应在经济全球化背景下"物流无国界"的发展趋势。

2. 管理网络化

在系统工程思想的指导下，以现代信息技术提供的条件，强化资源整合和优化物流过程是当今国际物流发展的本质特征。信息化与标准化这两大关键技术对当前国际物流的整合与优化起到了革命性的影响。同时，又由于标准化的推行，使信息化的进一步普及获得了广泛的支撑，使国际物流可以实现跨国界、跨区域的信息共享，物流信息的传递更加方便、快捷、准确，加强了整个物流系统的信息连接。

3. 标准统一化

国际物流的标准化是以国际物流为一个大系统，制定系统内部设施、机械装备、专用工具等各个分系统的技术标准；制定各系统内分领域的包装、装卸、运输、配送等方面的工作标准；以系统为出发点，研究各分系统与分领域中技术标准与工作标准的配合性；按照配合性要求，统一整个国际物流系统的标准，最后研究国际物流系统与其他相关系统的配合问题，谋求国际物流大系统标准的统一。

目前，跨国公司的全球化经营正在极大地影响物流全球性标准化的建立。一些国际物流行业和协会，在国际集装箱和 EDI 技术发展的基础上，开始进一步对物流的交易条件、技术装备规格，特别是单证、法律条件、管理手段等方面推行统一的国际标准，使物流的国际标准更加深入地影响到国内标准，使国内物流日益与国际物流融为一体。

4. 配送精细化

由于现代经济专业化分工越来越细，相当一些企业除了自己生产一部分主要部件外，大部分部件需要外购。国际间的加工贸易就是这样发展起来的，国际物流企业伴随着国际贸易的分工布局应运而生。为了适应各制造厂商的生产需求，以及多样、少量的生产方式，国际物流的高频度、小批量的配送也随之产生。早在 20 世纪 90 年代，台湾电脑业就创建了一种"全球运筹式产销模式"，就是采取按客户订单、分散生产形式，将电脑的所有零部件、元器件、芯片外包给世界各地的制造商去生产，然后通过国际物流网络将这些零部件、元器件、芯片集中到物流配送中心，再由该配送中心发送给电脑生产厂家。

5. 园区便利化

为了适应国际贸易的急剧扩大，许多发达国家都致力于港口、机场、铁路、高速公路、立体仓库的建设，一些国际物流园区也因此应运而生。这些园区一般选择靠近大型港口和机场兴建，依托重要港口和机场，形成处理国际贸易的物流中心，并根据国际贸易的发展和要求，提供更多的物流服务。这些国际物流中心，一般都具有保税区的功能。此外，港口还实现 24 小时作业，国际空运货物实现 24 小时运营。实行了同一窗口办理方式，简化了进出口以及机场港口办理手续，迅速而准确地进行检疫、安全性和通关检查等，提供"点到点"服务、"一站式"服务，为国际物流发展提供许多便利。

6. 运输现代化

国际物流运输的最主要方式是海运，有一部分是空运，但它还会渗透在国内其他一部分运输，因此，国际物流要求建立起海路、空运、铁路、公路的"立体化"运输体系，来实现快速便捷的"一条龙"服务。为了提高物流的便捷化，当前世界各国都在采用先进的物流技术，开发新的运输和装卸机械，大力改进运输方式，如应用现代化物流手段和方式发展集装箱运输、托盘技术等。

第三节　国际物流系统

一、国际物流系统的概念

从系统的角度去分析，物流本身是一个大的系统，其基本的模型如图 1-1 所示。

由此，我们可以将国际物流系统定义为：建立在一定的信息化基础之上的，通过具体的物流作业转换，为实现货物在国家间的低成本、高效率地移动而相互作用的单元之间的有机结合体。

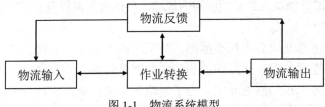

图 1-1　物流系统模型

为了实现期望的物流输出，国际物流的各子系统需要紧密结合，协同运作，并随时通过信息系统加强彼此间的沟通，将系统整体达到成本最低、运作效益最大。

另外，在国际物流系统的具体运作过程中，更要注重新的物流理念的指导作用，加强供应链条间的企业协同运作，以此降低交易成本，为顾客提供满意的服务。

二、国际物流系统的组成

从功能的角度看，国际物流系统是由商品的包装、储存、运输、检验、流通加工和其前后的整理、再包装以及国际配送等子系统组成。国际物流通过商品的储存和运输，实现其自身的时间和空间效益，满足国际贸易活动和跨国公司经营的要求。

1．运输子系统

运输是实现货物的空间位置移动，进而创造货物的空间价值。国际货物运输是国际物流系统的核心。商品通过国际货物运输作业由卖方转移给买方。国际货物运输具有路线长、环节多、涉及面广、手续繁杂、风险性大、时间性强等特点。运输费用在国际贸易商品价格中占有很大比重。国际运输主要包括运输方式的选择、运输单据的处理以及投保等有关方面。

随着科技的发展，运输设施现代化、大宗货物散装化和杂件货物集装化已经成为运输业革命的重要标志。

2．仓储子系统

外贸商品储存、保管使商品在其流通过程中处于一种或长或短的相对停滞状态，这种停滞是完全必要的。因为商品的生产和销售时间的不同时性，以及贸易交流的不间断性，要求保障有一定量的周转库存。但是，从物流角度看，这种暂时的停滞时间不宜过长，否则会影响国际物流系统的正常运转。

3．商品检验子系统

由于国际贸易和跨国经营具有投资大、风险高、周期长等特点，使得商品检验成为国际物流系统中重要的子系统。通过商品检验，确定交货品质、数量和包装条件是否符合合同规定。如发现问题，可分清责任，向有关方面索赔。在买卖合同中，一般都订有商品检验条款，其主要内容有检验时间与地点、检验机构与检验证明、检验标准与检验方法等。

📢 小提示

根据国际贸易惯例，商品检验时间与地点的规定可概括为三种做法：一是在出口国检验；二是在进口国检验；三是在出口国检验、进口国复验。

4. 商品包装子系统

杜邦定律（美国杜邦化学公司提出）认为：63%的消费者是根据商品的包装装潢进行购买的，国际市场和消费者是通过商品来认识企业的，而商品的商标和包装就是企业的面孔，它反映了一个国家的综合科技文化水平。所以经营出口商品的企业应当认真考虑商品的包装设计，并从系统的角度考虑，将包装、储藏、运输整合一体去考虑。

为提高商品包装系统的功能和效率，应提高广大外贸职工对出口商品包装工作重要性的认识，树立现代包装意识和包装观念；尽快建立起一批出口商品包装工业基地，以适应外贸发展的需要，满足国际市场、国际物流系统对出口商品包装的各种特殊要求；认真组织好各种包装物料和包装容器的供应工作。

5. 国际物流信息子系统

该子系统主要功能是采集、处理和传递国际物流和商流的信息情报。没有功能完善的信息系统，国际贸易和跨国经营将寸步难行。国际物流信息的主要内容包括进出口单证的作业过程、支付方式信息、客户资料信息、市场行情信息和供求信息等，具有信息量大、交换频繁、传递量大、时间性强、环节多、点多线长等特点。所以要建立技术先进的国际物流信息系统，把握国际贸易 EDI（电子数据交换）的发展趋势，强调 EDI 在我国国际物流体系中的应用，建设国际贸易和跨国经营的信息高速公路。

上述主要子系统中，运输和仓储子系统是物流的两大支柱，它们分别解决了供给者和需求者之间场所和时间的分离，创造了"空间效用"和"时间效用"。同时，上述主要系统还应该和配送系统、装卸系统以及流通加工系统等有机联系起来，统筹考虑，全面规划，建立我国适应国际竞争要求的国际物流系统。

三、国际物流系统的运作模式

国际物流系统包括输入部分、输出部分，以及系统输入、输出转换部分。

国际物流系统输入部分的内容有：备货，货源落实；到证，接到买方开来的信用证；到船；编制出口货物运输计划；其他物流信息。国际物流系统的输出部分内容有：商品实体从卖方经由运输过程送达买方手中；交齐各项出口单证；结算、收汇；提供各种物流服务；经济活动分析及索赔、理赔。国际物流系统的转换部分包括：商品出口前的加工整理；包装、标签；储存；运输（国内、国际段）；商品进港、装船；制单、交单；报验、报关；现代管理方法、手段和现代物流设施的介入。

国际物流系统在国际信息系统的支持下，借助于运输与仓储的参与，在进出口中间商、国际货运代理及承运人的通力协助下，借助国际物流设施，共同完成一个遍布国内外、纵横交错、四通八达的物流运输网络，国际物流系统的运作流程如图1-2所示。

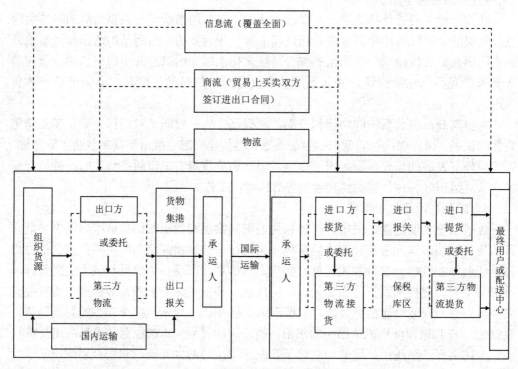

图1-2　国际物流系统的运作流程图

四、国际物流系统的物质基础要素和支撑要素

（一）国际物流系统的物质基础要素

国际物流系统的建立和正常运行需要大量的技术装备手段，这些手段的有机联系对国际物流系统的运行具有决定意义。这些要素对实现国际物流和某一方面的功能也

是必不可少的。它们主要有以下几项。

1．物流设施

它是组织国际物流系统运行的基础物质条件，包括码头、仓库、国际物流线路、公路、口岸等。

2．物流设备

它是保证国际物流系统运行的条件，包括仓库货架、进出库设备、加工设备、运输设备和装卸机械等。

3．信息技术及网络

它是掌握和传递国际物流信息的手段，根据所需信息水平的不同，包括通信设备、传真设备和计算机网络设备等。

4．组织及管理

它是国际物流网络的软件，起着联结、调运、运筹、协调、指挥其他要素实现国际物流系统目的的作用。

（二）国际物流系统的物质支撑要素

国际物流系统的建立也需要许多支撑要素，这些要素主要包括以下几项。

1．体制、制度

物流系统的体制、制度决定了物流系统的结构、组织、领导、管理方式。国家对其控制、指挥和管理的方式是国际物流系统的重要保证。

2．法律、规章

国际物流系统的运行过程中，法律、规章一方面限制和规范国际物流系统的活动，使之与更大的系统相协调，另一方面是给予保障。合同的执行、权益的划分、责任的确定都要靠法律、规章来维系。各个国家和国际组织的有关贸易、物流方面的安排、法规、公约、协定、协议等也是国际物流系统正常运行的保障。

3．行政、命令

由于国际物流系统关系到国家的军事、经济命脉，所以，行政、命令等手段也常常是支持国际物流系统正常运转的重要支撑要素。

4．标准化系统

标准化系统是保障国际物流环节协调运行、保证国际物流系统与其他系统在技术上实现联结的重要支撑条件。

五、国际物流系统网络

国际物流系统网络，是由多个收发货的"节点"和它们之间的"连线"所构成的

物流抽象网络，以及与之相伴随的信息流动网络的集合。所谓"收发货节点"，是指进出口过程中所涉及的国内外的各层储货仓库、站场。如制造厂商仓库、中间商仓库、货运代理人仓库、口岸仓库、各类物流中心、保税区仓库等。节点内商品的收发、储运是依靠运输连线和物流信息的沟通、协调来完成的。在节点内，除了可以实现收发和储存保管功能外，还可以实现包装、流通加工、装卸等功能。

"连线"是指连接上述国内众多收发货节点的运输连线，如各条海运航线、铁路线、飞机航线以及海、陆、空联运运输线路。这些网络连线代表库存货物的移动，即运输的路线与过程。每一对节点有许多连线以表示不同的路线，不同产品的各种运输服务；各节点表示存货流动的暂时停滞，其目的是为了更有效地移动（或收发）；信息流动网的连线通常包括国内外的邮件，或某些电子媒介（如电话、电传、电报、EDI等），其信息网络的节点则是各种物流信息汇集及处理点，如员工处理国际订货单据、编制大量出口单证或准备运输单证以及电脑对最新库存量的记录；物流网与信息网并非独立，它们之间的关系是密切相关的。

国际物流系统网络在国际贸易中起着重要作用，包括以下几方面。

（1）国际物流系统网络研究的中心问题是确定进出口货源点（或货源基地）和消费者的位置、各层级仓库及中间商批发点（零售点）的位置、规模和数量，这一中心问题将决定国际物流系统的布局是否合理化。

（2）国际物流系统网络的合理布局，决定了国际物流流动的方向、结构和规模，即决定了国际贸易的贸易量、贸易流程及由此而引起的物流费用和经济效益。

（3）合理布局国际物流系统网络，对扩大国际贸易、占领国际市场、加速商品的国际流通提供了有效及切实可行的途径。

案例分析

新加坡物流业发展现状

新加坡是世界海运的十字路口，物流业更是其经济的重要组成部分，对 GDP 贡献在 8%左右，物流公司多达 8 000 家，物流从业人员达 92 万人，现代物流业已成为新加坡的支柱性产业之一。

新加坡现代物流业的主要特点如下。

（一）效率高

新加坡物流业充分体现了"高效"的含义，这不仅由于新加坡地理位置优越、交通便利，还在于其各环节畅通无阻。以通关程序为例，新加坡政府使用"贸易网络"，实现了无纸化通关，涉及贸易审批、许可、管制等，通过一个电脑终端即可完成。

（二）技术强

高科技是新加坡物流业的主要支撑力量之一，而网络技术则是重中之重。新加坡物流公司基本实现了整个运作过程的自动化，一般都拥有高技术仓储设备、全自动立体仓库、无线扫描设备、自动提存系统等现代信息技术设备。网络技术主要包括政府的公众网络系统和物流企业的电脑技术平台。新加坡政府的"贸易网络"系统，实现了企业与政府部门之间的在线信息交换。

（三）专业性强

服务的专一性是新加坡物流企业能够提供高质量服务的重要原因。它们要么专门为某一行业的企业提供全方位的物流服务，要么为各行业的客户提供某一环节的物流服务。如新加坡本地的雅阁物流公司，为完成其承担的瑞典 skf 公司在亚太地区的专业配送服务，设立了 skf 专用仓库。

（四）服务集中度高

新加坡港口、机场附近均设有自由贸易区（保税区）或物流园区，提供集中的物流服务，在园区内就能找到运输、仓储、配送等各个环节的专业物流商，极大地方便了客户联系业务。樟宜国际机场附近的物流园，吸引了数十家大型物流公司进驻，达到了较好的规模经济效果。

（五）实力雄厚

良好的发展环境吸引了众多国际著名物流公司，纷纷把亚洲区域总部设立在新加坡，包括全球物流业巨头美国联合包裹公司（UPS）和联邦快递公司（Fedex）。这些全球物流巨子在资金、运输工具、管理水平等方面的雄厚实力推动了新加坡本地物流业迅猛发展。同时，新加坡政联大企业，如新航、胜科集团等也都斥巨资发展物流产业。

（六）服务周全

新加坡现代物流业已经转向"量身定做"的服务，以满足每个客户的不同需要为出发点和最终归宿点，服务范围之广之细可谓空前。公司和客户共同研究、选择出一种或几种最理想的服务方式，最终找出能最大限度为客户提供低成本的解决方案。

（资料来源：豆丁网，http://www.docin.com/p-803440875.html）

【分析】

新加坡物流业发展有何成功经验？我国主要外贸港口如何借鉴新加坡物流发展的成功经验？

 本章小结

本章分别介绍了国际物流的含义、特征，国际物流系统的概念、组成与运作模式，

以及国际物流的基础要素和支撑要素等。通过本章的学习，学生需要掌握国际物流的基础知识，为学习本书后续章节奠定理论基础。

延伸阅读

跨境电商的国际物流模式

跨境电商，物流环节显得尤为重要，也是卖家极为关心的话题。一般来讲，小卖家可以通过平台发货，选择国际小包等渠道。但是现在大卖家或者独立平台的卖家，他们需要优化物流成本，需要考虑客户体验，需要整合物流资源并探索新的物流形式，所以我们先来了解一下跨境电商国际物流模式有哪几种。

1. 邮政包裹模式

邮政网络基本覆盖全球，比其他任何物流渠道都要广。这主要得益于万国邮政联盟（UPU）和卡哈拉邮政组织（KPG）。万国邮政联盟是联合国下设的一个关于国际邮政事务的专门机构，通过一些公约法规来改善国际邮政业务，发展邮政方面的国际合作。万国邮政联盟由于会员众多，而且会员国之间的邮政系统发展很不平衡，因此很难促成会员国之间的深度邮政合作。于是在 2002 年，邮政系统相对发达的 6 个国家和地区（中、美、日、澳、韩以及中国香港）的邮政部门在美国召开了邮政 CEO 峰会，并成立了卡哈拉邮政组织，后来西班牙和英国也加入了该组织。

2. 国内快递模式

国内快递主要指邮政特快专递服务（EMS）、顺丰和"四通一达"。在跨境物流方面，"四通一达"中申通、圆通布局较早，但也是近期才发力拓展，如美国申通 2014年 3 月才上线，圆通也是 2014 年 4 月才与 CJ 大韩通运展开合作，而中通、汇通、韵达则是刚刚开始启动跨境物流业务。顺丰的国际化业务则要成熟些，目前已经开通到美国、澳大利亚、韩国、日本、新加坡、马来西亚、泰国、越南等国家的快递服务，发往亚洲国家的快件一般 2~3 天可以送达。在国内快递中，EMS 的国际化业务是最完善的。依托邮政渠道，EMS 可以直达全球 60 多个国家，费用相对四大快递巨头要低，中国境内的出关能力很强，到达亚洲国家 2~3 天，到欧美则 5~7 天左右。

3. 国际快递模式

国际快递是指四大商业快递巨头，即敦豪航空货运公司（DHL）、天地快运（TNT）、美国联邦快递（FEDEX）和美国联合包裹（UPS）。这些国际快递商通过自建的全球网络，利用强大的 IT 系统和遍布世界各地的本地化服务，为网购中国产品的海外用户带来极好的物流体验。例如通过 UPS 寄送到美国的包裹，最快可在 48 小时内到达。然而，优质的服务伴随着昂贵的价格。一般中国商户只有在客户时效性要求很强的情况下，才使用国际商业快递来派送商品。

4. 专线物流模式

跨境专线物流一般是通过航空包舱方式运输到国外，再通过合作公司进行目的国的派送。专线物流的优势在于其能够集中大批量到某一特定国家或地区的货物，通过规模效应降低成本。因此，其价格一般比商业快递低。在时效上，专线物流稍慢于商业快递，但比邮政包裹快很多。市面上最普遍的专线物流产品是美国专线、欧洲专线、澳洲专线、俄罗斯专线等，也有不少物流公司推出了中东专线、南美专线、南非专线等。

5. 海外仓储模式

海外仓储服务是指为卖家在销售目的地进行货物仓储、分拣、包装和派送的一站式控制与管理服务。确切来说，海外仓储应该包括头程运输、仓储管理和本地配送三个部分。头程运输：中国商家通过海运、空运、陆运或者联运将商品运送至海外仓。仓储管理：中国商家通过物流信息系统，远程操作海外仓储货物，实时管理库存。本地配送：海外仓储中心根据订单信息，通过当地邮政或快递将商品配送给客户。

（资料来源：前瞻网，http://bg.qianzhan.com/report/detail/361/150305-042890a9.html）

本章思考题

一、选择题

1. 广义的国际物流是指（ ）。
   A. 国际货物物流
   B. 贸易型国际物流
   C. 非贸易型国际物流
   D. 贸易型国际物流与非贸易型国际物流

2. 不同国家的物流适用法律使国际物流的复杂性远高于一国的国内物流，这是由于国际物流的（ ）特点造成的。
   A. 物流环境差异大
   B. 物流系统范围广
   C. 国际物流运输主要方式具有复杂性
   D. 国际物流必须有信息系统的支持

二、判断题

1. 国际物流是指不同国家之间的物流活动。（ ）

2．国际物流商品检验子系统是国际物流系统的核心。（　　）

三、名词解释

1．国际物流
2．国际物流系统

四、简答题

1．国际物流的特点是什么？
2．国际物流系统的组成有哪些？
3．当前国际物流发展有哪些新的趋势？

五、实训题

1．通过上网或同学、朋友介绍当地知名国际物流经营企业，并了解该公司的业务范围和具体服务项目，对国际物流行业有个整体的认识。

2．结合实际企业国际物流经营情况，指出目前中国国际物流发展存在的问题，并分析有何解决措施。

国际物流与国际贸易

引导案例

2016 上半年中国进出口状况

国务院新闻办公室于 2016 年 7 月 13 日（星期三）下午 3 时举行新闻发布会，请海关总署新闻发言人黄颂平先生介绍 2016 年上半年进出口情况。今年以来，世界经济形势依然错综复杂，全球贸易延续萎缩态势，国内经济进入发展新常态。据海关统计，今年上半年，我国货物贸易进出口总值 11.13 万亿元人民币，比去年同期下降 3.3%。其中，出口 6.4 万亿元，下降 2.1%；进口 4.73 万亿元，下降 4.7%；贸易顺差 1.67 万亿元，扩大 5.9%。

具体情况主要有以下几个方面。

（1）第二季度进出口有所回升，出口呈现正增长、进口降幅收窄。上半年，我国进出口、出口和进口值虽仍同比下降，但从季度情况看，有所回稳。其中，一季度，进出口、出口和进口值分别下降 6.9%、5.7% 和 8.4%。二季度，进出口、出口值分别增长 0.1% 和 1.2%，呈现正增长；进口值下降 1.2%，降幅较一季度收窄 7.2 个百分点。

（2）一般贸易进出口比重有所提升。上半年，我国一般贸易进出口 6.28 万亿元，下降 1.2%，占同期我国进出口总值的 56.4%，比去年同期提升 1.2 个百分点，贸易方式结构有所优化。

（3）对部分一带一路沿线国家出口增长。上半年，我国对巴基斯坦、俄罗斯、孟加拉国、印度和埃及等国出口分别增长 22.5%、16.6%、9%、7.8%和4.7%。同期，我国对欧盟出口增长 1.3%、对美国出口下降 4.6%、对东盟出口下降 2.9%，三者合计占同期我国出口总值的 46.4%。

（4）民营企业出口占比继续保持首位。上半年，我国民营企业进出口 4.31 万亿元，增长 5.1%，占我国外贸总值的 38.7%。其中，出口 2.99 万亿元，增长 3.6%，占出口总值的 46.6%，超过外商投资企业和国有企业出口比重，继续保持出口份额居首的地位；进口增长 8.7%，延续了去年四季度的增长态势。

（5）机电产品、传统劳动密集型产品仍为出口主力。上半年，我国机电产品出口 3.66 万亿元，下降 2.5%，占同期我国出口总值的 57.2%。其中，医疗仪器及器械出口增长 4.8%，蓄电池出口增长 2.7%，太阳能电池出口增长 7.4%。同期，传统劳动密集型产品合计出口 1.34 万亿元，增长 0.4%，占出口总值的 21%。其中，纺织品、服装、玩具和塑料制品出口增长，部分传统产品依然具有竞争优势。

（6）铁矿石、原油、铜等大宗商品进口量保持增长，主要进口商品价格持续低位但跌幅较一季度收窄。上半年，我国进口铁矿石 4.94 亿吨，增长 9.1%；原油 1.87 亿吨，增长 14.2%；煤 1.08 亿吨，增长 8.2%；铜 274 万吨，增长 22%。同期，进口成品油 1 547 万吨，下降 2%；钢材 646 万吨，下降 2.8%。同期，我国进口价格总体下跌 8%。其中，铁矿石进口均价同比下跌 15.7%，原油下跌 31.9%，成品油下跌 21.4%，煤下跌 20.1%，铜下跌 15.7%，钢材下跌 9.2%，跌幅均较一季度不同程度收窄。

此外，上半年我国出口价格总体下跌 3.2%，由此测算，今年上半年我国贸易价格条件指数为 105.2，意味着我国出口一定数量的商品可以多换回 5.2%的进口商品，表明我国贸易价格条件继续改善。

（资料来源：中国政府网，http://www.gov.cn/xinwen/2016-07/13/content_5090938.htm，2016）

第一节　国际贸易概述

一、国际贸易的产生

最早的国际贸易行为发生于奴隶社会，它是社会生产力发展到一定阶段的产物。贸易活动从人类社会"第一次社会大分工"产生的"物物交换"开始，到在一个地区或国家内大规模的商品交换，再发展到跨越关境或国界的商品或服务的有偿转移，才形成了真正意义上的国际贸易。

国际贸易（International Trade）是指世界各国（地区）之间的商品以及服务和技术

交换活动，包括进口和出口两个方面。从一个国家的角度来看，这种交换活动成为该国的对外贸易（Foreign Trade）。从国际范围来看，世界各国对外贸易的总和，即构成了国际贸易，也称世界贸易（World Trade）。国际贸易活动反映了世界各国间劳动分工和经济上的相互依存、相互依赖的事实。

国际贸易产生的原因众多，归结起来主要表现在以下三个方面。

（1）各国的生产要素禀赋存在差异。从世界的范围来看，各国的生产要素禀赋是不相同的。有的国家幅员辽阔，资源丰富，有的国家资本实力雄厚，还有的国家科学技术发达，人力资源充沛。产品形成过程中所需要的生产资源要素比例也是各不相同。有的属于技术密集型产业，蕴含了较高的科技含量，而有些产品需要使用大量劳动力，属于劳动密集型产业，还有的产品含大量的土地资源。具有不同生产要素的国家适合发展不同的产业。这样也就形成了社会分工。例如，由于美国的科学技术发展水平在全球处于领先地位，因其适合发展资本和技术密集新产业，如计算机、汽车等；澳大利亚、新西兰等国家土地资源丰富，有利于发展畜牧业和种植业；对于中国而言，由于人口众多，劳动力资源丰富，因此适合发展加工制造等劳动密集型产业，如纺织业等。各国按照自己的生产要素进行分工生产，然后进行贸易，既满足了国际间的消费需求，又增加了全球的产品生产总量，促进了一国乃至世界经济的发展。

（2）国际间的生产要素流动存在着局限性。由于生产要素国际间的流动较其在国内的流动更加困难，因此有必要通过商品或服务的国际贸易加以弥补，提高其流动性。

（3）各国的科学技术发展水平参差不齐。世界各国的科技发展存在着较大的差异，像欧美等国家科技水平在世界范围内遥遥领先，因此更适合发展一些技术密集型产品，而有的国家就其科技发展现状根本无法生产或者需要花费巨大的代价才能生产某些产品，无论是从技术性还是经济性而言，其自力更生都缺乏可行性。所以只有通过国际贸易弥补短缺，满足其国内需求，提高生活水平，促进经济繁荣。

🔊 小提示

对外贸易和国际贸易都是指越过国界所进行的商品交换活动。但是它们也有明显的区别，前者是着眼于某一个国家，即一个国家（或地区）同其他国家（或地区）之间的商品交换；后者则着眼于国际范围，即世界上所有的国家（或地区）。

二、国际贸易分类和方式

（一）国际贸易的分类

1．按货物的流动方向划分

按照货物的流动方向划分，贸易可分为出口贸易、进口贸易、过境贸易、复出口、

复进口。

（1）出口贸易指的是将本国生产和加工的商品因外销而运出国境，列入出口贸易或输出贸易。不属于外销的商品则不算，如运出国境供驻外使领馆使用的货物、旅客个人使用带出国境的货物均不列入出口贸易。

（2）进口贸易指的是将外国生产和外国加工的商品外购后因内销而运进国境，列入进口贸易或输入贸易。不属于内销的货物则不算，如外国使领馆运进供自用的货物、旅客带入供自用的货物均不列入进口贸易。

（3）过境贸易指的是从甲国经过丙国国境向乙国运送商品，货物所有权不属于丙国居民，对丙国来说，列入过境贸易。

（4）复出口是出口贸易的变形，它是指输入本国的外国货物未经加工再输出时（如A国卖主参加B国商品交易所或国际拍卖的交易），货物先运入B国自由贸易区的仓库，未成交货物退回或买主属第三国居民需要运出B国，对B国来说属复出口。

（5）复进口指的是进口贸易的变形，输出国外的本国货物未经加工再输入时，称为复进口，如出口后退货、未售掉的寄货贸易的货物退回国内等，海关将此类情况列入复进口。

2．按商品形态划分

按商品形态划分，国际贸易可分为有形贸易和无形贸易。

（1）有形贸易是指商品的出口与进口，在通过一国海关时必须申报，海关依照海关税则征税，并列入海关统计。

（2）无形贸易是指劳务的输出与输入，如运输、保险、金融、旅游、租赁和技术等劳务的交换活动，在通过一国海关时不必申报，也不列入海关统计。

3．按国境和关境划分

按国境和关境划分，国际贸易可分为总贸易和专门贸易。

（1）总贸易是指对外贸易统计时，以国境为界，凡是进入国境的商品一律列入为进口，一定时期内的进口总额为总进口；凡是离开国境的商品一律列入出口，一定时间内的出口总额为总出口。总进口与总出口的总和为一国的总贸易。日本、英国、加拿大、澳大利亚、俄罗斯等国采用总贸易统计。我国亦采用总贸易统计。

（2）专门贸易是指对外贸易统计时，以关境为界，一定时期内凡是运入关境的商品列为进口，称为专门进口；凡是运出关境的商品列为出口，称为专门出口。专门进口与专门出口组成专门贸易。法国、德国、意大利、瑞士等国采用专门贸易统计。而美国采用专门贸易与总贸易两种方式分别统计。

总贸易统计比专门贸易统计多出了复出口、复进口与过境贸易。转口贸易与复出口不同，转口贸易列入专门贸易，而复出口列入总贸易。

4．按货物运送方式划分

按货物运送方式划分，国际贸易可分为陆路贸易、海洋贸易、航空贸易、邮购贸易。

（1）陆路贸易适宜于有陆上边界的国家之间，运输工具为火车与卡车，集装箱运输门到门较方便。

（2）海洋贸易是国际贸易中最主要的贸易形式，承担了75%以上的国际贸易。因为集装箱船的出现，直接导致了运输量的扩大、运输成本的降低、装卸时间的缩短。

（3）航空贸易是指在国际贸易中采用航空方式运送货物。航空贸易适宜于运输鲜活商品、贵重物品。

（4）邮购贸易是指在国际贸易中，采用邮政包裹的方式寄送货物。邮购贸易适宜于样品传递以及数量不多的个人购买，主要优点是方便。

5．按有无第三者参加贸易划分

依照有无第三者参加贸易划分，国际贸易可分为直接贸易（无第三国参加）、间接贸易（有第三国参加）、转口贸易。

6．按清算工具的不同划分

依照清算工具的不同划分，国际贸易可分为自由结汇方式贸易和易货贸易。自由结汇贸易以货币或票据、信用证为支付工具，用记账方式支付。易货贸易结汇用记账方式支付。

（二）国际贸易方式

国际贸易方式是指国际间商品流通所采用的各种方法。随着国际贸易的发展，国际贸易方式日趋多样化。除采用逐笔售定的方式外，还有包销、代理、寄售、招标与投标、拍卖、商品期货交易、加工贸易、对等贸易等。

1．逐笔售定（Trade by Trade Settlement）

即由双方对共同感兴趣的商品，就品质、规格、数量、价格、支付方式、运输方式、交通方式、运输地点和日期等进行谈判、达成协议，并签订合同。合同签订后，双方按合同规定履行义务，执行合同，一笔买卖才算做成。

2．包销（Exclusive Sales）

包销是国际贸易中习惯采用的方式之一。包销是指出口人（委托人）通过协议把某一种商品或某一类商品在某一个地区和期限内的经营权给予国外某个客户或公司的贸易做法。包销协议的主要内容应包括包销协议的名称、签约日期与地点，包销协议的前文，包销商品的范围，包销地区，包销期限，专营权，包销数量或金额，作价办法，广告、宣传、市场报导和商标保护等。

3．代理（Agency）

代理是指代理人（Agent）按照本人（Principal）的授权（Authorization）代本人同

第三者订立合同或作其他法律行为。由此而产生的权利与义务直接对本人发生效力。代理分为总代理（General Agency）、独家代理（Exclusive Agency）和佣金代理（Commission Agency）三种。

4．寄售（Consignment）

寄售是一种委托代售的贸易方式，也是国际贸易中习惯采用的做法之一。它是指寄售人（出口商）和代销人（国外中间商）签订寄售协议后，寄售人先将货物运至寄售地，委托代销人在当地市场上代为销售，商品售出后，代销人把所得货款扣除其应得佣金及其他费用后，交付给寄售人。

5．招标与投标（Invitation to Tender and Submission of Tender）

招标是指招标人在规定时间、地点发出招标公告或招标单，提出准备买进商品的品种、数量和有关买卖条件，邀请卖方投标的行为。投标是指投标人应招标人的邀请，根据招标公告或招标单的规定条件，在规定的时间内向招标人递盘的行为。所以招标和投标是一种贸易方式的两个方面。

目前，国际上采用的招标方式有三大类：竞争性招标（International Competitive Bidding，ICB）、谈判招标（Negotiated Bidding）、两段招标（Two-stage Bidding）。

6．拍卖（Auction）

拍卖是由专营拍卖行接受货主的委托，在一定的地点和时间，按照制定的章程和规则，以公开叫价竞购的方法，最后拍卖人把货物给出价最高的买主的一种现货交易方式。通过拍卖进行交易的商品大多是一些品质不易标准化的，或是难以久存的，或是习惯上采用拍卖方式进行的商品。拍卖程序不同于一般的出口交易，其交易过程大致要经过准备、看货、出价成交和付款交货等四个阶段。

7．商品期货交易（Futures Transaction）

商品期货交易是众多的买主和卖主在商品交易所内按照一定的规则，用喊叫并借助手势进行讨价还价，通过剧烈竞争达成交易的一种贸易方式。期货交易是按照交易所预先制订的"标准期货合同"进行的期货买卖，成交后买卖双方并不移交商品的所有权。期货交易根据交易者的目的，有两种不同性质的种类：一种是利用期货合同作为赌博的筹码，买进卖出，从价格涨落的差额中追逐利润的纯投机活动，称为"买空卖空"；另一种是真正从事实物交易的人做套期保值，称为"套期保值"或"海琴"。

8．加工贸易（Processing Trade）

加工贸易是一国通过各种不同的方式进口原料、材料或零件，利用本国的生产能力和技术，加工成成品后再出口，从而获得以外汇体现的附加值。

9．对等贸易（Counter Trade）

对等贸易在我国又译为"反向贸易""互抵贸易""对销贸易"，也有人把它笼统地称"易货"或"大易货"。对等贸易是一种既卖又买、买卖互为条件的国际贸易方式。其主要目的是以进带出，开辟各自的出口市场，求得每宗贸易的外汇收支平衡或基本平衡。我们一般可以把对等贸易理解为包括易货、记账贸易、互购、产品回购、转手贸易等属于货物买卖范畴，以进出口结合、出口抵补进口为特征的各种贸易方式的总称。

🔊 小提示

拍卖按出价方法可以分为以下三种：（1）增价拍卖，也称买方叫价拍卖。这是最常用的一种拍卖方式。拍卖时，由拍卖人（Auctioneer）提出一批货物，宣布预定的最低价格，估价后由竞买者（Bidder）相继叫价，竞相加价，有时规定每次加价的金额额度，直到拍卖人认为无人再出更高价时，由拍卖人击锤表示竞买结束。（2）减价拍卖，又称荷兰式拍卖（Dutch Auction），这种方法先由拍卖人喊出最高价格，然后逐渐减低叫价，直到有某一竞买者认为已经低到可接受的价格，表示买进。（3）密封递价拍卖（Sealed Bids；Closes Bids）又称招标式拍卖。采用这种方法时，先由拍卖人公布每批商品的具体情况和拍卖条件等，然后由各方在规定时间内将自己的出价密封递交拍卖人，以供拍卖人进行审查比较，决定将该货物卖给哪一个竞买者。这种方法不是公开竞买，拍卖人有时要考虑除价格以外的其他因素。有些国家的政府或海关在处理库存物资或没收货物时往往采用这种拍卖方法。

三、国际贸易理论

经济学家提出了几个理论来解释国际贸易，这些理论均有相应的实证支持。下面的四个理论是解释双边贸易最普遍的理论。

（一）斯密的绝对优势理论

亚当·斯密于 1776 年在《国富论》中最先提出了绝对优势理论："如果一个国家能够以比我们自己生产这种商品更便宜的价格提供该种商品，最好用我们国家具有优势的产品的收入来从这个国家购买该商品。"

绝对优势理论很容易理解。假设位于法国的一家公司用相同的劳动一年能够生产20 000L 葡萄酒或 2 台机器，而位于德国的公司用同样的劳动可以生产 15 000L 葡萄酒或 3 台机器。很显然，法国在酿造葡萄酒方面具有绝对优势，德国在制造机器方面具有绝对优势。因此，法国的公司生产葡萄酒，德国的公司生产机器对双方最有利。这一理论不仅注意到劳动，而且还注意到用于生产的所有资源。一家公司如果能够用同样的输入生产出更多的产品，那么这家公司就具有绝对优势。换句话说，一家更有效率的公司具有绝对优势。

在国际贸易中有很多绝对优势的例子。一些国家或地区"专门从事"特定的种植或制造，是因为它具有超越其他国家或地区的绝对优势。例如，科威特生产的石油比其他国家便宜，它的经济所需几乎全部进口。中国台湾生产世界上大部分随机处理芯片，用这些收入进口其他生产效率不高的产品或商品，如从巴西进口大豆。

（二）李嘉图的比较优势理论

虽然我们通常把比较优势理论归功于李嘉图，但却是罗伯特·托伦斯在 1815 年的《谷物出口评论》一文最先给出这一理论框架。李嘉图在 1817 年《政治经济学及赋税原理》中用数字举例证明了这一理论，李嘉图使这一理论被人们广泛接受。

比较优势的原理不像绝对优势那么简单。假设英国的公司用一年的劳动能生产出 5 台机器或 25t 小麦。巴西的公司用同样的劳动生产 3 台机器或 21t 小麦。在这个例子中，按照绝对优势理论，英国在机器和小麦两个方面都具有绝对优势。

然而，英国在生产机器方面具有比较优势，巴西在生产小麦方面具有比较优势。对于英国，生产 25t 小麦要放弃 5 台机器，换句话说，1 台机器的成本是 5t 小麦。对于巴西，为了 21t 小麦要放弃 3 台机器，也就是说，1 台机器的成本是 7t 小麦。因此，双方应在以 6t 小麦换取 1 台机器的价格达成协议。英国生产机器的经济效益比种植小麦好。巴西种植小麦的经济效益比生产机器要好。

比较优势理论存在于大多数公司间的国际交换。很多公司专门从事某一种有效率商品的生产，这些专门产品给予它们一种比较优势。福特汽车公司在其历史发展的一个时期建立了胭脂河工厂（River Rouge Plant），铁矿石和煤从工厂的一端输入，完工的汽车从工厂另一端的流水线上开下来。现在，福特汽车在设计和组装汽车方面获得了比较优势，众多供应商利用它们的比较优势与福特进行业务往来：印度米塔尔钢铁公司（Mittal Steel）为福特提供钢板，加拿大铝业集团（Alcan）为福特提供铝产品，TRW 为福特提供安全产品等。虽然福特汽车公司自己能够生产这些产品，但福特不是选择生产而是从那些生产零件更有效率的公司购买。

（三）赫克歇尔-俄林的资源禀赋理论

资源禀赋理论由艾勃·赫克歇尔（Eli Heckscher）和伯蒂尔·俄林（Bertil Ohlin）于 1933 年提出。这一理论建立在李嘉图的比较优势思想基础上。李嘉图对资源禀赋的解释建立在比较一个国家用劳动生产产品的效率方面，并用这些国家技术水平上的不同来解释其在生产该种产品能力上的不同。

资源禀赋理论扩展了这一思想，假设即使技术水平相同，一些国家仍较其他国家有比较优势，因为这些国家生产该种产品的资源更加丰富。经济学家认为生产要素有四种——土地、劳动、资本和创业能力，因此，这四种资源中的某一种比较丰富的国家较其他国家具有比较优势。

资源禀赋理论解释了为什么某些国家专门生产某些产品。阿根廷拥有大量的牧场，因此在牛肉生产方面具有比较优势。印度拥有大量受过教育的劳动力，因此在呼叫中心方面具有比较优势。美国对创业的报酬非常优厚，因此在创新和开发智力产品方面具有比较优势。

（四）国际产品生命周期理论

国际产品生命周期理论由雷蒙德·弗农（Raymond Vernon）于1966年提出，这一理论解释了国际贸易发展的三个阶段。

第一阶段，公司发明了一种新产品来满足市场需求。这通常发生在发达国家。因为这些国家有相当数量的对推出新产品有需求的顾客，生产这种产品所需的专有技术也只能在这一国家获得。由于创新产品生产过程中会遇到很多难以预料的问题，需要认真监控生产过程，公司在创新国家生产新产品。随着产品逐渐被接受，公司将产品出口到其他有同样市场需求的发达国家。

第二阶段，其他发达国家的市场销量开始增长，本地的竞争者发现有大量的消费者需要原产品的仿制品。替代的生产过程和专利出现。销售量进一步增长，产品的生产过程被更好地控制并且在一定程度上被标准化，很多公司掌握了生产这种产品的细节。同时，发展中国家高收入阶层从发达国家进口这一产品，发展中国家的市场开始出现。

第三阶段，产品的生产过程被更好地了解并成为常规程序，这时有了降低产品成本的压力。同时，发展中国家的市场开始达到一定规模，发展中国家的企业开始生产这种产品，通常是按与发达国家签订的生产合同。由于成熟产品的生产成本中的大部分是劳动成本，这些企业开始大量向发达国家出口，逐渐替代了这些市场的所有生产能力。

一个强有力的证据支持产品生命周期理论。第一台电视机是在英国生产并销售的，最后在美国、日本、澳大利亚、新西兰生产。随着电视机受欢迎程度的增加，发达国家的所有生产设施最终被东南亚发展中国家的生产设施所替代。2006年，美国就完全没有生产电视机的生产设施了。

📢 小提示

迈克尔·波特（Michael Porter）于1990年提出集群理论。这一理论不是国际贸易理论，它解释了为什么某些地区尽管不具备从事生产的任何优势，但却能够在世界范围内发展具有绝对（相对）优势的独特技术或产品。

集群理论认为一群同一产业的企业和它们的供应商在同一地区是很关键的。这些

公司相互提供专门知识，竞争使它们加快创新。此外，当这种聚集存在时，优秀的员工渴望去这一地区，因为他们知道在那里很容易找到职位。随着他们从一家公司换到另外一家公司，也带走了他们从以前雇主那里学到的专门知识。这样，创新从一家公司"转移"到另一家公司。相同的情况下，这些雇员提出了一些新技术和想法，他们的雇主并不将其付诸实施，于是他们自己建立一家公司，继续探求这些新技术和想法。这样，创新就在这一地区得到发展。

四、主要国际贸易政策

国际贸易运输是国际物流的一个环节，国际物流是国际贸易的一个实现过程。国际贸易政策直接影响到国际贸易进而影响到国际物流的成本和效率。

（一）关税

虽然国际贸易和国际运输为各国经济带来利益，但是，所有国家处于对本国经济利益的考虑，贸易限制称为影响国际贸易、国际物流的重要因素，而关税是历史上采用最多的限制手段。

依据关税课征的种类，关税分为进口关税、进口附加税、出口税和过境税等。依照关税的征收方法划分，关税又被分为从量税、从价税、选择税和混合税。

在第二次世界大战结束以后，主要西方发达工业国家的关税水平一直呈下降趋势，目前的平均关税水平在3%。关税对进口国和出口国的生产、消费、贸易、福利产生重要影响，而这些方面都不同程度地影响着国际物流。

进口国征收关税不利于出口国的出口品生产者，但有利于出口国的消费者。进口国征收进口关税，将刺激国内生产者增加产品的生产，相应地会对进口商品造成替代。同时征收关税后，该种产品的价格上升，导致进口国对此种商品进口量需求的减少，进口规模的缩减意味着出口国的生产商被迫减少该种商品的生产和出口量。在出口国生产规模保持不变的情况下，该国的国内市场在原有价格水平上会出现供大于求的状况，从而迫使厂商降低商品在本国的销售价格。这种价格的降低显然对消费者有利，而对生产者不利。通过以上分析，征收进口关税，有利于进口国的进口竞争品的生产者和出口国消费者，却不利于进口国的消费者和出口国出口品的生产者。可以说，在一定程度上征收进口关税破坏了世界市场的统一性，其标志是针对同一种商品，某个国家有一个不同于其他国家的市场价格。

（二）非关税壁垒和新贸易保护主义

从历史上看，虽然关税一直是贸易限制的重要手段，同时也存在着许多非关税的贸易壁垒，如进口配额、主动贸易限制、反倾销措施等。通过WTO等国际组织的努力，各个经济体的关税在第二次世界大战后都降低很多，反之非关税壁垒的作用大大加强了。

非关税壁垒是指采用关税以外的其他手段来达到限制贸易的目的。其政策目标同样是为限制进口和保护本国相关产业。

1．进口配额

配额是最重要的非关税壁垒，是对进口或出口商品的总量实施的直接数量限制。进口配额有保护一国国内农业、工业，以及维持贸易平衡的作用。

进口配额按不同的划分标准有三种形式：（1）绝对配额和关税配额。（2）全球配额和国别配额。（3）优惠性配额与非优惠性配额。进口配额通常与进口许可证相结合，限制某种商品的进口数量。许可证是由一国海关签发的允许一定数量的某种商品进入关境的证明。

2．出口补贴

出口补贴是一国政府为鼓励某种商品的出口，对该商品所给予的直接或间接补助。直接补助是政府直接向出口商提供现金补助或津贴。间接补助是政府对选定的商品的出口给以税收上的优惠，其中包括对出口商减免国内税收、向出口商提供低息贷款等。目的是为了降低本国商品的出口价格，提高其在国际上的竞争力，扩大某种商品的出口量。

3．倾销与反倾销

倾销是一种价格歧视行为，指出口商为达到向国外市场扩张的目的，以低于本国国内价格或成本的方式向国外销售商品的行为。与之对应，反倾销是指一国政府对被认定为"倾销"的商品课以重税或给予其他限制。

倾销行为主要分为两种：一是持续性倾销；二是掠夺性倾销。判定是否倾销，依据有三点：（1）进口国生产同类产品的企业是否受到低价进口品的冲击，致使其市场份额明显减少。（2）进口国同类企业的利润水平是否明显下降。（3）在低价进口商品的冲击下，进口国的同类工业是否难以建立。

4．服务贸易政策

国际物流与国际贸易成本息息相关，物流成本是商品价格的增加部分。在国际贸易的进口或出口过程中，都产生运输和保险的成本。如果运输和保险服务是由出口国提供的，那么进口国在进口商品的同时，还要进口到达卸货港之前的运输服务，以及货物移动过程中的保险服务。如果进口国能够提供运输和保险服务，那么就只需进口商品。在实际活动中，不仅进出口涉及服务贸易问题，在交叉贸易的情况下，由第三国承运进口国、出口国的货物也涉及此类问题。挪威因其发达的远洋航运，其拥有的船舶运力远远超过了本国的进出口需求。

从表 2-1 可以看出，付给美国企业的旅游、保险、运输和金融服务等的开支就是服务贸易的出口，美国公民付给国外的开支就是服务贸易的进口，可以看出美国的国际服务贸易为顺差。

表2-1　2013年美国贸易统计数字　　　　（单位：十亿美元）

项　目	贸　易　额
出口货物、服务收入	2 280
商品出口	1 580
服务出口	687.4
旅游	173.1
运输	87.3
金融服务	84.1
保险	16.1
进口货物、服务收入	-2 757
商品进口	-2 270
服务进口	-462.1

（资料来源：美国商务部国际贸易署网站，www.trade.gov）

第二节　国际贸易术语与国际贸易惯例

一、国际贸易术语概述

在国际货物买卖、运输、交接的过程中，需要办理进出口清关手续，安排运输与保险，支付各项税捐和费用。货物的装卸、运输过程中，还有可能遭受自然灾害、意外事故和其他各种各样的外来损害。有关上述责任，由谁负责，手续由谁办理，费用由谁负担，风险如何划分就成为国际贸易实际业务中买卖双方必须明确解决的问题。这样，经过长期的国际贸易时间，逐渐形成了适应各种需求的贸易术语。贸易术语是为适应国际贸易的特点，在实践中形成的一种贸易惯例。当买卖双方在合同中确定采用某种贸易术语时，就要求合同的其他条款都与其相适应。这种用来表示交易双方所承担的责任、费用与风险的专门术语，称为贸易术语（Trade Terms），又称价格术语，它是一个简短的概念或几个英文字母的缩写，用来说明价格的构成及买卖双方在交货或接货过程中应尽的义务。自 19 世纪以来，随着航运业、保险业、银行业和通信业的发展，人们对解决国际贸易中遇到的问题，逐渐形成了一套相对固定的习惯做法，例如，装运港船上交货（FOB）、成本加运费（CFR）和货交承运人（FCA）。

二、有关国际贸易术语的惯例

所谓国际贸易惯例，是指在国际贸易实践中逐步形成、具有较普遍指导意义的一种习惯做法或者解释。自从 FOB、CIF 两个贸易术语出现后，大大推动了国际贸易的发展，随后又相继出现了许多贸易术语。到 20 世纪 20 年代，一些国际性组织为了防止不同国家对一些贸易术语做出不同的解释，便于对贸易术语做出具有通则性、规范性的解释，以便规范国际贸易交易行为，于是国际上先后出现了关于贸易术语的惯例。目前，在国际上有关贸易术语的惯例有三种，分述如下。

（一）1932 年华沙—牛津规则

该规则是由国际法协会（International Law Association）所制定的。该协会于 1928年在华沙举行会议，制定了关于 CIF 买卖合同的统一规则，共 22 条，称为《1928 年华沙规则》。其后在 1930 年纽约会议、1931 年巴黎会议和 1932 年牛津会议修订为 21 条，并定名为《1932 年华沙—牛津条约》（Warsaw-Oxford Rules 1932，简称 W. O. Rules 1932）。

这一规则主要说明 CIF 买卖合同的性质和特点，对 CIF 合同中买卖双方所承担的费用、责任和风险作了具体的规定，而且对货物所有权转移的方式等问题有比较详细的解释。

（二）1941 年美国对外贸易定义修订本

1919 年美国 9 大商业团体制定了《美国出口报价及其缩写条例》（The U. S. Export Quotations and Abbreviations）。而后，因贸易习惯发生了很多变化，在 1940 年美国举行的第 27 届全国对外贸易会议上对该定义作了修订，随后在 1941 年 7 月 31 日经美国商会、美国进出口商协会和美国全国对外贸易协会所组成的联合委员会通过，改称《1941 年美国对外贸易定义修订本》（Revised American Foreign Trade Definition 1941）。该修订本对 Ex、FOB、FAS、C&F、CIF、Ex-Dock 等 6 种贸易术语作了以下解释。

（1）Ex Point of Original，原产地交货。

（2）FOB（Free on Board），运输工具上交货。

（3）FAS（Free Along Side），在运输工具旁交货。

（4）C&F（Cost and Freight），成本加运费。

（5）CIF（Cost, Insurance and Freight），成本、保险费加运费。

（5）EX Dock，目的港码头交货。

美国对外贸易修订本对 FOB 术语的特殊解释，主要体现在以下几个方面。

（1）美国对 FOB 笼统地解释为在任何一种运输工具上交货。因此，对美加地区

进出口货物签订 FOB 合同时，必须在 FOB 后加上"Vessel"（船）字样，并列明装运港名称，才表明卖方在装运港船上交货。

（2）在风险划分上，不以装运港船舷为界，而以船舱为界，即卖方所承担货物装到船舱为止所发生的一切丢失和残损责任。

（3）在费用负担上，规定买方要支付卖方协助提供出口单证的费用以及出口税和因出口而产生的其他费用。

（4）FOB 有 6 种不同解释。因此，从美国或美洲地区国家进口货物使用 FOB 术语时，应当在合同及信用证内明确使用的是哪种解释，以免发生纠纷。

上述"定义"多被美国、加拿大以及其他一些美洲国家所采用，不过由于其内容与一般解释相距较远，国际间很少采用。近年来美国的商业团体或贸易组织也曾表示放弃他们惯用的这一"定义"，将尽量采用国际商会制定的《国际贸易术语解释通则》。

（三）2010 年国际贸易术语解释通则

如上所述，许多国际组织都制定过各自的规则用来解释贸易术语，这些规则在国际贸易中都具有不同程度的影响，但其中要算国际商会制定的规则最具影响力。

国际商会在 20 世纪 20 年代初开始对重要的贸易术语做统一解释的研究，并于 1936 年在法国巴黎提出了一套解释贸易术语的具有国际性的统一规则，当时定名为《INCORTERMS 1936》，其副标题为《International Rules for the Interpretation of Trade Terms》，即《1936 年国际贸易术语解释通则》。随后，国际商会为了适应国际贸易实践的不断发展，曾先后 7 次（分别在 1953 年、1967 年、1976 年、1980 年、1990 年、2000 年和 2010 年）对《INCOTERMS》作了修订和补充。2010 年 9 月 27 日，国际商会正式推出《2010 年国际贸易术语解释通则》（INCOTERMS 2010），与 INCOTERMS 2000 并用，新版本于 2011 年 1 月 1 日正式生效。

规则将贸易术语分为 11 种，每一术语订明买卖双方应尽的义务，以供商人自由采用。该 11 种贸易术语如下。

（1）EXW（EX Works）工厂交货，（……指定地点）。

（2）FCA（Free Carrier）货交承运人，（……指定地点）。

（3）CPT（Carriage Paid to）即运费付至，（……指定目的港）。

（4）CIP（Carriage and Insurance Paid to）运费和保险费付至，（……指定目的地）。

（5）DAT（Delivered At Terminal）终点站交货，（……指定目的地港或目的地）。

（6）DAP（Delivered At Place）目的地交货，（……指定目的地）。

（7）DDP（Delivered Duty Paid）完税后交货，（……指定目的地）。

（8）FAS（Free Alongside Ship）装运港船边交货，（……指定装运港）。

（9）FOB（FREE On Board）装运港船上交货，（……指定装运港）。

（10）CFR（Cost and Freight）成本加运费付至，（……指定目的港）。

（11）CIF（Cost，Insurance and Freight）成本、保险费加运费，（……指定目的港）。

2010 年国际贸易术语解释通则（以下简称 INCOTERMS 2010）的主要特点如下。

（1）两个新的贸易术语——DAT 与 DAP，取代了 2000 年国际贸易术语解释通则中的 DAF、DES、DEQ 和 DDU 规则。

国际贸易术语的数量从 13 个减至 11 个，这是因为 DAT（运输终点交货）和 DAP（目的地交货）这两个新规则取代了 INCOTERMS 2000 中的 DAF、DES、DEQ 和 DDU 规则。但这并不影响约定的运输方式的适用。

在这两个新规则下，交货在指定目的地进行：在 DAT 术语下，买方处置运达并卸载的货物所在地（这与以前的 DEQ 规定的相同）；在 DAP 术语下，同样是指买方处置，但需做好卸货的准备（这与以前的 DAF、DES 和 DDU 规定的相同）。

新的规则使 INCOTERMS 2000 中的 DES 和 DEQ 变得多余。DAT 术语下的指定目的地可以是指港口，并且 DAT 可完全适用于 INCOTERMS 2000 中 DEQ 所适用的情形。同样地，DAP 术语下到达的"运输工具"可以是指船舶，指定目的地可以是指港口，因此，DAP 可完全适用于 INCOTERMS 2000 中 DES 所适用的情形。与其前任规则相同，新规则也是"到货交付式"的由买方承担所有费用，即买方承担全部费用（除了与进口清算有关的费用）以及货物运至指定目的地前所包含的全部风险。

（2）INCOTERMS 2010 的 11 个术语分为以下显然不同的两类。

① 适用于任一或多种运输方式的规则

- EWX 工厂交货
- FCA 货交承运人
- CPT 运费付至
- CIP 运费及保险费付至
- DAT 目的地交货
- DAP 所在地交货
- DDP 完税后交货

② 只适用于海运及内河运输的规则

- FAS 船边交货
- FOB 船上交货
- CFR 成本加运费
- CIF 成本、保险费加运费

第一类所包含的七个 INCOTERMS 2010 术语——EWX、FCA、CPT、CIP、DAT、DAP 和 DDP，可以适用于特定的运输方式，亦可适用于一种或同时适用于多种运输方式，甚至可适用于非海事运输的情形。但是需要注意，以上这些规则仅适用于存在船

舶作为运输工具之一的情形。

在第二类术语中，交货点和把货物送达买方的地点都是港口，所以只适用于"海上或内陆水上运输"。

FAS、FOB、CFR 和 CIF 都属于这一类。最后的三个术语，删除了以越过船舷为交货标准而代之以将货物装运上船。这更贴切地反映了现代商业实际且避免了风险在臆想垂线上来回摇摆这一颇为陈旧的观念。

（3）国内贸易与国际贸易的规定。国际贸易术语解释通则在传统意义被用于存在跨境运输的国际销售合同中，此种交易需要将货物进行跨越国境的运输。然而，在世界许多地区，如欧盟这样的商贸集团已经使得不同国家间的过关手续变得不那么重要。因此，国际贸易术语解释通则 2010 通过这一副标题正式认可该通则既可以适用于国内的也可以适用于国际的销售合同。所以，国际贸易术语解释通则 2010 在一些地方明确规定，只有在适当的情形才存在遵守进/出口手续义务。

（4）引言。在世界贸易术语解释通则 2010 的每条规则前面，都有一条引言。引言解释每条规则的基本内容，如该规则何时被用到，风险何时发生转移，还有费用如何在买方和卖方之间分担等。引言并不是实际的国际贸易术语解释通则 2010 的规则的组成，但是它们能帮助使用者更准确、更有效地针对特定的贸易运用合适的国际贸易术语解释通则的规则。

（5）电子通信。之前版本的国际贸易术语解释通则已经说明了可以被电子数据交换信息替代文件。然而，世界贸易术语解释通则 2010 的 A1/B1 条赋予电子方式的通信和纸质通信相同的效力，只要缔约双方同意或存在交易惯例。这一规定使世界贸易术语解释通则 2010 使用期内新的电子程序的发展更顺畅。

（6）保险范围。世界贸易术语解释通则 2010 是协会货物条款修订以来的第一版世界贸易术语解释通则，并对那些条款的变更做了考虑。

国际贸易术语解释通则 2010 把有关保险的信息义务规定在 A3/B3 条，这些条款涉及运输和保险合同。这些条款已经从国际贸易术语解释通则 2000 的 A10/B10 条中的更一般的条款中删除了。为了明确缔约方在该事项上的义务，关于保险的 A3/B3 条的行文也做了变化。

（7）安全清关和这些许可所需要的信息。现如今，货物运送过程中的安全问题得到了高度的重视，要求确认货物除了本身固有性质原因外对人身和财产不造成威胁。因而，在买方和卖方间已经分配了相应的责任，以在取得安全清关中获得或者提供帮助，如在多样国际贸易术语 2010 中的 A2/B2 和 A10/B10 条款中连锁保管的信息。

（8）终点站处理费用。在 CPT、CIP、CFR、CIF、DAT、DAP 和 DDP 等国际贸易术语规则中，卖家必须为货物到商定好目的地的运输做出安排。虽然运费是由卖家支付的，但因为运费一般被卖方纳入总体销售价格中，所以实际上运费是由买方支付的。

运费有时会包含港口或集装箱终端设施内处理与移动货物的费用，并且承运人和终点站运营方也可能向收到货物的买方收取这些费用。

在这些情况下，买家会希望避免为同一服务缴费两次，一次付给卖家作为销售价格中一部分与一次单独地付给承运人或者终点站运营方。

国际贸易术语解释通则 2010 在文件 A6/B6 的相关规则中明确分配这类费用，以求避免类似情形的发生。

（9）连环销售。在农矿产品销售中，相对于工业品的销售，货物经常在链条运转中被频繁销售多次。这种情况发生时，在链条中间环节的卖方并不"船运"这些货物，因为这些货物已经由最开始的卖方船运了。连环运转中间环节的卖方因而履行其对买方的义务，并不是通过船运货物，而是通过"取得"已经被船运的货物。

为明确起见，《国际贸易术语解释通则 2010》的规则包含了"取得已船运的货物"的义务，以将此作为通则的相关规则中船运货物义务的替代义务。

（四）国际贸易惯例的性质与作用

国际贸易惯例是国际组织以及权威机构为了减少贸易争端，规范贸易行为，在长期、大量贸易实践中制定出来的。在国际贸易业务中反复实践的习惯做法经过权威机构加以总结、编纂与解释，从而形成的国际贸易惯例。

国际贸易惯例的适用是以当事人的自治为基础，惯例本身不是法律，因此它对贸易双方不具有强制约束力，所以买卖双方有权在合同中做出与某项惯例不符的规定。一旦合同有效成立，双方均要履行合同规定的义务，一旦发生争议，法院和仲裁机构需维护合同的有效性。但国际贸易惯例对国际贸易实践仍具有重要的指导作用，主要体现在：若双方都同意采用某种惯例来约束该项交易，并在合同中做出明确规定，那么这项约定的惯例就具有强制性；若双方在合同中既未排除，也未注明该合同适用某项惯例，当合同执行中发生争议时，受理该争议案的司法和仲裁机构往往会引用某一国际贸易惯例来进行判决或裁决，这是因为各国立法和国际公约赋予了它法律效力。如我国法律规定，凡中国法律没有规定的，适用国际贸易惯例。另外，《联合国国际货物销售合同公约》规定，合同没有排除的惯例、已经知道或应当知道的惯例、经常使用反复遵守的惯例适用于合同。所以，国际贸易惯例本身虽然不具有强制性，但它对国际贸易实践的指导作用却不容忽视。

三、六种常用贸易术语的含义

在 INCOTERMS 规定的 11 种贸易术语中，FOB、CFR、CIF、FCA、CPT 和 CIP 是国际贸易中使用较多的贸易术语。这 6 种主要贸易术语的含义、买卖双方的义务，

以及在使用中需要注意的问题，现做如下阐述。

1．FOB（Free On Board）（…named port of）船上交货（……指定装运港）

本规则只适用于海或内河运输。"船上交货"是指卖方在指定的装运港，将货物交至买方指定的船只上，或者指中间销售商设法获取这样交付的货物。一旦装船，买方将承担货物灭失或损坏造成的所有风险。卖方被要求将货物交至船只上或者获得已经这样交付装运的货物。这里所谓的"获得"迎合了链式销售，在商品贸易中十分普遍。FOB 不适用于货物在装船前移交给承运人的情形。例如，货物通过集装箱运输，并通常在目的地交付。在这些情形下，适用 FCA 的规则。在适用 FOB 时，销售商负责办理货物出口清关手续。但销售商无义务办理货物进口清关手续、缴纳进口关税或是办理任何进口报关手续。

2．CFR（Cost and Freight）（…named port of destination）成本加运费（……指定目的港）

本规定只适用于海路及内陆水运。"成本加运费"是指卖方交付货物于船舶之上或采购已如此交付的货物，而货物损毁或灭失之风险从货物转移至船舶之上起转移，卖方应当承担并支付必要的成本加运费以使货物运送至目的港。当使用 CPT、CIP、CFR 或 CIF 术语时，卖方在将货物交至已选定运输方式的运送者时，其义务即已履行，而非货物抵达目的地时方才履行。本规则有两个关键点，因为风险转移地和运输成本的转移地是不同的。尽管合同中通常会确认一个目的港，却未必会确认一个指定装运港，即风险转移给买方的地方。如果买方对装运港关乎买方的特殊利益特别感兴趣，建议双方就此在合同中尽可能精确地加以确认。建议双方对于目的港的问题尽可能准确确认，因为以此产生的成本加运费由卖方承担。订立与此项选择（目的港选择）精确相符的运输合同。卖方基于其运输合同在指定目的地卸货时，如果产生了相关费用，卖方无权向买方索要，除非双方有其他约定。成本加运费对于货物在装到船舶之上前即已交给（原为交付）承运人的情形可能不适用，例如通常在终点站（即抵达港、卸货点，区别于 Port of Destination）交付的集装箱货物。在这种情况下，宜使用 CPT 规则。（如当事各方无意越过船舷交货）成本加运费原则要求卖方办理出口清关手续，若合适的话。但是，卖方无义务为货物办理进口清关、支付进口关税或者完成任何进口地海关的报关手续。

3．CIF（Cost, Insurance and Freight）（…named port of destination）成本、保险费加运费（……指定目的港）

该术语仅适用于海运和内河运输。成本、保险费加运费是指在装运港当货物越过船舷时卖方即完成交货。卖方必须支付将货物运至指定的目的港所需的运费和费用，但交货后货物灭失或损坏的风险及由于各种事件造成的任何额外费用即由卖方转移到买方。货物灭失或损坏的风险在货物于装运港装船时转移向买方。卖方须自行订立运输合同，支付将货物装运至指定目的港所需的运费和费用。卖方须订立货物在运输途中由买方承担的货物灭失或损坏风险的保险合同。买方须知晓在 CIF 规则下卖方有义务投保的险别仅是最低保险险别。如买方希望得到更为充分的保险保障，则需与卖方明确地达成协议或者自行做出额外的保险安排。当 CPT、CIP、CFR 或者 CIF 术语被适用时，卖方须在向承运方移交货物之时而非在货物抵达目的地时，履行已选择的术语相应规范的运输义务。此规则因风险和费用分别于不同地点转移而具有以下两个关键点。合同惯常会指定相应的目的港，但可能不会进一步详细指明装运港，即风险向买方转移的地点。如买方对装运港尤为关注，那么合同双方最好在合同中尽可能精确地确定装运港。当事人最好尽可能确定在约定的目的港内的交货地点，卖方承担至交货地点的费用。当事人应当在约定的目的地港口尽可能精准地检验，而由卖方承担检验费用。卖方应当签订确切适合的运输合同。如果卖方发生了运输合同之下的于指定目的港卸货费用，则卖方无须为买方支付该费用，除非当事人之间约定。卖方必须将货物送至船上或者（由中间销售商）承接已经交付的货物并运送到目的地。除此之外，卖方必须签订一个运输合同或者提供这类的协议。这里的"提供"是为一系列的多项贸易过程（"连锁贸易"）服务，尤其在商品贸易中很普遍。CIF 术语并不适用于货物在装上船以前就转交给承运人的情况，例如通常运到终点站交货的集装箱货物。在这样的情况下，应当适用 CIP 术语。"成本、保险费加运费"术语要求卖方适用的情况下办理货物出口清关手续。然而，卖方没有义务办理货物进口清关手续，缴纳任何进口关税或办理进口海关手续。

4. FCA（Free Carrier）（…named place）货交承运人（……指定地点）

该项规则可以适用于各种运输方式单独使用的情况，也可以适用于多种运输方式同时使用的情况。"货交承运人"是指卖方于其所在地或其他指定地点将货物交付给承运人或买方指定人。建议当事人最好尽可能清楚地明确说明指定交货的具体点，风险将在此点转移至买方。若当事人意图在卖方所在地交付货物，则应当确定该所在地的地址，即指定交货地点。另一方面，若当事人意图在其他地点交付货物，则应当明确确定一个不同的具体交货地点。FCA 要求卖方在需要时办理出口清关手续。但是，卖方没有办理进口清关手续的义务，也无须缴纳任何进口关税或者办理其他进口海关手续。在需要办理海关手续时（在必要时/适当时），DAP 规则要求应由卖方办理货物的出口清关手续，但卖方没有义务办理货物的进口清关手续，支付任何进口税或者办理任何进口海关手续，如果当事人希望卖方办理货物的进口清关手续，支付任何进口税和办理任何进口海关手续，则应适用 DDP 规则。

5. CPT（Carriage Paid to）（…named place of destination）运费付至（……目的地指定地点）

这一术语无例外地用于所选择的任何一种运输方式以及运用多种运输方式的情

况。"运费付至……"是指卖方在指定交货地向承运人或由其（卖方）指定的其他人交货并且其（卖方）须与承运人订立运输合同，载明并实际承担将货物运送至指定目的地所产生的必要费用。在 CPT、CIP、CFR 和 CIF 适用的情形下，卖方的交货义务在将货物交付承运人，而非货物到达指定目的地时，即告完全履行。此规则有两个关键点，因为风险和成本在不同的地方发生转移。买卖双方当事人应在买卖合同中尽可能准确地确定以下两个点：发生转移至买方的交货地点；在其须订立的运输合同中载明的指定目的地。如果使用多个承运人将货物运至指定目的地，且买卖双方并未对具体交货地点有所约定，则合同默认风险自货物由买方交给第一承运人时转移，卖方对这一交货地点的选取具有排除买方控制的绝对选择权。如果当事方希望风险转移推迟至稍后的地点发生（例如某海港或机场），那么他们需要在买卖合同中明确约定这一点。由于将货物运至指定目的地的费用由卖方承担，因而当事人应尽可能准确地确定目的地中的具体地点，且卖方须在运输合同中载明这一具体的交货地点。卖方基于其运输合同中在指定目的地卸货时，如果产生了相关费用，卖方无权向买方索要，除非双方有其他约定。CPT 贸易术语要求卖方，在需要办理这些手续时，办理货物出口清关手续。但是，卖方没有义务办理货物进口清关手续、支付进口关税以及办理任何进口所需的任何海关手续。

6. CIP（Carriage, Insurance Paid to）（…named place of destination）运费和保险费付至（……目的地指定地点）

该术语可适用于各种运输方式，也可以用于使用两种以上的运输方式时。"运费和保险费付至"含义是在约定的地方（如果该地在双方间达成一致）卖方向承运人或是卖方指定的另一个人发货，以及卖方必须签订合同和支付将货物运至目的地的运费。卖方还必须订立保险合同以防买方货物在运输途中灭失或损坏。买方应注意到 CIP（运费和保险费付至指定目的地）术语只要求卖方投保最低限度的保险险别。如买方需要更多的保险保障，则需要与卖方明确地达成协议，或者自行做出额外的保险安排。在 CPT、CIP、CFR 和 CIF 这些术语下，当卖方将货物交付于承运人时而不是货物到达目的地时，卖方已经完成其交货义务。由于风险和费用因地点不同而转移，本规则有两个关键点。买卖双方最好在合同中尽可能精确地确认交货地点，风险转移至买方地，以及卖方必须订立运输合同所到达的指定目的地。若将货物运输至约定目的地用到若干承运人而买卖双方未就具体交货点达成一致，则默认为风险自货物于某一交货点被交付至第一承运人时转移，该交货点完全由卖方选择而买方无权控制。如果买卖双方希望风险在之后的某一阶段转移（例如在一个海港或一个机场），则他们需要在其买卖合同中明确，将货物运输至具体交货地点的费用由卖方承担，因此双方最好尽可能明确在约定的目的地的具体交货地点，卖方最好制定与此次交易精确匹配的运输合同。如果卖方按照运输合同在指定的目的地卸货而支付费用，除非双方另有约定，卖方无权向买方追讨费用。CIP 术语要求卖方在必要时办理货物出口清关手续。但是，卖方不承担办理货物进口清关手续，支付任何进口关税，或者履行任何进口报关手续的义务。

第三节　国际贸易业务流程

一、交易前的准备工作

（一）出口交易前的准备工作

（1）国际市场调研：① 了解进口国的一般情况；② 了解进口国的政治情况；③ 了解进口国的经济情况；④ 了解进口国的对外贸易情况。

（2）确定销售市场，建立业务关系。

（3）确定出口商品经营方案。制订出口商品经营方案是为了完成某种或某类的商品出口任务而确定经营意图、需要达到的最高或最低目标及为实现该目标所应采取的策略、步骤和做法。

（4）广告宣传和无形资产的保护。主要是注意当地有关商标的规定和公报，办好主责手续。

（二）进口交易前的准备工作

（1）进行市场调查。正确分析进口商品的技术经济效益，以及主要供应国和主要供应商的供应情况和价格趋势，并了解商品经营情况和不同厂商的商品品质、价格、成交条件和交易者的资信状况等，并进行进口成本核算。

（2）进行商品调研。包括有关商品的产、供、销和客户情况，商品的价格趋势，以及供应商的资信情况等。

（3）落实进口许可证和外汇。必须认真落实进口许可证并保证外汇来源确无问题，才能着手办理进口洽谈订货业务。

（4）研究制订进口商品经营方案。

（5）进口成本核算。企业进口商品，不论在国内销售还是自身使用、加工，都必须核算进口成本以便进行经济效益分析，做到进口合理化。

二、交易磋商

交易磋商是指国际贸易的买卖双方为了协调双方的经济利益，达成共识，促进交

易而进行的交易条件协商。交易磋商是以成立合同为目的，一旦双方对各项交易条件协商一致，买卖合同即告成立。交易磋商的过程也就是合同成立的过程。交易磋商的形成可分为口头和书面的两种，以书面磋商为主。国际贸易的合同磋商可以分为进口合同的磋商和出口合同的磋商。

交易磋商的内容包括商品名称、数量、品质、规格或花色品种、包装、价格、交货方式、运输方式、付款方式、发生意外的处理方式、保险、检验检疫、索赔、不可抗力和仲裁等交易条件。整个磋商的一般程序可分为四个环节，即询盘、发盘、还盘和接受。其中，发盘和接受是达成交易不可缺少的两个环节。

三、订立合同

1．合同有效成立的条件

（1）合同当事人必须具有订立合同的行为能力。

（2）合同必须有对价或约因，即合同当事人之间相互给付、互为有偿。

（3）合同的内容必须合法。

（4）合同必须符合法律规定的形式。

（5）合同当事人的意思必须真实。

2．合同的内容

书面合同的内容一般包括三个部分：约首、本文和约尾。约首，即合同的首部，包括合同名称、合同编号、合同签订的日期和地点、约定双方名称和地址等。本文是合同的主要组成部分，是对各项交易条件的具体规定。其中包括商品名称、品质规格、数量或重量、包装、价格、运输、保险、支付方式、检验、履行期限和地点、违约的处理和解决等内容。约尾，即合同的尾部，通常载明合同使用的文字及其效力、合同正本的份数、附件及其效力，以及有正当权限的双方当事人代表的签字。

3．合同成立的时间

根据《公约》的规定，接受在送达发盘人时生效。接受生效的时间，实际上就是合同成立的时间。

四、履行合同

（一）出口合同的履行

我国绝大多数出口都采用信用证付款方式，所以在履行这类合同时必须切实做好备货、催证、审证、改证、租船订舱、报检、报关、投保、装船和制单结汇等环节的工作。这些环节中，货（备货、报验）、证（催证、审证、改证）、船（租船订舱、办理货运手续）、款（制单结汇）四个环节的工作最为重要。主要的信用证支付方式合同为 CIF 合同。

（二）进口合同的履行

在我国的进口业务中，多使用 FOB 价格条件，只有少数使用 CIF 和 CFR 价格条件。若按 FOB 价格条件和信用证支付方式成交，履行这类进口合同的一般程序是：开立和修改信用证、安排运输和办理保险、审单和付款、报关、报检与索赔等。

第四节　国际物流与国际贸易的关系

国际物流与国际贸易之间有着密切的关系。前者是随着后者的发展而发展的，同时，前者的发展状况也会限制后者的发展。如果国际物流的发展跟不上国际贸易的发展，那么国际贸易的发展就不会顺利。只有切实做好国际物流工作，才能推动和扩展国际贸易的规模。

一、国际贸易对国际物流的作用

（一）国际物流是实现国际贸易的保障

国际物流贯穿于国际贸易的整个过程。首先在签订国际贸易合同时，需注明运输条款；合同签订后，按运输条款所约定的时间、地点和条件，通过一种以上的运输方式，将货物从卖方所在地通过关境运送至买方指定交货地点，完成交货任务。没有国际物流，国际贸易中所包含的国际商流、国际资金流和国际信息流就可能发生阻滞，进出口货物的使用价值就无法实现，国际贸易也无法进行。只有物流工作做好了，才能将国外客户所需的商品适时、适地、按质、按量、低成本地送到目的地，从而提高本国商品在国际市场上的竞争能力，扩大对外贸易。

（二）国际物流是实现国际贸易的桥梁

国际物流是实现国际贸易的桥梁。国际物流的科学化、合理化是国际贸易发展的有力保障。国际物流的相关活动和有效运作是国际贸易实现，国际货物买卖合同的实际履行，以适当的成本和条件，将适当的产品，以适当的价格交给国外客户的途径。因此只有最大限度地做好国际物流，最大限度地打破地域和国界的限制，降低国际物流成本，才能提高本国商品在国际市场上的竞争能力，扩大对外贸易。

（三）国际贸易促进物流国际化

第二次世界大战后，各国出于对恢复重建工作的需要，都加紧研究和应用新技术和新方法，促进生产力快速发展，世界经济也呈现欣欣向荣的景象，从而使得国际贸易规模得以迅速扩大，截至 2013 年的数据显示，国际贸易占全球 GDP 的比重已经超过 60%，其规模增速大幅领先全球 GDP 的实际涨幅，且预计直到 2019 年这种情况都将持续。同时由于一些国家和地区资本积累已到达一定程度，本国或本地市场已不能满足其进一步发展的经济需要，加之交通运输、信息处理和经营管理水平的提高，跨国公司应运而生且发展壮大，有数据显示全球的跨国公司数量已经超过 8 万家，且持续增长。跨国经营与对外直接投资（FDI）的发展助推国际贸易的迅猛发展，促进了实物和信息在全球范围内的大量流动和广泛交换，物流国际化称为世界贸易和世界经济发展的必然趋势。

二、国际贸易的发展对国际物流提出新的要求

随着世界各国经济和政治的飞速发展，国际贸易出现了新趋势和新特点，这对国际物流在质量、安全、效率和经济方面都提出了更高、更新的要求。

（一）质量要求

国际贸易结构正在发生巨大的变化，传统的初级产品、原料等贸易品种逐步让位于高附加值、精密加工的产品。由于高附加值、高精密度商品流量的增加，对国际物流工作质量提出了更高的要求。同时，由于国际贸易需求的多样化，造成物流多品种、小批量化，要求国际物流向优质服务、多样化和精细化发展。

（二）安全要求

由于跨国公司总是在世界范围内选择最低成本的地区进行生产，导致大多数商品的生产是分配和分散的。例如，美国福特汽车公司生产的某一型号的汽车要在 20 多个国家由 30 多个不同厂家联合生产，产品销往 100 多个国家和地区。国际物流所涉及的国家众多，地域辽阔，在途时间长，受地理、气候等自然因素和政治局势、罢工与战争等社会政治因素的影响大。因此，在组织国际物流活动，选择运输方式和运输路径时，要综合考虑各种因素的影响，以防止这些人为因素和不可抗力对货物造成损害，以期达到最优结果。

（三）效率要求

国际贸易活动的集中体现就是合约的订立和履行。而国际贸易合约的履行是由国

际物流活动来完成的，因而要求物流高效地履行合约。自 20 世纪 90 年代以来，全球信息网络和全球化市场的形成及技术变革的加速，使围绕新产品的市场竞争加剧；技术进步和需求的多样化，又使产品生命周期不断缩短，从而让企业面临着缩短交货周期、提高产品质量、降低成本和改进服务的压力，因而要求物流高效率、高质量、低成本地履行合约，才能以更快捷的速度、更优质的品质提供所需的产品。

从国际贸易中交易的商品差异化角度看，提高物流效率最重要的是如何采用与之相适应的现代化运输工具和机械设备。从国际物流的输入角度看，提高物流效率是如何高效率地组织所需商品的进口、存储和供应。而从国际物流的输出角度看，则是如何高效率地组织货源、生产和运输等过程的管理。

（四）经济要求

国际贸易的特点决定了国际物流环节多、备运期长。在国际物流领域，控制物流费用、降低物流成本都有很大潜力。对于国际物流企业来说，选择最佳的物流方案，提高物流的经济性，降低物流成本，保证服务水平，是提高国际竞争力的有效途径。

总之，国际物流必须适应国际贸易结构和商品流通形式的变革，向国际物流集成化、网络化、统一化、便利化、精细化和现代化方向发展。

 案例分析

芬芳的物流

全球化工公司 Frimenich 的物流部必须实现高标准化。货物要从遍布世界 120 个国家的供应商那里流向遍布三大洲的许多生产工厂，然后再流向分布在更多地点的顾客，这些都必须加以协调和监控。如果没有能胜任的代理商，他们是不可能经营好的。Frimenich 是位于瑞士日内瓦的一个家族企业，已有 110 年制造香水和香料的历史。它也是世界上最大的私营企业之一，其生产基地和销售市场遍布全球。Frimenich 负责全球配送和物流的总监 Vincent Zumwald 说："这些国际活动使我们公司的物流部面临重大挑战。我们的产品高达 70%被列为危险品。"

Frimenich 在几年前，顺应时代潮流，开始外包物流服务。全球各地的 Frimenich 的分公司都引入了 SAP 这一商业软件解决方案，此 IT 系统的全面应用将在 2008 年彻底完成。Frimenich 仍然有一些中间产品和外包业务。一个国际物流供应商已经接管了空运货物的标签业务并且准备好了在日内瓦（瑞士）的空运货单。此外，瑞士货运集团在法国里昂为 Frimenich 设立了一个中转仓库。所有运到欧洲客户手中的产品被储存在那里，在日内瓦工厂生产的香料也被送到那里。来自国外的货物也被储藏在里昂。

如果有必要，它们需要重新贴上标签，为进一步的运输做准备。

Frimenich 指定了两个未透露名字的公司作为自己在欧洲的主要物流供应商。Frimenich 还操纵着设在美国 Frimenich 工厂的各种各样的中间产品，并且还管理着出口产品的配送。这两个物流供应商的 IT 系统和 Frimenich 的 IT 系统是相连的，所以他们能准时接收到迫切需要装运的通知，这保证了 Zumwald 准确了解货物在供应链中的详情。 Frimenich 依赖一个澳大利亚物流供应商来完成到东欧的货流。一个明显的趋势是减少代理商的数目。三个物流供应商对于 Frimenich 在欧洲的业务来说已经足够了。

Frimenich 主要通过这三个运输公司来管理配送。Frimenich 的采购部通常禁止DDU（未完税交货）合同，所以公司只需要完成海关手续。不过，Frimenich 签订北部港口的到岸价格（成本、保险加运费）合同，然后不得不组织从港口到生产工厂的运输。Frimenich 现在正试图将通过鹿特丹的运输方式合理化。Frimenich 在大约 120 个国家都有供应商。这个配送物流策略比已有的物流策略要优越。

这个香水制造商目前正在考虑是否引入加密协议连接（DHE）的"控制塔"工具。这些多式联运的管理工具能够在全世界范围内进行部署，并且在瑞士化学公司 Ciba 和多个高科技企业证明了其价值。

大约 50% 的国外货物是通过空运完成的，剩余的则通过海运。Frimenich 的物流部门正试图通过海运运输更多的货物以节省开支。海运方式已在生产工厂和分公司之间的货流方面取得良好的进展。卡车当然是必需的。在欧洲，交付物主要通过卡车转交。他们通常在 48 小时内到达目的地。运往斯堪的纳维亚和比荷卢诸国的货物是通过在沃尔姆（Worm，德国)的一个枢纽港完成的。这个公司的物流计划不考虑铁路。

Frimenich 的物流部门从接受订单到发送货物（订单提前期）不超过 10 天，所以物流部门承受着压力，因为有时候接受订单后才开始生产产品。大量的海关审查、警察核查、交通拥挤及天气问题自然都是物流部门所讨厌的。

对于 Frimenich 的物流部门来说，有一点是非常重要的，那就是其员工和物流供应商训练有素，遵守所有的运输和海关审核法规。各种法规使问题更复杂。Frimenich 在它的投资组合中有 6 万多种产品。因此每一项规则的修订都会引起一系列流程的改变。诸如 IT 系统和标签等，不得不改变。

（资料来源：http://www.guangzhou-logistics.com/wlal/qtala/200803/152588.html）

【思考题】

1. 你认为 Frimenich 的国际物流管理对你有什么启发？

2. 此案例涉及了国际物流管理中哪些重要环节，并由此案例讨论，在国际贸易中我们应该注意哪些问题？

 本章小结

　　本章介绍了国际贸易的兴起发展和主要理论；全面总结了现行的国际贸易术语和贸易惯例；详细梳理了国际贸易的业务流程；总结完善了国际贸易与国际物流的关系。

延伸阅读

二十国集团全球贸易增长战略

　　布里斯班峰会提出 2018 年前经济额外增长 2%的目标，作为实现该目标不可或缺的一部分，并作为努力实现促进全球经济增长、推进可持续发展目标工作的一部分，该战略制订了具体的国别和集体行动计划。二十国集团承认世贸组织在全球贸易治理的核心作用，支持继续加强其作用。

　　这一战略补充了二十国集团贸易部长会议声明中的任务和承诺，包括不采取新的贸易保护主义措施并取消有关措施、贸易便利化、世界贸易组织、其他贸易协定、全球投资指导原则以及促进包容的全球价值链等方面。

　　1. 降低贸易成本

　　世贸组织《贸易便利化协定》一旦实施，将显著降低全球贸易成本，促进贸易发展，帮助中小企业融入全球价值链。二十国集团成员注意到单个国家采取行动降低贸易成本、缩减贸易时间、减少货物服务流动不确定性的重要性，包括解决边境后壁垒。国别增长战略体现每个国家的承诺。二十国集团成员致力于进一步采取措施降低贸易成本并鼓励所有世贸组织成员全面实施《贸易便利化协定》，根据经合组织和世贸组织的测算，全面实施《贸易便利化协定》可将全球贸易成本降低 15%。二十国集团成员感谢经合组织、世贸组织、世界银行对贸易成本监测所做的工作。二十国集团成员同意能力建设和技术援助对于保证最有需要的发展中国家实现此目标至关重要，并将继续支持这方面的努力。

　　2. 加强贸易投资政策协调

　　二十国集团成员将保证贸易、投资以及其他公共政策相互补充、相互促进，包括采取国别增长战略中列出的改革。二十国集团成员认识到全球价值链作为全球贸易和投资流动驱动力的重要性，致力于采取促进更加开放、可持续和包容价值链的政策，以鼓励发展中国家进一步融入全球价值链并获得价值增值。二十国集团成员将研究贸易投资关系的主要问题，找出政策不协调部分，形成解决建议，并加强政策协调。二十国集团成员注意到世贸组织、联合国贸发会议、经合组织以及世界银行针对贸易与

投资相互关系的研究报告,该报告提出一系列可供考虑的重要政策选择。二十国集团欢迎国际机构在其各自资源和授权范围内针对这些重要议题开展额外分析工作。

3. 促进服务贸易

二十国集团成员承诺实施政策以支持开放、透明和竞争性服务市场。这将促进服务提供商,尤其是发展中国家和低收入国家的服务提供商参与全球价值链,将有助于全球价值链中货物和服务的流动,支持更加有效的生产和贸易,从而促进全球经济增长,创造新的和更好的就业机会。二十国集团成员同意考虑就促进服务贸易的议题做工作,这将扩大各种形式的服务贸易,为国内经济和全球贸易做出更大贡献。二十国集团鼓励世贸组织、经合组织和世界银行在其各自授权和资源范围内进一步研究,以向二十国集团成员清晰地展示服务业对整体经济及供应链的作用,以及服务业对经济发展、贸易增长和实现公共政策目标的贡献。国际机构的分析工作将帮助二十国集团成员探索可能提高效率、生产力和福祉的政策选择,并考虑到发展水平的差异,最大限度地挖掘二十国集团服务业市场潜力,降低贸易成本。

4. 增强贸易融资

贸易融资缺口阻碍了贸易和经济增长。贸易融资缺口在最贫困国家尤为明显,尤其是在非洲、亚洲发展中国家以及发展中小岛国,这些国家在获取相应知识技能以运用贸易融资工具方面也面临挑战。二十国集团注意到,世贸组织在世界银行和多边、区域开发银行现有贸易融资促进项目支持下,针对贸易融资和中小企业所做的研究及提出的建议。二十国集团成员进一步注意到,世贸组织总干事呼吁加强现有多边贸易融资促进项目的贸易融资。

5. 制订贸易景气指数

在贸易增速相关的指标方面掌握更多影响贸易和经济增长的信息对各国都有益。二十国集团欢迎世贸组织发布其首份贸易景气指数。二十国集团成员有信心该指数将作为贸易的提前预警系统,为政策制定者和企业提供更实时的贸易发展指标。这将成为二十国集团成员政府调整贸易相关政策的重要工具。

6. 促进电子商务发展

数字贸易和技术迅速发展引发经济贸易结构的深刻变革,鉴于这种形势,二十国集团成员同意加强电子商务问题的讨论与合作。二十国集团成员感谢经合组织、贸发会议和世贸组织就电子商务在国际贸易中作用的演变以及相关政策问题进行的研究。二十国集团成员认识到中小企业正在融入全球贸易。为了使中小企业和发展中国家更好地获取数字技术,获得更大利益,并帮助其实现包容性贸易增长,二十国集团成员鼓励政府和企业进行对话,找出电子商务发展面临的机遇和挑战,研究讨论贸易领域相关政策、标准和模式。增加对话可加强政策方面的协调合作。二十国集团成员注意到二十国集团工商界搭建全球电子商务合作平台的倡议。

7．关注贸易与发展

贸易是近几十年来经济发展的强大动力。《2030年可持续发展议程》也强调了贸易应在实现包容性增长、可持续发展和减贫中发挥关键作用。鉴于贸易对各国实现可持续发展目标的中心作用，并基于二十国集团此前开展的贸易与发展相关工作，二十国集团成员强调更好地利用该战略所做出的贸易促发展的承诺。二十国集团成员认识到，促进贸易和投资可增强发展中国家和中小企业参与全球价值链并向价值链上游攀升；并认识到发展中国家经济多元化和产业升级的重要性。二十国集团成员认识到促进低收入国家参与区域贸易协定有关倡议的重要性，可解决与获得贸易融资有关的问题，支持健全的农业政策，支持实现可持续发展目标的贸易和投资，促进参与全球价值链，促进负责任企业行为，加强与贸易有关的技能开发，推进和加强促贸援助倡议。此外，二十国集团成员将采取具体行动实施在《亚的斯亚贝巴行动议程》的承诺，将"可持续发展纳入各层面的贸易政策"。二十国集团注意到一些成员建议，由贸易投资工作组研究是否可采取与贸易有关的措施，减轻低收入和中等收入国家因接收数量特别巨大的难民所带来的负面影响。

结尾

作为二十国集团贸易部长会议声明的补充，二十国集团成员对本战略充满信心。我们可以推动贸易的开放和融合，以促进全球繁荣和发展。二十国集团贸易投资工作组将继续同其他相关工作组紧密合作，加强协调，并避免重复工作。二十国集团成员也欢迎国际机构以及二十国集团其他参与者，尤其是二十国集团工商界和二十国集团智库的贡献，并将继续与它们合作实现强劲、可持续、包容和平衡的增长。

（资料来源：G20官网，http://g20.org/hywj/dncgwj/201607/t20160715_3056.html）

本章思考题

1．什么是国际贸易？

2．国际贸易的主要分类方式有哪些？

3．相对优势理论与绝对优势理论有何异同？

4．INCOTERMS 2010通则所规定的术语种类相较于INCOTERMS 2000有何区别？

5．简述国际货物贸易中进出口磋商程序。

6．假如你是一家从事国际贸易业务的企业的总经理，你认为国际物流会从哪些方面影响你所在企业的发展？

7．某公司按CIF条件成交货物一批，向中国人民保险公司投保了水渍险，货物在

转船过程中遇到大雨，货到目的港后，收货人发现货物有明显的雨水渍，损失达 70%，因而向中国人民保险公司提出索赔。

问题：中国人民保险公司能接受吗？

8. 上海某公司有一批打字机需要从上海出口到澳大利亚的悉尼，对外报价悉尼 20 美元/台，客户要求改报 FOB 价。已知：货物用纸箱装运，每箱的尺码 44 厘米×44 厘米×30 厘米，每箱毛重 35 千克，每箱装 4 台，共计 800 箱。计收标准 W/M 每吨运费 110 美元，货币附加费 10%，保险费率 1%。

问题：应报 FOB 悉尼价多少美元一台？

9. 美国某公司与我国某公司签订一份 CFR 合同，由美国公司向我国公司出口化工原料。合同规定：美国公司在 2015 年 4 月交货。美国公司按合同规定时间交货后，载货船于当天起航驶往目的地港天津。5 月 8 日，美国公司向我国公司发出传真，通知货已装船。我国公司于当天向保险公司投保。但到目的港后，经我国公司检查发现，货物于 5 月 5 日在海上运输途中已经发生损失。

问题：上述期间发生的损失由哪一方承担？本案中哪一方当事人负责安排运输？

国际物流基础设施与标准化

学习目标

- ■ 了解国际物流基础设施的五个组成部分；
- ■ 理解国际物流基础设施的各个特点；
- ■ 了解国际物流标准化的制定原则和实施办法；
- ■ 了解国际物流的标准体系；
- ■ 熟悉国际物流标准化现状。

引导案例

日本物流基础设施的建设情况

20世纪90年代中期前后，随着经济全球化和区域经济一体化的发展，日本九州、东北、北海道以及北陆地区为推进地方国际化，积极加快公路、铁路、港口、机场等国际物流基础设施的建设步伐，并取得了较大的进展。

南北走向和东西走向主干线公路相互连接成网。目前，还正在修建东九州公路、九州横向公路延冈线、西九州公路、南九州公路西巡回线等。另外，城市高速公路建设也取得了较快的进展。高速公路与九州横向公路相互连成一体。九州地区铁路货物运输网主要以日本货物铁路株式会社的线路为中心。

九州地区现有北九州和博多两个日本特定重要港以及27个重要港口。在九州地区港口中，目前拥有龙门起重机等集装箱装卸设备的港口占60%以上。

九州地区现有日本运输省认定的第二种机场7个，日本地方自治体认定的第三种机场7个。另外，还有个公共用小型机场。目前，九州地区还正在修建其他新机场。

【分析】

1. 日本在经济高速发展的年代，为什么不遗余力地发展物流基础设施？

2．物流基础设施的建设对于日本经济的高速发展起到了什么作用？

第一节　国际物流基础设施

按照五种基本运输方式的分类方法，物流基础设施包括铁路运输设施、公路运输设施、水路运输设施、航空运输设施和管道运输设施五个部分。

一、铁路技术设施与装备

铁路运输的技术装备和设施主要包括铁路线路、铁路机车及铁路车辆。铁路线路是支撑列车重量、引导列车前进的基础，主要由路基和轨道两部分组成。铁路机车是铁路运输的动力装置，包括蒸汽机车、内燃机车和电力机车。铁路车辆包括客车和货车两大类，其中客车又包括软硬席座车和卧车。另有编挂在旅客列车上的餐车、邮政车、行李车以及特种用途车等。铁路货车包括：棚车（专用型），即专用改装的棚车，用于装运特种商品，如汽车配件棚车（通用型），即标准化的有顶货车，侧墙上有拉门，用于装运普通商品；散料车，用于装运需要防风雨的散粒货物；平车，即没有侧墙、端墙和车顶的货车，主要用于背驮运输；冷藏车，即加装有冷冻设备以控制温度的货车；敞车，即没有车顶，有平整地板和固定侧墙的货车，主要用于装运长大货物；罐车，即专门用于运送液体和气态货物的车辆等。

二、公路运输技术设施与装备

公路技术装备与设施主要由公路、运输车辆和场站组成。

（一）公路的分类

公路是汽车运输的另一重要设施。公路根据交通量及其使用任务、性质分为两类五个等级。

（1）一级公路：一般能适应按各种汽车（包括摩托车）折合成小客车的年平均昼夜交通量为 10 000～25 000 辆，为连接重要政治、经济中心，通往重点工矿区、港口、机场，专供汽车分道行驶并部分控制出入的公路。

（2）二级公路：一般能适应按各种汽车（包括摩托车）折合成中型载重汽车的年平均昼夜交通量为 2 000～5 000 辆，为连接政治、经济中心或大工矿区、港口、机场等地的专供汽车行驶的公路。

（3）三级公路：一般能适应按各种车辆折合成中型载重汽车的年均昼夜交通量为2 000辆以下，为沟通县及县以上城市的公路。

（4）四级公路：一般能适应按各种车辆折合成中型载重汽车的年平均昼夜交通量为200辆以下，为沟通县、乡（镇）、村等的公路。

在上述各等级公路组成的公路网中，高速公路及汽车专用一级、二级公路在公路运输中的地位和作用相当重要。

（二）高速公路设施与装备

为确保高速公路安全、畅通，为驾驶人员提供快速、优质的信息服务，高速公路安装了先进的通信、监控系统，可以快速、准确地监测道路交通状况，并通过可变情况板、交通信息处理电台及互联网实时发布交通信息。这些设施与装备包括以下几方面。

（1）外场设施与装备：应急电话、光缆、车辆检测器、气象检测器、可变情报板、可变限速板、可变标志牌、可调摄像机、电动封道栏杆、交通信息电台及供电设施等。

（2）机房设施：主控台、监视器、大屏投影、服务器、计算机终端、光端机、供电设施及系统管理软件等。

（3）应急电话：每2公里设置1对，通过有线或无线传输到控制中心，有线主要通过高速公路专用通信网的电缆和光缆传输，无线则通过公众移动通信网传输。

（4）车辆检测器：采用环型检测线圈形式和压电电缆，巴黎环城快速公路每500米设置1组，高速公路每2公里、20公里或20公里以上设置1组，主要用于检测车流量、平均速度、占有率、车头间距及轴数、轴重等。

（5）气象检测器：主要用于检测特殊路段的雨、雾、雪及冰冻情况，并将有关信息传输到控制中心，由控制中心通过可变情况板、交通电台及可变限速板发布警告和控制信息。

（6）可变情报板：通常设置于高速公路交叉口的事故多发地段的前方，一般每20公里设置1块，是调节交通量和指挥高速公路交通非常重要的信息发布载体。它用于发布以下有关信息：前方道路交通状况，如堵塞、拥挤、正常、事故、施工等；雾、雪及冰冻等恶劣气象条件下的警示信息；在上述道路交通情况下，到达另一条高速公路的时间及交通流向调控；正常情况下显示时间，做时钟用。

（7）可变限速板和可变标志牌：特殊情况下，用于显示限速、前方施工和事故标志信息。

（8）可调摄像机：通常设置于高速公路功能立交区、隧道、弯道及事故多发地段等，焦距、方向可调。

（9）交通信息电台：为高速公路专用电台，用于播发交通信息和播放音乐。

（10）系统管理软件：由业主委托专业软件公司开发编制，用于整个系统的数据采集、处理、计算和存储，并发布控制指令和信息。高速公路安装交通管理系统后，提高了高速公路网的安全性和通行能力，使交通事故造成的损失减少了 20%。由于及时的信息提供，增加了驾驶人员的合适感和安全感。

（11）供电设施：主要有市电、太阳能电池、蓄电池和汽油发电机、柴油发电机等。

（12）高速公路设有完善的服务设施，每 10～20 公里设休息区，每 40～50 公里设服务区。休息区有公用电话、公厕、停车场、休息亭等，为司乘人员提供临时休息场地；服务区设有加油、餐饮、住宿、公用电话、小卖部、公厕及停车场等，为司乘人员提供各类服务。

（三）运输站场和运输车辆

汽车运输站场包括汽车客运站和货运站两种类型。其中，货运站又可分为集运站（或集送站）、分装站和中继站等几类。集运（送）站是集结货物或分送货物的场站；分货站是将货物按要求分开，并进行配送的场站；中继站是供长途货运驾驶员及随车人员中途休整的场站。

公路运输使用的汽车大致分三类：客车、载货汽车、专用运输车辆，其中货车按其载重量可分为轻型、中型和重型三种。货物运输又可分为特种运输、零担货运输、集装箱运输等。汽车货物运输专用车辆主要包括：自卸车，带有液压卸车机构；散粮车，带有进粮口、卸粮口厢式车，即标准的挂车或货车，货厢封闭；敞车，即挂车顶部敞开，可装载高低不等的货物；平板车，即挂车无顶也无侧厢板，主要用于运输钢材和集装箱等货物；罐式挂车，用于运输流体类货物；冷藏车，用于运输需控制温度的货物；高栏板车，其车厢底凹陷或车厢特别高以增大车厢容积；特种车，其车体设计独特，用来运输如液化气类型的货物或是小汽车。

三、水路运输技术设施与装备

水路运输包括海运和内河航运两种。利用水路运送货物，在大批量和远距离的运输中价格便宜，可以运送超大型和超重货物。运输线路主要利用自然的海洋和河流，不受道路的限制，在跨海的区域之间是代替陆地运输的必要方式。水上航行的速度比较慢，航行周期长，海上运输有时以月为周期。此外，易受天气影响，航行周期不能保证。

水路运输的主要技术设备包括船舶（包括驳船、舟、筏等）、航道、港口及通信、导航等。

（一）船舶

船舶作为水上运输的主要工具用于运载旅客和货物以及其他水上活动。船舶可分为以下几类。

1．客船

客船是指用来载运旅客及其行李，并兼带少量货物的运输船舶。以载客为主兼运货物的船舶叫作客货船。

2．货船

货船是专门运输各种货物的船只，可以分为以下几类。

（1）杂货船。装载一般包装、袋装、箱装和桶装的普通货物船。杂货船按船舱位置不同，有中机型船、前机型船和中后机型船，多用于货船。既可运载一般的包装杂货，又可装运散货和集装货等。

（2）散货船。散货船是专门用来装运煤、矿砂、盐、谷物等散装货物的船舶，散货船的驾驶室和机舱都设在尾部，货舱口大，内底板和舷侧用斜边板连接，使货物能顺利地向舱中央集中，有较多的压载水舱，作为空载返航时压载之用。

（3）集装箱船。集装箱船是用来专门装运规格统一的标准集装箱的船舶。集装箱船具有瘦长的外箱船的机舱设在尾部或中部偏后。

3．其他船舶

（1）渡船。渡船是用于江河两岸或海峡、河口、岛屿间的运输渡船和列车渡船。

（2）驳船。驳船是专门供沿海、内河、港口驳载和转运物资的吨位不大的船舶，船上设备比较简单，本身没有起货设备。驳船一般为非机动的，本身没有推进设施，移动或航行需要用拖船拖带或推船顶推。

（二）港口

1．港口的作用

港口是水运货物的集散地，又是水陆运输的衔接点。除供船舶停靠使用以外，为了客货的疏通，还必须与陆路交通相接。

2．港口的分类

按用途分类，港口可分为以下五类。

（1）商港，主要提供旅客上下和货物装卸转运的港口。

（2）渔港，为渔船服务的港口。

（3）工业港，固定为某一工业企业服务的港口。

（4）军港，专供海军舰船用的港口。

（5）避风港，供大风情况下船舶临时避风的港口。

按地理位置分类。港口又可分为下面三类。

（1）港口的水域和陆域。港口的水域供船舶进出港，在港内转运，泊锚和装卸作业，要求有足够的水深和面积。水面基本平静，流速和缓，以便船舶的安全操作；陆域供旅客上下船。货物的装卸、堆存和转运，必须有适当的高度、岸线长度和纵深，安置装卸设备、仓库和堆场、铁路、公路，各种必要的生产、生活设施等。

港口水域分为港口之外的港外水域和位于港口内的港内水域。港外水域主要是进港航道和港外锚地。港内水域包括港内航道、港内锚地以及码头前沿水域和船舶掉头区。船舶的掉头区水域要有足够的宽度。码头前沿水域必须有足够的深度和宽度，以使船舶能方便地靠离。海港的港内锚地主要供船舶等待泊位，或是进行水上装卸。

港口陆域是港口范围内的陆地面积，统称为陆域。

（2）码头。码头是港口的主要组成部分，现代码头由主体结构和附属设施两部分组成。主体结构的上部有胸墙、梁、靠船构件等，下部有场身、基础或板桩、桩基等。附属设备主要是系船柱、护木、系网环、管沟、门扣和铁路轨道，以及路面等。

码头的主要分类有：按用途可分为客运码头、货运码头、轮渡码头、工作船码头、渔船码头、修船码头等。货运码头又可以分为杂货码头、散货码头、油码头、集装箱码头等。按平面布置可分为顺岸式码头、突岸式码头和墩式码头。

（3）港口机械。港口机械分为四大类，即起重机械、输送机械、装卸搬运机械、专用机械等。专业化的码头设有专门的装卸机械，如煤炭装船码头设有装船机，散粮装卸码头设有吸粮机，集装箱码头前方设有集装箱装卸桥，后方设有跨运车、重型叉车等。

港口经常见到的比较典型的机械有以下几类。

① 门式起重机，简称门吊、门机。

② 浮式起重机，简称起重船、浮吊，是安装在专用船舶上的臂架起重机。

③ 装卸桥，装卸桥跨度大，可以进行舱—车—场多种作业，常常是一机多能。

④ 带式输送机，又称皮带机，是一种连续输送货物的机械。

⑤ 带斗提升机，用安装在胶带或链条上的抓斗，通过该轮或链轮驱动部勾取物料，待提升到上部时依靠重力或离心力把物料投出。

⑥ 叉车装卸车，简称叉车、铲车，又称万能装卸机。

四、航空运输技术设施与装备

航空运输的技术设施与装备主要包括航空器（飞机）及航空港（机场）。航线航空运输系统的结构是一个典型的网络结构，而航空网也是由点系统（航空港）和线系统（航线、航路及服务于航线的运力）构成的。

航空港是指民用航空运输交通网络中使用的飞机场及其附属设施，它既是航空运输的重要设施，也是航空物流的重要节点。航空港一般由飞行区（包括跑道、滑行道、停机坪以及各种保障飞行安全的设施、无线电通信导航系统和目视助航设施等）、客货运输服务区（包括客机坪、候机楼、停车场以及货运站等）和机务维修区（维修厂、维修机库、维修机坪以及储油库等）三个部分组成。随着航空公司的运营日趋复杂，某些机场要发展成为航行中心（枢纽）。从人口较少的外围地区来的航班集中到该中心，然后由接运航班运送到其他地方。总之，中心机场的作用有些类似于汽车运输业的杂货转运站。

五、管道运输技术设施与装备

　　管道运输主要是输送石油及其制品以及天然气，还可用于输送其他如矿石、煤炭和粮食等物料。目前，物料的管道运输有两种方案：第一种方案是把散状或粉尘状物料与液体或气体混合后沿管道运输，这种与液体混合的方式叫浆液运输，它适用于煤、天然沥青、砂、木屑、浆料等货种。由于这种方案受物料性质、颗粒大小与重量等因素的限制，运输距离不能太长，同时能耗较多，对管道的磨损也较大。第二种方案是用密封容器装散状物料，放在管道的液流中或用专用载货容器车装散状物料置于管道气流中靠压力差的作用运送物料，这种用容器车进行管道运输的方法能运送大量的不同的货物。

第二节　国际物流的标准化

一、物流标准化的概念和特点

（一）物流标准化的概念

　　所谓标准化，是指系统内部以及系统与系统间的软件口径、硬件模式的协同，从而便于系统功能、要素间的有效衔接与协调发展。

　　物流标准化是以物流为系统，制定系统内部设施、机械设备和专用工具等各个分系统的技术标准，通过对各分系统的研究以达到技术标准与工作标准配合一致的效果。物流标准根据其定义分为物流软件标准和物流硬件标准。具体而言，软件标准包括物流用语的统一、单位标准化、钱票收据标准化、应用条码标准化和包装尺寸标准化；硬件标准包括托盘标准化、集装箱标准化、叉车标准化、拖车载重量标准化、保管设

施标准化以及其他物流设备标准化。统一整个物流系统的标准；物流系统与相关其他系统的衔接与配合，研究国际物流系统与相关其他系统的配合性，进一步谋求国际物流大系统的标准统一。

近几年我国对外贸易和交流有了大幅度上升，国际交往、对外贸易对我国的经济发展的作用越来越重要，而所有的国际贸易又最终靠国际物流来完成。各个国家都很重视本国物流与国际物流的衔接，在本国物流管理发展初期就力求使本国物流标准化与国际物流标准化体系一致。若不如此，不但会加大国际交往的技术难度，更重要的是在本来就很高的关税及运费基础上又会增加因标准化系统不统一所造成的效益损失，使外贸成本增加。因此，物流标准化的国际性也是其不同于一般产品标准的重要特点。

（二）物流标准化的特点

（1）对象的广泛性。与一般标准化系统最大的不同之处在于，物流系统的标准化涉及面更为广泛，对象也更趋多样性，包括了机电、建筑、工具、工作方法等许多种类，对象缺乏共性，从而客观上造成标准的种类繁多，内容复杂，给标准的统一性及相互之间的配合性带来了更大的困难。

（2）物流标准化系统属于二次系统。由于物流及物流管理思想诞生在后，而组成大物流系统的各个分系统，在归入物流系统之前早已分别实现了本系统的标准化，且经过多年应用，系统刚性不断得以巩固。因此，在制定物流标准化系统时，制定者必须考虑到组成分系统的原有属性，通常还是要在各个分系统标准化基础上建立物流标准化系统，而不能一味追求创新。

（3）物流标准化要求体现科学性、民主性和经济性。由于物流系统的特殊要求，在标准化的同时，必须突出科学性、民主性和经济性，才能搞好自身的标准化。

科学性是指要体现现代科技成果，以科学试验为基础，在物流中，还要求与物流的现代化（包括现代技术及管理）相适应，要求能将现代科技成果应用到物流大系统。否则，尽管各种具体的硬技术标准化水平十分先进，但如果不能与系统协调，单项技术再高也是空的，甚至还起相反作用。所以，这种科学性不但反映本身的科学技术水平，还表现在协调与适应的能力方面，使综合的科技水平最优。

民主性是指标准的制定，采用协商一致的办法，广泛考虑各种现实条件，广泛听取意见，而不能过分偏重某一个国家，使标准更具权威、减少阻力，易于贯彻执行。物流标准化由于涉及面广，要想达到协调和适应，民主决定问题，不过分偏向某方意见，使各分系统都能采纳接受，就更具有重要性。

经济性是标准化的主要目的之一，也是标准化生命力的决定因素，物流过程不像深加工那样引起产品的大幅度增值，即使通过流通加工等方式，增值也是有限的。所以，物流资用多开支一分，就要影响一分效益，但是，物流过程又必须大量投入消耗，如不注重标准的经济性，片面强调反映现代科学水平，片面顺从物流习惯及现状，引起物流成本的增加，自然会使标准失去生命力。

（4）物流标准化的国际性：由于经济全球化的趋势所带来的国际交往大幅度增加，而所有的国际贸易又最终靠国际物流来完成。各个国家都很重视本国物流与国际物流的衔接，在本国物流管理发展初期就力求使本国物流标准与国际物流标准化体系一致。

（5）贯彻安全与保险的原则。物流安全问题也是近些年来非常突出的问题。往往是一个安全隐患将一个公司损失殆尽，几个万吨的超级油轮、货轮遭受巨大损失的事例也并不乏见。当然，除了经济方面的损失外，人身伤害也是物流中经常出现的。如交通事故的伤害，物品对人的碰撞伤害，危险品的爆炸、腐蚀、毒害的伤害等。所以物流标准化的另一个特点是在物流标准中对物流安全性、可靠性的规定和为安全性、可靠性统一技术标准与工作标准。

物流保险的规定也是与安全性、可靠性标准有关的标准化内容。在物流中，尤其在国际物流中，都有世界公认的保险险别与保险条款，虽然许多规定并不是以标准化形式出现的，而是以立法形式出现的，但是，其共同约定、共同遵循的性质是通用的，是具标准化内含的，其中不少手续、申报、文件等都有具体的标准化规定，保险费用等的计算也受到标准规定的约束，因而物流保险的相关标准化工作也是物流标准化的重要内容。

二、物流标准的种类

（一）大系统配合性、统一性标准

（1）基础编码标准。是对物流对象物编码，并且按物流过程的要求，转化成条形码，这是物流大系统能够实现衔接、配合的最基本的标准，也是采用信息技术对物流进行管理和组织、控制的技术标准。在这个标准之上，才可能实现电子信息传递、远程数据交换、统计、核算等物流活动。

（2）物流基础模数尺寸标准。基础模数尺寸指标标准化的共同单位尺寸，或系统各标准尺寸的最小公约尺寸。在基础模数尺寸确定之后，各个具体的尺寸标准都要以基础模数尺寸为依据，选取其整数倍数为规定的尺寸标准。由于基础模数尺寸的确定，只需在倍数系列进行标准尺寸选择，这就大大减少了尺寸的复杂性。物流基础模数尺寸的确定不但要考虑国内物流系统，而且要考虑到与国际物流系统的衔接，具有一定

难度和复杂性。

（3）物流建筑基础模数尺寸。主要是物流系统中各种建筑物所使用的基础模数，它是以物流基础模数尺寸为依据确定的，也可选择共同的模数尺寸。该尺寸是设计建筑物长、宽、高尺寸，门窗尺寸，建筑物柱间距、跨度及进深等尺寸的依据。

（4）集装模数尺寸。是在物流基础模数尺寸基础上，推导出的各种集装设备的基础尺寸，以此尺寸作为设计集装设备三项尺寸的依据。在物流系统中，由于集装是起贯穿作用的，集装尺寸必须与各环节物流设施、设备、机具相配合，因此，整个物流系统设计时往往以集装尺寸为核心，然后，在满足其他要求前提下决定各设计尺寸。因此，集装模数尺寸影响和决定着与其有关各环节的标准化。

（5）物流专业名词标准。为了使大系统有效配合和统一，尤其在建立系统的情报信息网络之后，要求信息传递异常准确，这首先便要求专用语言及所代表的含义实现标准化，如果同一个指令，不同环节有不同的理解，这不仅会造成工作的混乱，而且容易出现大的损失。物流专业名词标准包括物流用语的统一化及定义的统一解释，还包括专业名词的统一编码。

（6）物流单据、票证的标准化。物流单据、票证的标准化，可以实现信息的录入和采集，将管理工作规范化和标准化，也是应用计算机和通信网络进行数据交换和传递的基础标准。它可用于物流核算、统计的规范化，是建立全国物流标准化研讨会系统情报网、对系统进行统一管理的重要前提条件，也是对系统进行宏观控制与微观监测的必备前提。

（7）标志、图示和识别标准。物流中的物品、工具、机具都是在不断运动中，因此，识别和区分便十分重要，对于物流中的物流对象，需要有易于识别的又易于区分的标识，有时需要自动识别，这就可以用复杂的条形码来代替用肉眼识别的标识。

（8）专业计量单位标准。除国家公布的统一计量标准外，物流系统还有许多专业的计量问题，必须在国家及国际标准基础上，确定本身专门的标准，同时，由于物流的国际性很突出，专业计量标准还需考虑国际计量方式的不一致性，还要考虑国际习惯用法，不能完全以国家统一计量标准为唯一依据。

（二）分系统技术标准

技术标准主要有运输车船标准，作业车辆标准，传输机具标准，仓库技术标准，站台技术标准，包装、托盘和集装箱标准，货架、储罐标准等。

（1）运输车船标准。运输车船对象是物流系统中从事物品空间位置转移的各种运输设备，如火车、货船、拖拉车、卡车和配送车辆等；从各种设备的有效衔接等角度制定的车厢、船舱尺寸标准，载重能力标准，运输环境条件标准等。此外，从物流系统与社会关系角度出发，制定了噪声等级标准和废气排放标准等。

（2）作业车辆标准。作业车辆对象是物流设施内部使用的各种作业的车辆，如叉车、台车和手推车等，包括尺寸、运行方式、作业范围、作业重量和作业速度等方面的技术标准。

（3）传输机具标准。传输机具包括水平、垂直输送的各种机械式和气动式起重机、提升机的尺寸、传输能力等技术标准。

（4）仓库技术标准。仓库技术标准包括仓库尺寸、建筑面积、有效面积、通道比例、单位储存能力、总吞吐能力和湿度等技术标准。

（5）站台技术标准。站台技术标准包括站台高度和作业能力等技术标准。

（6）包装、托盘和集装箱标准。这方面是指包装、托盘和集装箱系列尺寸标准，包装物强度标准，包装、托盘和集装箱重量标准，以及各种集装、包装材料、材质标准等。

（7）货架、储罐标准。它包括货架净空间、载重能力、储罐容积尺寸标准等。

三、物流标准化的意义和作用

在发展物流技术，实施物流管理工作中，物流标准化是有效的保证，主要表现为以下几方面。

（一）物流标准化是物流管理，尤其是大系统物流管理的重要内容

实现物流各环节的有机联系，除了需要有一个适合的体制形式，有一个有效的指挥、决策、协调机构和领导体制外，还需要有许多方法、手段，标准化就是手段之一。方法和手段健全与否又会反过来影响指挥能力及决策水平。例如，由于我国目前物流编码尚未实现标准化，各个领域分别制定了自己领域的统一物资编码，其结果是，不同领域之间情报不能传递、计算机无法联网，阻止了系统物流管理的实施。澳大利亚的车辆装卸速度非常快，其根本原因在于采用国际统一的物流标准。集装箱尺寸、集装箱内托盘的尺寸、卡车的大小、仓库的货架等配套信息也是标准化的，让各方面的信息能够对接，交换数据，信息共享。

（二）物流标准化是降低物流成本、提高效益的重要手段

标准化可以带来效益，这在生产技术领域早已被公认，在物流领域也是如此。物流标准化效益通过以下几方面可以得到体现：实现标准后，贯通了全系统，可以实现一贯到户式的物流，其效益由速度加快，中间装卸、搬运、堆存费用降低，中间损失降低而获得。例如，我国铁路、交通集装箱由于未实行统一标准，双方衔接时要增加一道装箱工作，为此，每吨物资效益损失 2 元左右，相当于火车 30 公里以上的运费，这在广泛采用集装箱运输、物资运量加大后，效益损失是很大的。

（三）物流标准化是物流系统与物流外系统相协调的条件

物流系统不是孤立存在的，从流通领域看，上接生产系统，下接消费系统；从生产物流看，下面又连接着不同工序。在物流全过程中，又与机械制造、土木工程、商流系统相交叉，彼此有许多接点。为了使外系统与物流系统更好地衔接，通过标准化简化和统一衔接点是非常重要的。

物流标准化的作用体现在以下几个方面。

1. 物流标准化是实现物流管理现代化的重要手段和必要条件

为了实现整个物流系统的高度协调统一，提高物流系统管理水平，必须在物流系统的各个环节制定标准，并严格贯彻执行。

2. 物流标准化是物流产品的质量保证

物流标准化对运输、保管、配送、包装、装卸等各个子系统都制定了相应标准，形成了物流质量保证体系，只要严格执行这些标准，就能将质量完好的物品送到用户手中。

3. 物流标准化是国内物流与国际接轨的需要

在全球经济一体化浪潮的背景下，世界各国的跨国公司把目光集中到了以中国为代表的发展中国家。所以。我国的物流业必须全面与国际接轨，接纳最先进的思想，运用最科学的运作和管理方法，提高竞争力。

4. 物流标准化是消除贸易壁垒、促进国际贸易发展的重要保障

在国际经济交往中，各国或地区标准不一是重要的技术贸易壁垒，严重影响国家进出口贸易的发展。因此。要使国际贸易更快发展，必须在运输、保管、配送、包装、装卸、信息，甚至资金结算等方面采用国际标准，实现国际物流标准统一化。

5. 物流标准化是降低物流成本、提高物流效益的有效措施

物流的高度标准化可以加快物流过程中运输、装卸的速度，降低保管费用，减少中间损失，提高工作效率，因而可获得直接或间接的物流效益，否则就会造成经济损失。

四、物流标准化的基本原则

（一）物流标准化基点的确定

物流是一个非常复杂的系统，涉及面又很广泛，过去构成物流这个大系统的许多组成部分也并非完全没有标准化，但是这只形成了局部标准化或与物流某一局部有关的横向系统的标准化。从物流系统来看，这些互相缺乏联系的局部标准化之间缺乏配

合性，不能形成纵向的标准化体系。所以要形成整个物流体系的标准化，必须在这个局部中寻找一个共同的基点，这个基点能贯穿物流全过程，形成物流标准化工作的核心。这个基点的标准化成了衡量物流全系统的基准，是各个局部标准化的准绳。

为了确定这个基点，人们将进入物流领域的产品（货物）分成三类，即零星货物、散装货物与集装货物三类。对于零星货物和散装货物在换载、装卸等作业时，实现操作及处理的标准化，都是相当困难的。集装货物在流转过程中始终都以集装体为基本单位，其他集装形态在运输、储存、装卸搬运各个阶段都基本上不会发生变化，也就是说，集装货物容易实现标准化处理。人们经过调查物流现状及对发展趋势的预测都表明，不论是国际物流还是国内物流，集装系统是使物流整个过程贯通并形成体系，是保持物流系统各环节上使用设备、装置及机械之间整体性及配合性的核心，所以集装系统可以说是为使物流过程连贯而建立标准化体系的基点。

（二）标准化体系的配合性

作为建立物流标准化体系必须体现的要求，配合性也是衡量物流系统标准化体系成败的重要标志之一。本书所提到的物流系统配合性所包含的范围有如下要素。

（1）集装与包装环节的配合性。作为生产企业最后的工序，同时也是物流活动的初始环节，包装环节显得尤为重要，因此要研究集装的"分割系列"，以此来确定包装环节的要求，如包装材料、包装强度、包装方式、小包装尺寸等。

（2）集装与装卸机具、装卸场所及装卸工具等的配合性。

（3）集装与仓库站台、货架、搬运机械、保管设施及仓库建筑的配合性。

（4）集装与保管条件、工具及操作方式的配合性。

（5）集装与运输设备及设施等的配合性。例如，将整装托盘货载入国际集装箱，就组成了以大型集装箱为整体的更大的集装单位，将集装托盘或小型集装箱放入卡车车厢，货车车厢就组成了运输单位。这就要研究基本集装单位的"倍数系列"。

（6）集装与末端物流的配合性。根据当前状况对将来的预测，关注消费者需求的转移，"用户第一"的基本观念，在物流中的反映，就是末端物流越来越受到重视。集装物流转变为末端物流，原因有二：一是对简单性的集装容易地进行多样化的分割，就必须研究集装的"分割系列"；二是进行流通加工活动，以解决集装的简单化与末端物流多样化要求的矛盾。衔接消费者的"分割系列"与衔接生产者的"分割系列"有时是有矛盾的。所以集装的配合性便不能独立去研究，要与生产包装的配合性结合起来，这样就增加了复杂性。

（7）集装与国际物流的配合性。由于国际贸易额的急剧增加以及跨国公司的建立，集装与国际物流的配合性，成为研究物流标准化的重要方面。标准化空间越大，利益

就越大。国际间的标准逐渐统一，国际标准化空间的继续扩大，已是时代潮流。向国际标准靠拢，积极采用国际标准，将是今后最有益的途径。标准化在国际贸易中将发挥越来越大的作用。

（三）传统、习惯及经济效果的统一性

物流活动和产品生产系统、车辆等设备制造系统、消费使用系统密切相连。早在物流系统思想建立之前，这些与物流密切联系的系统就已经建立起各自的标准体系，甚至形成了一定的习惯。在这种情况下物流标准体系的建立，单考虑本系统的要求是不够的，还必须适应这些既成事实，或者改变这些既成事实。这就势必与早已实现标准化的各个系统、与长期形成的习惯及社会的认识产生矛盾，这些矛盾包括人的看法、习惯，也涉及宏观及微观的经济效果。

（四）物流与环境及社会的适应性

物流对环境的影响在近些年来表现出尖锐化和异常突出的倾向，主要原因是物流量加大。物流速度的增加，物流设施及工具大型化之后，使环境受到影响。主要表现在噪声对人的精神、情绪、健康的影响，废气对空气和水的污染，运输车辆对人身的伤害等。这些影响是与物流标准化有关。尤其是在推行标准化过程中，只重视设施、设备、工具和车辆技术标准等内在标准的研究，而忽略物流对环境及社会的影响；强化了上述矛盾，这是有悖于物流标准化宗旨的。所以，在推行物流标准化时，必须将物流对环境的影响放在标准化重要位置上，除了有反映设备能力、效率和性质的技术标准外，还要对安全标准、噪声标准、排放标准和车速标准等做出具体的规定，否则，再高的标准化水平因不被社会接受，甚至受到居民及社会的抵制也很难发挥作用。

五、物流标准化的主要内容

从世界范围上来看，物流标准化还处于初级阶段，各个国家都还在制定初步规格、模数、尺寸。旨在提高物流效率的统一的物流国际标准还有待人们进一步努力。我国的物流标准化工作起步较晚，但已制定了一些子系统的标准，如汽车、叉车、吊车等已全部实行了标准化，包装模数及包装尺寸、联运用托盘也制定了国家标准，参照国际标准还制定了运输包装等国家标准。

各子技术标准主要包括运输车船标准；仓库技术标准；作业车辆（指叉车、台车、手车等）标准；传输机具（如起重机、传送机、提升机等）标准；站台技术标准；包装、托盘、集装箱标准；货架、储罐标准等，如表 3-1 所示。

表 3-1 物流各子系统的技术标准

物流各子系统的技术标准	描　述
运输车船标准	它主要是对火车、卡车、货船、拖挂车等运输设备制定的车厢尺寸、船舱尺寸、载重能力、运输环境条件等标准
仓库技术标准	它主要是对仓库形式、规格、尺寸、性能、建筑面积设计通用规则、建设设计要求、防震防火以及安全等事项所制定的技术标准
站台技术标准	主要是指对站台高度、站台设计要求等事项所制定的标准
包装标准	它主要是指对包装尺寸、包装材料、质量要求、包装标志以及包装技术要求所制定的技术标准
装卸搬运标准	主要是指对装卸搬运设备、装卸搬运车辆、传输机具、装卸搬运质量、装卸搬运技术要求等所制定的标准
集装箱、托盘标准	主要是指对托盘系列尺寸、集装箱系列尺寸、托盘技术要求和标记、集装箱技术要求和标记、荷重、集装箱材料等所制定的标准
货架、储罐标准	主要是指对货架与储罐的技术要求、货架结构形式与净空间、货架载重能力、储罐的技术要求、储罐结构形式、储罐的容积尺寸等所制定的标准

六、物流标准化的实施办法

从世界范围来看，物流体系的标准化，各个国家都还处于初始阶段，在这初始阶段，标准化的重点在于通过制定标准规格尺寸来实现全球物流系统的贯通，取得提高物流效率的初步成果。所以，这里介绍的物流标准化的一些方法，主要指的是初步的规格化的方法及做法。

（一）确定物流的基础模数尺寸

物流基础模数尺寸的作用和建筑模数尺寸的作用大体相同。基础模数一旦确定，设备的制造、设施的建设、物流系统中各环节的配合协调、物流系统与其他系统的配合就有所依据。目前 ISO 中央秘书处及欧洲各国基本认定 600mm×400mm 为基础模数尺寸。

（二）确定物流模数

物流模数即集装基础模数尺寸。前面已提到，物流标准比的基点应建立在集装的基础之上，还要确定集装的基础模数尺寸（即最小的集装尺寸）。

集装基础模数尺寸可以从 600mm×400mm 按倍数系列推导出来，也可以在满足 600mm×400mm 的基础模数的前提下，从卡车或大型集装箱的分割系列推导出来。日

本在确定物流模式尺寸时，就是采用的后一种方法，以卡车（早已大量生产并实现了标准化）的车厢宽度为物流模数确定的起点，推导出集装基础模数尺寸。

作为物流标准化的基础和物流标准化首先要拟定的数据，几个基础模数尺寸如下：（1）物流基础模数尺寸：600mm×400mm；（2）物流模数尺寸（集装基础模数尺寸）：1 200mm×1 000mm 为主，也允许 1 200mm×800mm 及 1 100mm×1 100mm。

（三）以分割及组合的方法确定物流各环节的系列尺寸

物流模数作为物流系统各环节的标准化的核心，是形成物流其他各环节系列化的基础。依据物流模数进一步确定有关系列的大小及尺寸，再从中选择全部或部分，确定为定型的生产制造尺寸，这就完成了某一环节的标准系列。例如日本按 1 200mm×1 000mm 算的最小尺寸为 200mm×200mm 的整数分割系列尺寸就有 32 个，这 32 个尺寸被日本工业标准 JIS 规定为"输送包装系列尺寸"。

（四）识别与标志标准技术

1. 传统的识别与传统识别的特点

在物流系统中，识别系统是必要的组成部分之一，同时，识别系统也是最早实现标准化的系统之一。在物流领域，识别标记主要用于货物的运输包装上。传统的标准化，将包装标记分为三类，即识别标记、储运指示标记和危险货物标记。

（1）识别标记。包括主要标记、批数与件数号码标记、体积重量标记、目的地标记、附加标记、输出地标记和运输码标记等。

（2）储运指示标记。包括向上标记、防湿防水标记、小心轻放标记、由此起吊标记、由此开启标记、重心点标记、防热标记、防冻标记及其他诸如"切勿用钩""勿近锅炉""请勿斜放、倒置"标记等。

（3）危险货物标记。包括爆炸品标记、氧化剂标记、易燃压缩气体标记、有毒压缩气体标记、易燃物品标记、自燃物品标记、遇水燃烧物品标记、有毒品标记、剧毒品标记、腐蚀性物品标记、放射性物品标记等。

在实际工作中遇到此类问题时，可以以我国国家标准《危险货物包装标志》《包装储运指示标志》等为依据。如果是进出口的国际海运，可依据国际标准化组织发布的《国际海运危险品标记》识别。

采用标记的识别方法，最主要的是引起人们的注意，对人们处理问题起着简明扼要的提示作用，因此标记必须牢固、明显、醒目、简要、方便阅读和标记正确。以便于一经阅读即掌握要领或易于发现错误而及时纠正。

传统标记方法简单、直观，这是很大的优点。但是，在一定程度上，限制了标志的内容，有许多应标记的项目不能被标记上。标记过于简单，往往使人难以掌握得很清楚透彻。此外，人工识别标记，往往是出现识别错误造成处置失当的原因。反应速度有限，所以难以对大量、快速、连续运动中的货物做出准确识别。

2．自动识别与条码标志

自动识别+条码是人工识别+标志的一大进步，这种技术使识别速度提高几十倍甚至上百倍，使识别的准确程度几乎万无一失，是提高效率的重要发展。

自动识别+条码之所以能广泛实施，关键在于条码的标准化，使自动识别的电子数据可以成为共享的数据，这样才能提高效率。和一般的图记标志不同的是，条码有大得多的数据存储量。可以将所有与物流相关的信息都包含在内，这是图记标志所不可比拟的。条码的重大缺点是缺乏直观性，只能和自动识别系统配套使用，而无法人工识别，由此，条码的提示、警示作用则远不如图记的标志。

📢 小提示

托盘集装的单元体积一般为 lm³ 以上，其高度为 1 100mm 或 2 200mm，载重量为 500kg～2 000kg。托盘的外部尺寸，ISO 规定的国际规格有六种，主要有 1 200mm×1 000mm、1 200mm×800mm、1 140mm×1140mm、1 219mm×1 016mm、1 100mm×1 100mm、1 067mm×1 067mm。考虑到目前在我国 1 200mm×1 000mm 规格托盘使用最为普遍，以及近年来 1 100mm×1 100mm 规格托盘生产量及占有率提升幅度最大的现状，规定了两种规格。我国《联运通用平托盘主要尺寸及公差》GB/T 2934—2007 于 2007 年 10 月 11 日由国家标准化管理委员会发布，并于 2008 年 3 月 1 日公布实施。确定了我国国家标准托盘主要有 1 200mm×1 000mm 和 1 100mm×1 100mm 两种规格，且特别注明 1 200mm×1 000mm 为优先。

（五）自动化仓库标准

自动化仓库标准主要包含以下几个部分。

（1）名词术语的统一解释。这是自动化仓库的基础标准，统一使用词汇之后，避免在设计、建造和使用时的混乱。一般而言，大体应由以下几部分语言组成：① 自动化仓库的设施、建筑、设备的统一名称（包括种类、形式、构造、规格、尺寸和性能等）。② 自动化仓库内部定位名称，例如日本工业标准（JISB8940）用以下语言定位：W 方向是指与巷道机运行方向垂直的方向，L 方向是指与巷道机运行方向平行的方向；排是指沿 W 方向货位数量定位；列是指沿 L 方向货位数量定位；层是指沿货架高度方向货位数量定位。③ 操作、运行的指令和术语等。

（2）立体自动化仓库设计通用规则。包括适用范围、用语含义解释、货架、堆垛起重机、安全装置、尺寸、性能计算和表示方法等。

（3）立体自动化仓库安全标准。这部分规定了安全设施、措施和表示符号等，例如作业人员安全规则、操作室安全规则、设备自动停止装置、设备异常时的保险措施、紧急停止装置和禁止入内等表示符号等。

（4）立体自动仓库建设设计标准。和一般建筑设计标准的区别在于，要根据物流器具特点确定模数尺寸，标准还包括面积、高度、层数的确定，建筑安全、防火、防震规定，仓库门、窗尺寸及高度确定等。

第三节 国际物流标准化的现状

在国际上，日内瓦国际标准化组织（ISO）负责协调世界范围的标准化问题，以推行世界范围的共同规则。国际物流标准化是以国际物流为一个大系统，制定系统内部设施、机械设备、专用工具等各个分系统的技术标准；制定系统内各分领域，如包装、装卸、运输等方面的工作标准；以系统为出发点，研究各分系统与分领域中技术标准与工作标准的配合性，按配合性要求，统一整个目标物流系统的标准；研究整个国际物流系统与相关其他系统的配合性，从而谋求国际物流大系统的标准统一，获得最佳物流秩序和经济效益。

一、国际物流标准化的相关术语

国际标准化组织 ISO 对国际化物流系统标准做出了统一规定，相关术语如下。

（一）物流模数

物流模数是指为了物流的合理化和标准化，而以数值表示的物流系统各种因素的尺寸的标准尺度，它是由物流系统中的各种因素构成的，这些因素包括货物的成组、成组货物的装卸机械、搬运机械和设备，货车、卡车、集装箱以及运输设施，用于货物保管的机械和设备等。

（二）物流托盘化

物流托盘化是指把成为物流对象的货物的尺寸，通过托盘统一起来，由于物流中的各种货物的尺寸不同，为了方便货物的运输、搬运等环节的顺利进行，需要先把不同尺寸的货物放在托盘中，而将托盘标准化，由于不同的国家习惯不同，各自使用的托盘标准也不同，如世界上流行的托盘有美国托盘、欧洲的标准托盘和日本的标准托盘，ISO 规定的托盘标准是欧洲的标准托盘。

（三）EDI 标准

EDI 是指电子交换数据系统，即能够做到结构合理化、标准化地使用计算机处理的商务文件，企业与企业之间通过计算机网络直观地进行信息交流，企业之间可用这种方法实施含物流在内的低成本，简单迅速地相互交易。要实现这个目的，就需要电子信息交换用的标准规则，这就是 EDI 标准，国际通行的 EDI 标准有联合国管理的UN/EDIFACT。国际贸易中的许多信息都依靠 EDI 进行数据传递。

随着贸易的国际化，物流标准也日趋国际化。以国际标准为基础制定本国标准，已经成为 WTO 对各成员的要求。目前，世界上约有近 300 个国际和区域性组织制定标准和技术规则。其中具有代表性的是国际标准化组织（ISO）、国际电工委员会（IEC）、国际电信联盟（ITU）、国际物品编码协会（EAN）与美国统一代码委员会（UCC）联盟等，它们创立的 ISO、IEC、ITU、EAN、UCC 标准均为国际标准。

二、国际物流的标准体系

（一）ISO 标准体系

目前，ISO/IEC 下设了多个物流标准化的技术委员会负责全球的物流相关标准的制定修订工作。已经制定了 200 多项与物流设施、运作模式与管理、基础模数、物流标识、数据信息交换相关的标准。

ISO 与联合国欧洲经济委员会（UN/ECE）共同承担电子数据交换（EDI）标准制定，ISO 负责语法规则和数据标准制定，UN/ECE 负责报关标准的制定。

在 ISO 现有的标准体系中，与物流相关的标准约有 2 000 条左右，其中运输 181条、包装 42 条、流通 2 条、仓储 93 条、配送 53 条、信息 1 605 条。

知识链接

集装箱标准化的依据，主要包括 GB/T 1992—1985 集装箱名词术语、GB/T 17271—1998 集装箱运输术语、集装箱代号识别和标记等标准。到目前为止，国际标准集装箱共有 13 种规格，分别是 1AA、1A、lAX、1BB、1B、1BX、1CC、1C、1CX、1D、1DX、1AAA、1BBB 13 种箱型，如表 3-2 所示。它们的宽一样（2 438mm），长度有四种（12 192mm、9 125mm、6 058mm 和 2 991mm），高度有四种（2 896mm、2 591mm、2 438mm 和<2 438mm）。为了便于统计，国际标准集装箱的标准换算单位规定为一个 20ft 的标准集装箱。为了便于对集装箱在流通和使用中识别和管理，《集装箱的代号、识别和标记》[ISO 6346—1981（E）]制定了集装箱分类及标记。

表 3-2　国际集装箱系列尺寸（ISO）标准

箱型号	外部尺寸						质量	
	英制（ft）			公制（mm）				
	长	宽	高	长	宽	高	kg	磅
1AAA	40	8	9.5	12 192	2 438	2 896	30 480	67 200
1AA	40	8	8.5	12 192	2 438	2 591	30 480	67 200
1A	40	8	8	12 192	2 438	2 438	30 480	67 200
1AX	40	8	8	12 192	2 438	2 438	30 480	67 200
1BBB	30	8	9.5	9 125	2 438	2 896	25 400	56 000
1BB	30	8	8.5	9 125	2 438	2 591	25 400	56 000
1B	30	8	8	9 125	2 438	2 438	25 400	56 000
1BX	30	8	8	9 125	2 438	2 438	25 400	56 000
1CC	20	8	8.5	6 058	2 438	2 591	24 000	52 920
1C	20	8	8	6 058	2 438	2 438	24 000	52 920
1CX	20	8	8	6 058	2 438	2 438	24 000	52 920
1D	9′9.75″	8	8	2 991	2 438	2 438	10 160	22 400
1DX	9′9.75″	8	8	2 991	2 438	2 438	10 160	22 400

表 3-3 所示为我国集装箱外部尺寸和额定重量（GB 1413—1985）。

表 3-3　我国集装箱外部尺寸和额定重量（GB 1413—1985）

箱型号	长（mm）	宽（mm）	高（mm）	最大总重量（kg）
1AA	12 192	2 438	2 591	30 480
1A	12 192	2 438	2 438	30 480
1AX	12 192	2 438	<2 438	30 480
1CC	6 058	2 438	2 591	24 000
1C	6 058	2 438	2 438	24 000
1CX	6 058	2 438	<2 438	24 000
10D	4 012	2 438	2 438	10 000
5D	1 968	2 438	2 438	5 000

（二）EAN.UCC 标准体系

物流标准化很重要的一个方面就是物流信息的标准化，包括物流信息标识标准化、物流信息自动采集标准化和自动交换标准化等。

EAN 就是管理除北美以外的，对货物、运输、服务和位置进行唯一有效编码并推动其应用的国际组织，是国际上从事物流信息标准化的重要组织。而美国统一代码委员会（UCC）是北美地区与 EAN 对应的组织。近两年来，两个组织加强合作，达成了 EAN.UCC 联盟，共同管理和推广 EAN.UCC 系统，旨在全球范围内推广物流信息标准化。其中，推广商品条形码技术是其核心，它为商品提供了用标准条形码表示的有效的、标准的编码，而且商品编码的唯一性使得它们可以在世界范围内被跟踪。

EAN 开发的对物流单元和物流节点的编码，可以用确定的报文格式通信，国际化的 EAN.UCC 标准是 EDJ 的保证，是电子商务的前提，也是物流现代化的基础。

三、发达国家物流标准化的现状

（一）美国物流标准化现状

随着信息技术和电子商务、电子数据、供应链的快速发展，国际物流业已经进入快速发展阶段。在国际集装箱和 EDI 技术发展的基础上，各国开始进一步在物流的交易条件、技术装备规格，特别是单证、法律环境和管理手段等方面推行国际的统一标准，使国内物流与国际物流融为一体。

美国作为北大西洋公约组织成员之一，参加了北大西洋公约组织的物流标准制定工作，制定了物流结构、基本词汇、定义、物流技术规范、海上多国部队物流和物流信息识别系统等标准。美国国防部建立了军用和民用物流的数据记录、信息管理等方面的标准规范。美国国家标准协会（ANSI）积极推进物流的运输、供应链、配送、仓储、EDI 和进出口等方面的标准化工作。

美国制定的与物流相关的标准约有 1 200 余条，其中运输 91 条、包装 314 条、装卸 8 条、流通 33 条、仓储 487 条、配送 121 条、信息 123 条。在参加国际标准化活动方面，美国积极加入 ISOTC1004 ITS AMERICA，在其国内设立了相应的第一分委会（负责普通多用途集装箱）、第二分委会（负责特殊用途集装箱）和第四分委会（识别和通信）。美国加入了 ISO/TCl22，ISO/TCl54 管理、商业及工业中的文件和数据元素等委员会，参加了 ISO/TC204 技术委员会，并由美国智能运输系统协会（ITS AMERICA）作为其美国技术咨询委员会，负责召集所有制定智能运输系统相关标准的机构成员共同制定美国国内的 ITS 标准。

美国统一代码委员会（UCC）为给供应商和零售商提供一种标准化的库存单元（SKU）数据，早在 1996 年就发布了 UPC 数据通信指导性文件，美国标准协会也于同年制定了装运单元和运输包装的标签标准，用于物流单元的发货、收货、跟踪及分拣，规定了如何在标签上应用条码技术，甚至包括用二维条码四一七和 MAXICODE，通过标签来传递各种信息，实现了 EDI 报文的传递，即所谓的"纸面 EDI"，做到了物流和信息流的统一。

（二）欧洲物流标准化现状

1961 年，欧盟 16 国成立了欧洲标准化委员会（CEN）。该组织的第 320 技术委员会负责运输、物流和服务（Transport，Logistics And Services）的标准化工作，设立了第 278 技术委员会，负责道路交通和运输的信息化，分 14 个工作组进行与 ISO/TC204 内容大致相同的标准制定工作。另外，还有第 119 技术委员会和第 296 技术委员会，他们共同推进物流标准化进程。欧盟各国在标准制定过程中，注意进行多方面的联系与合作。从欧盟成员国英国看，该国目前的标准体系中，与物流相关的标准约有 2 500 条左右，其中运输 733 条、包装 432 条、装卸 51 条、流通 51 条、仓储 400 条、配送 400 条、信息 400 条。德国也已经形成了较为完善的物流标准体系，与物流相关的标准约有 2 480 条左右，其中运输 788 条、包装 40 条、流通 124 条、仓储 500 条、配送 499 条、信息 499 条。

（三）日本物流标准化现状

日本是对物流标准比较重视的国家之一，标准化的速度也很快。日本政府在大力发展物流政策的推进过程中，从长远考虑，提出与国际物流接轨的重要战略举措，十分注重标准化和规范化的同步。2000 年 4 月，日本政府在其制定的《国家产业技术战略》中明确提出：要最大限度地普及和应用技术开发成果，把标准化作为通向新技术和更广阔市场的重要工具。该文件中还规定，将科研人员参加标准化活动的水平作为个人业绩进行具体考核。日本设有专门的专业团体 JIS（Japanese Industry Standard）来负责物流标准化工作的研究、监管与推广。其中包括 EDI（Electronic Data Interchange）和电子商务的信息标准及运输标签、托盘和集装箱等各类与物流相关的标准。正是由于日本物流标准化工作的实施与开展，使日本各方面物流资源能够高效地交叉整合并与国际接轨。

日本政府工业技术院委托日本物流管理协会花了四年工夫对物流机械、设备的标准化进行调查研究，提出日本工业标准（JIS）关于物流方面的若干草案，具体是：（1）物流模数体系；（2）集装的基本尺寸；（3）物流用语；（4）物流设施的设备基准；（5）输送用包装的系列尺寸（包装模数）；（6）包装用语；（7）大型集装箱；（8）塑料制通用箱；（9）平托盘；（10）卡车车厢内壁尺寸。

案例分析

托盘标准化带来的效果

作为重要的物流器具，托盘是使静态货物转变为动态货物的媒介物，被称为"活

动的载货平台"和"可移动的地面"。即使放在地面上失去了活性的货物，一经装上托盘，便立即有了活动性，成为活跃的流动货物。托盘虽小，但它贯穿于现代物流的各个环节，是最基本的集装单元，托盘的标准化及其推广应用，直接关系到物流机械化、自动化程度的高低，关系到物流系统现代化的水平。可以说，物流不实现托盘化，就没有快速、高效和低成本的现代物流。

据调查，我国现有各类托盘总数约 5 000 万至 7 000 万个，每年以不低于 2 000 万的速度递增。虽然我国托盘数量不多，但规格已超过几十种，标准不统一，且大多局限在企业内部使用，没有实现社会化周转，托盘的使用仅停留在初级阶段，其作用和使用价值远远没有体现。而在日、韩及欧美等国，托盘标准化的普及率已经很高，全国范围内的一贯运输、保管、发货、输送、进货都以托盘为基本单元，始终用机械装备来搬运、装卸；同时在国内以及周边地区还建立起临时托盘交换系统，由相关企业共同使用。以下为托盘标准化的案例。

A 为国外一家物流配送公司，负责对一些连锁平价商场进行配送。B 为连锁平价商场的一个供应商。A 公司使用的是国际标准化托盘，而 B 供应商使用的是企业内部的非标准托盘。该国通过多年的托盘标准化的建设，已有较好的托盘联营系统。以往的供货方式为，B 供应商使用其企业非标准托盘，将货物运送到 A 物流配送公司，A 配送公司再将货物卸下，装运到标准化托盘上，这些标准化托盘大部分是通过租赁获得的。然后 A 配送公司再根据连锁商场的需求，对货物进行入库或直接配送处理。

A 公司希望通过建立良好的库存结构，理顺订单管理流程，增加商品的配送速度来提高公司的运作效率。通过可行性研究，A 公司觉得如果 B 公司也采用标准化托盘的话，能大大提高本公司的内部生产率和运作效率。因此，A 公司决定说服 B 供应商也采用标准化托盘，来提高物流环节的效率。B 供应商经过仔细的考虑后，同意了 A 公司的建议。

此项目实施后，收到了良好的预期效果，A 物流配送公司及 B 供应商达到了双赢的效果。

对于 A 公司而言，其好处有以下几方面。

（1）A 公司不再需要把货物从非标准托盘上卸下，再装到标准化托盘上，因此节约了大量的人力成本，并提高了装卸、货物交接速度。具体来说，A 公司节省了 20%的人力成本（绝对数为每年$24 000）。

（2）由于减少了货物的装卸和搬运，因此减少了货物破损的概率。

（3）A 公司由于可以直接利用 B 供应商的托盘，由此减少了托盘的租赁数量。项目前后，托盘数的减少（从 20 800 个减到 16 240 个）直接带来了租赁成本的下降，租赁成本的节省为$67 540（从 2000 年 1 月到 12 月），占到总节省的 23%。

（4）可以通过生产率提高的结果来说服更多的供应商采用标准化托盘送货到 A 公司。当所有的或大部分的供应商采用标准化托盘时，A 公司可以大大地提高内部的生

产率和运作效率，从而提供更好的物流配送服务。

对于 B 供应商而言，其好处有以下几方面。

（1）采用标准化托盘后，B 供应商的货车每车每次多装载 4 个托盘，从而减少了运输的次数，使生产率提高了 7%。

（2）通过租赁托盘，B 供应商不再需要购置企业内部的非标准化托盘，减少 29% 的资产拥有成本，提高了资金的流动比率和利用效率。

（3）节省了交接货物的时间和差错率，提高了劳动生产率。

总体的好处如图 3-1 所示。

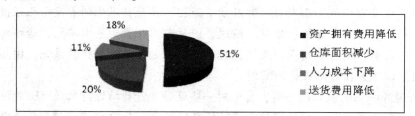

图 3-1　总体的好处

（资料来源：杨霞芳. 现代物流技术[M]. 上海：上海财经大学出版社，2004）

 本章小结

本章介绍了国际物流基础设施，包括铁路设施与设备、公路设施与设备、水路设施与设备、航空设施与设备和管道设施与设备，详细阐述了物流标准化的定义、作用、意义、原则、内容及实施办法，并介绍了发达国家物流标准化的现状。学生需重点掌握物流基础设施的几个组成部分，物流标准化的实施原则和方法。

延伸阅读

企业物流标准化管理

上海百大配送有限公司是上市公司昆百大控股的云南百大投资有限公司在物流配送业投资的一个全国性的配送网络（以下简称上海百大配送），经过近五年的运作，已建成包括上海、北京、南京和昆明四城市四种商业模式的从事第三方物流末段服务的专业公司，获得了上海创股和北京联办等投资机构的注资，形成了自己的标准化业务和管理流程，实现了整体盈利，为今后的配送网络复制和扩张打下了基础，并开始与"阳光网达"等中游物流企业进行企业标准对接。

上海百大配送的标准化内容包括：机构设置及管理制度、程度的标准化；业务流程的标准化；业务开发的标准化；客户开发及维护的标准化；数据库建设的标准化（包括数据采集、分析、提供等）；与供应商、银行、终端消费者接口的标准化；属地公司及配送站建设的标准化等。

上海百大配送的标准化管理经历了以下三个阶段的探索和实践。

（1）第一阶段：基于ISO9002：1994标准建立并实施的标准化管理。

为配合上海百大配送的战略发展需要，该公司在昆明和上海成立了专业的第三方物流配送公司，经过一年多的运作，积累了一定的经营和管理经验，并确立了在全国范围内成立同类的第三方物流配送公司、形成全国直投网络的战略目标，新公司的建立和运作需要有一套规范化、标准化的管理手册作指导；随着昆明和上海两公司物流配送业务量的增长，对运作及管理规范化、标准化的需求促使该公司实施标准化管理。

实施标准化管理的过程中，主要采取了以下措施：按照ISO9002：1994建立质量体系；根据公司行政、财务管理需要，按照ISO9002：1994的理念建立行政财务管理体系；将质量管理体系与行政财务管理体系有机融合，形成一套完整的公司管理手册（以下称"管理手册V1.0"）；在已成立的公司逐步实施"管理手册V1.0"，以指导新公司的建立和运作。

上海百大配送所属的昆明公司在标准建立之初，承担了配合设计并试验标准化管理体系及"管理手册V1.0"的任务，标准化管理体系的建立及实施，规范了公司的运作和管理，使公司的业务运作及行政财务进入有序状态，提升了公司的服务质量，增强了竞争力，使该公司成为昆明地区物流配送行业的明星企业。随后，公司在"管理手册V1.0"的指导下在南京、北京相继成立了第三方物流配送公司。

（2）第二阶段：根据实际运作情况，总结。

上海百大配送在昆明、上海、南京和北京四城市分别成立第三方物流末段配送公司，经过几年的运作，尽管四城市公司经营重点不同，但单一物品的物流配送业务流程已较成熟，而且同类物品的配送在不同地区、不同公司的业务流程与管理基本一致。在此基础上进行了标准化管理的升级。

上海百大配送综合所属四个物流企业的实际运作经验，总结不同物品、不同服务的业务流程，自下而上地收集各环节、各岗位操作指导，并按部门及功能块制订切实可行的管理制度及控制标准，形成了"管理手册V2.0"。

"管理手册V2.0"建立并实施后，公司内各部门及功能块控制点清晰，管理目标明确，减轻了中层管理人员的管理难度；各岗位人员严格按照操作指导及标准工作，为公司提升业务量及增加新的配送服务奠定了基础；各地区公司在开展新业务时，依据"管理手册V2.0"已建立的同类业务的业务流程、操作指导及管理控制标准实施业务的开发、运作及管理，大大加快了各公司业务的拓展。

（3）第三阶段：对有共性的不同物品的物流配送运作过程一体化的标准化运作及管理的探索，并增加对客户、用户及合作者的接口标准化内容。

随着上海百大配送在四个城市的运作日趋成熟，各城市公司在物流配送实际运作中都不同程度地实现了不同物品、不同服务过程的资源共享及综合利用（注：资源包括人力、信息、基础设施、工作环境、供方、合作者、银行及财务资源等）。因此，上海百大配送总结公司在不同物品物流配送实际运作中的搭载经验，探索及总结公司关联单位、客户、用户及合作者的业务标准化接口，对实际运作经验进行分析，掌握搭载规律，制订运作及管理标准，在"管理手册V1.0"及"管理手册V2.0"基础上，随着业务种类、合作伙伴和合作方式的不断增加，采用ISO9001：2000及ISO9004：2000标准建立管理体系及标准，形成"管理手册V2.1"及后续同级版本。

（资料来源：高本河，唐玉兰. 物流学概述[M]. 北京：中央广播电视大学出版社，2007）

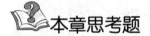本章思考题

一、选择题

1. 国际化物流系统标准由以下哪个组织做出规定？（   ）

    A．国际标准化组织（ISO）   B．国际电工委员会（IEC）

    C．国际电信联盟（ITU）   D．国际物品编码协会（EAN）

2. 为了研究物流标准化，将进入物流领域的产品（货物）分成三类，即（   ）。

    A．零星货物   B．散装货物

    C．集装货物   D．成组货物

3. 把物流系统分为公路、水路、铁路、航空、管道五种基础设施，主要分类依据是（   ）。

    A．按运输方式   B．按设施复杂程度

    C．按设施标准化程度   D．按国际统一标准

二、判断题

1. 水路运输的基础设施与设备包括船舶和港口。（   ）

2. 日本属于标准化系统比较落后的国家。（   ）

三、名词解释

1. 物流模数

2. 物流标准化

四、简答题

1．简要说明美国物流标准化的现状。

2．简述物流标准化的特点。

五、案例分析

集装箱/集装箱包装是交通运输业中的一项先进设备，1976 年我国成立了集装箱标准化联合工作组。1978 年 8 月完成了我国第一个集装箱规格尺寸的国家标准。集装箱尺寸的统一，为制造其他集装箱标准奠定了基础。1979 年我国开始研究和试验使用集装箱、集装架包装运输，制定并实施了两项国家标准。

1980 年 3 月，成立了由铁道部、交通部、商业部等 21 个部门和单位组成的全国集装箱标准化技术委员会，参照 ISO 668 国际标准，规定了适用我国国内和国际联运的集装箱外部尺寸和重要系列，统一了我国集装箱的规格尺寸，为研究制定集装箱的其他标准及相应配套设备的标准化打下了良好的基础。

1．国际标准集装箱属于物流标准的种类中的哪一种？

2．我国统一集装箱标准尺寸的意义何在？

六、实训题

调查我国公路物流基础设施的建设情况，并于美国相比较，优缺点在哪里？未来我国公路物流基础设施的发展方向在哪里？

第四章

国际海洋货物运输

学习目标

- 了解国际海洋货物运输的特点；
- 熟悉国际海洋货物运输进出口业务及相关法规；
- 熟悉班轮运输业务，掌握制定船期表；
- 掌握不定期船运输方式。

引导案例

全球最强集装箱班轮公司榜单

根据 Alphaliner 最新运力数据显示，截至 2015 年 9 月 6 日，全球班轮公司运力 100 强中马士基航运排第一，地中海航运排第二，法国达飞轮船排第三，台湾长荣海运排在第四位，赫伯罗特排第五，中远集运排第六。第七名到第十名分别是中海集运、汉堡南美、韩进海运、东方海外。而在中国大陆的班轮公司中，中远集运排第 6 名，中海集运排名第 7。这些班轮公司在国际海洋货物运输中以何种形式经营？

（资料来源：中国海事服务网，http://www.cnss.com.cn/html/2015/hysczhgc_0907/186602.html）

第一节　国际海洋货物运输概述

国际海上货物运输是指使用船舶通过海上航道在不同的国家或地区的港口之间运送货物的一种运输方式。目前国际贸易总运量中 2/3 以上的货物是利用海上运输完成的，从而使海上运输成为国际贸易中最重要的运输方式。

一、海洋货物运输的特点

海上运输与其他运输方式相比,具有如下特点。

(一)运输量大

随着造船技术的发展,船舶都朝着大型化方向发展。如 50 万～70 万吨的巨型油船、16 万～17 万吨的散装船,以及集装箱船舶大型化,船舶的载运能力远远大于火车、汽车和飞机,是运输能力量大的运输工具。

(二)通过能力强

海上运输是利用天然航道完成的。这些航道四通八达,将世界各地港口连在一起,不像汽车、火车容易受道路或轨道的限制;再者,如遇政治、经济贸易及自然等条件的变化,可随时改选最有利的航线。

(三)运费低廉

一方面,海上运输所通过的航道均系天然形成,港口设施一般为政府修建,不像公路或铁路运输那样需大量投资用于修筑公路或铁路;另一方面,船舶运载量大,使用时间长,运输里程远,与其他运输方式相比,海运的单位运输成本较低。约为铁路运费的 1/6、公路运费的 1/10、航空运费的 1/30。这就为低值大宗货物的运输提供了有利的运输条件。

由于上述特点使海上货物运输基本上适应各种货物的运输。如石油井台、火车、机车车辆等超重大货物,其他运输方式是无法装运的,船舶一般都可以装运。

(四)速度较低

货船体积大,水流阻力大,风力影响大,因此速度较低,一般多在每小时 10～20 海里(1 海里=1 852 米)之间,最新的集装箱船每小时航速为 35 海里。如要提高船行速度,燃料消耗会大大增加,极不经济。

船舶航行海上进行货物运输,受自然条件和气候的影响较大,因此遇险的可能性也大。为转嫁风险,对海上运输的货物、船舶投保尤其应引起重视。

二、国际海洋运输的进出口业务

海上运输进出口业务取决于成交的价格条件。如果是 CIF 或 CFR 条件,则由卖方办理海运出口货物运输业务,如果是 FOB 条件,则由买方办理海运进口货物运输业务。

（一）海上运输进口业务

海运进口业务是指根据贸易合同中有关运输条件，把国外的订货加以组织，通过海运方式运进国内的一种业务。

以 FOB 贸易条件为例，海运进口货物运输工作一般包括以下环节。

1．租船订舱

买方根据货物的性质和数量来决定租船或洽订舱位。大宗货物需要整船运输的，洽租适当船舶承运；小批量的杂货，大多向班轮公司订舱。一般租船订舱手续委托代理来办理。

在合同规定的装运期内，卖方应将预计装运日期通知买方。买方接到通知后，书面委托货运代理或直接委托船公司或船代理办理租船订舱手续。受委托方办妥手续后，将船名和船期通知委托方，以便其向卖方发出派船通知，同时通知装货港港务代理，及时与卖方或其货运代理联系，按时将备妥货物发到装货港，以便船货衔接。

买方在办理委托手续时，需填写《进口租船订舱联系单》，内容一般包括货名、重量、尺码、合同号、包装种类、装卸港口、交货期、成交条件、发货人名称和详细地址等项目。对于长大件货物，列明其尺码；对于超重货物，列明最大件的重量和件数；对于贵重货物，列明其售价；对于危险品，注明其性质、国际危规的页码和联合国编号；如是租用整船，还须附贸易合同副本。

2．保险

FOB 条件下进口，卖方应在货物装船后及时向买方发出装船通知，以便买方做好接货准备和办理投保手续。买方在接到装船通知后，应立即向保险公司办理投保手续。目前为了简化手续和防止漏保或迟保现象，一般采用预约保险的做法，由买方向保险公司签订进口货物的预约保险合同，每批货物在接到装船通知后，只要将有关货物情况和运输情况书面通知保险公司，该笔保险合同即生效。

3．掌握船舶动态

船舶动态包括船名、船籍、船舱性质、装卸港顺序、预计抵港日期、船舷吃水、船舶所载货物名称和数量等方面的信息。掌握进口船舶动态，对装卸港的工作安排非常重要。船舶动态信息可从船期表中获得，当然还可通过国外发货人寄来的装船通知、单证资料、发货电报及有关单位编制的船舶动态资料获得。

4．收集整理单证

进口货物运输单证包括商务单证和船务单证两大类。商务单证主要有贸易合同、发票、提单、装箱单和品质证明等；船务单证主要有舱单、货物积载图、租船合同或提单副本等。这些单证来源于银行、国外发货人、装货港代理和港口船务代理等。进口货物运输单证是进口货物在卸船、报关、报检、交接和疏运各环节中必不可少的，因此必须及时收集、审核、归类和整理备用。

5．报关

据《中华人民共和国海关法》规定，进口货物应自运输工具进境之日起 14 天内向海关申报，开出税单后 7 天内纳税。超过规定日期申报或迟交税款，要按进口货 CIF 价的 5‰交滞纳金或按税款的 1‰交滞纳金。

进口货物到港后，首先填制《进口货物报关单》，随附提单、发票、装箱单或重量单、品质检验证书等向海关申报进口。办理报关的进口货物，经海关查验放行，缴纳进口关税后，方可提运。

6．报验

按照我国于 1989 年 8 月 1 日起实施的《进出口商品检验法》规定，凡必须经商检机构检验的进口商品，必须向商检机构申请办理检验手续。

根据我国于 1989 年 4 月 1 日起施行的《进出境动植物检疫法》规定，凡输入动物、动物产品、植物种子、种苗及其他繁殖材料的，必须事先提出申请，办理审批手续。进境后，在进境口岸实施检疫。集装箱货物均要向进境口岸动植物检疫机关报验。来自动植物疫区的运输工具及货物，口岸动植物检疫机关也要实施检疫。

根据我国于 1987 年 5 月 1 日起施行的《国境卫生检疫法》规定，集装箱进口货物均要向国境卫生检疫机关申报。凡食品、食品包装材料，以及来自国外监测传染病流行区的货物，国境卫生检疫机关均要实施卫生监督检疫，采取预防控制措施。

报验进口货物需填写《进口商品检验申请单》，同时需提供订货合同、发票、提单、装箱单、理货清单、磅码单、质保书、说明书、验收单和到货通知单等资料。

7．装卸和交接

船舶到达卸货港后，由船方申请理货，负责把货物按提单、标记清点货物，验看包装情况，分批拨交收货人。货主或货运代理派员到现场履行监卸任务。监卸人员应与理货人员密切配合，把好货物数量和质量关，要求港方卸货人员按票卸货，严禁不正常操作和混卸；已卸存库场的货物应按提单、标记分别码垛、堆放；对船边现提的货物和危险品货物，应根据卸货进度及时与车、船等方面有关人员联系，做好衔接工作。防止卸货与移交工作脱节；对于超限货物或极重货物应事先提供正确尺码和重量，以便准备各接运车驳，加速疏运速度。

船货卸完后，由船方会同理货组长向港方办理交接手续。如出现短损，应由理货出具报告，散货的理货报告由船长和理货人签署，集装箱拆箱发现短损的理货报告由拆箱人和理货人签署。凡进港区仓库货物，货主应凭海运正本提单到船公司或其代理处换取提货单，提货单上经海关加盖放行章，凭此向港区提货。提货时应认真核对货物的包装、唛头和件数等，如有不符，应及时向船方或港方办理有效签证，并共同做好验残工作。一旦货物离港，港方的责任即告终止。

8．代运

对港口没有转运机构的单位的进口到货，港口外运公司接受委托，可代表收货人办理交接，并安排运力，将货物转运到收货人指定地点，这就是进口代运。进口代运工作大大地方便了收货人，解决了接货转运方面的困难，节省收货人的人力、物力，同时可加快进口到货的疏运工作，减少港口压力。为了使代运工作顺利进行。委托人应在船舶抵港前备妥向海关申报的单证。代理人应在海关放行货物后，及时做好船货车（船）的衔接，安排代运。货物发运后，及时通知收货人接货。

对过境、转运和通运的货物，应当向当地海关如实申报，并在海关的监管下实施运输。

无论是货主自提，还是外运公司代运，最重要的是划清各段承运人、港方（站方）以及货主之间的责任，外运公司则作为代理人行事。

（二）海上运输出口业务

海上运输出口业务是指根据贸易合同中的运输条件，把售予国外客户的出口货物加以组织和安排，通过海运方式运到国外目的港的业务。

以 CIF 贸易条件为例，海上运输出口业务程序如图 4-1 所示。

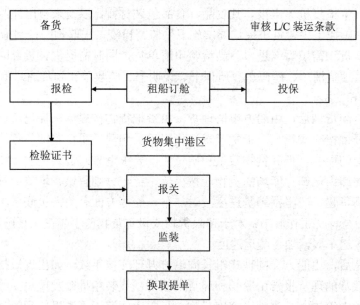

图 4-1　海上运输出口业务程序

1．审核装运条款

如采用信用证结算方式，出口方在接到信用证后，应严格审核其是否符合贸易合同的规定，如存在不符，应及时要求进口方通过开证行修改。

审核信用证中的装运条款，要重点审核装运期、结汇期、装运港、目的港、是否允许分批和是否允许转船等。有时信用证要求提供各种证明，如航线证明、船长接受随船单据的收据和船龄证明等，应根据货物出运前的实际情况及相关政策、法规和惯例等决定这些条款是否可以接受。

2．备货报验

出口方应在交货期前按照合同和信用证的要求按时、按质、按量地准备好货物，并对货物进行包装和刷唛。

对于需要检验机构检验出证的出口货物，在货物备齐后，填写《出口检验申请表》向商检机构申请检验，取得合格的检验证书。

3．租船订舱

出口方应在合同或信用证规定的装运期内办理租船订舱手续。洽订班轮舱位，只要编制出口托运单，即可向货运代理办理委托订舱手续，货运代理根据货主的要求按航线分类整理后，及时向船公司或其代理订舱。

4．保险

货物订妥舱位后，属卖方保险的，即可办理货物运输险的投保手续；如果属于国外收货人自办保险的，发货人应及时发出装船通知，以便其及时投保。

5．货物集中港区

当船舶到港装货计划确定后，按照港区进货通知，在规定的期限内由托运人办妥集运手续，将符合装船条件的出口货物发运到港区内指定的仓库或货场，以待装船。发货前要按票核对货物品名、数量、标志、配载船名、装货单号等各项内容，做到单货相符和船货相符，同时还要特别注意与港区、船公司以及有关运输部门保持密切联系，按时完成进货，防止工作脱节而影响装船进度。

6．报关

出口货物集中港区后，备妥出口货物报关单、发票、装货单、装箱单和商检证等有关单证向海关申报出口，经海关人员对货物进行查验合格后，在装货单上盖放行章，方可装船。

7．监装

海关查验放行后，发货单位应与港务部门和理货人员联系，做好装船前的准备和交接工作。在装船前，理货部门代表船方收集装货单和收货单，经过整理后，按照积载图和舱单，分批接货装船。发货单位派人现场监装，随时掌握装船进度和处理临时发生的问题。对舱容紧、配货多的船只，应联系港方和船方配合，合理装载以充分利用舱容，防止货物被退装。如果舱位确实不足，应安排快到期的急运的货物优先装船；对必须退关的货物，应及时联系有关单位设法处理；对一级危险品、重大件、贵重品、

特种商品和驳船来货的船边接卸要随时掌握情况，防止接卸和装船脱节；对装船过程中发生的货损，应取得责任方的签证，并联系原发货单位做好货物调换和包装修整工作。

8．换取提单

装船完毕后，托运人向收货人发装船通知和凭收货单向船公司或其代理换取已装船提单，海运出口运输工作告一段落。

（三）海上运输相关法规

关于国际海上货物运输合同的国际公约有《海牙规则》《梅牙—维斯比规则》和《汉堡规则》等三个著名公约。

1．海牙规则

海牙规则的全称是《统一提单若干法律规定的国际公约》（International Convention for the Unification of Certain Rules of Law Relating to Bill of Lading），1924 年 8 月 25 日由 26 个国家在布鲁塞尔签订，1931 年 6 月 2 日生效。因该公约的草案是于 1921 年在海牙通过的，因此定名为海牙规则。包括欧美许多国家在内的 50 多个国家都先后加入了这个公约。1936 年，美国政府以这一公约作为国内立法的基础制定了"1936 年美国海上货物运输法"。海牙规则使得海上货物运输中有关提单的法律得以统一，在促进海运事业发展和推动国际贸易发展方面发挥了积极作用，是最重要的和目前仍被普遍使用的国际公约，我国于 1981 年承认该公约。该规则的主要内容有以下几方面。

（1）承运人的责任和义务

① 承运人必须在航次开始前和开始时恪尽职责，使船舶处于适航状态，适当地配备船员，装备船舶和配备供应品；使货舱、冷藏舱、冷气舱和船上装载货物的其他部分均适于并能安全地收受、承运和保管货物。

② 承运人应适当而谨慎地装载、搬运、积载、运输、保管、照料和卸载所运货物。

（2）承运人的免责事项

① 不论承运人或船舶，对于因不适航所引起的灭失或损坏，都不负责，除非造成的原因是由于承运人未恪尽职守。

② 不论承运人或船舶，对由于下列原因引起或造成的灭失或损坏，都不负责。

- 船长、船员、引水员或承运人的雇用人员，在航行或管理船舶中的行为、疏忽或不履行义务。
- 火灾，但由于承运人的实际过失或私谋所引起的除外。
- 海上或其他通航水域的灾难、危险和意外事故。
- 天灾。
- 战争行为。
- 公敌行为。

- 君主、当权者或人民的扣留或管制，或依法扣押。
- 检疫限制。
- 托运人或货主、其代理人或代表的行为或不行为。
- 不论由于任何原因所引起的局部或全面罢工、关厂停工或限制工作。
- 暴动和骚乱。
- 救助或企图救助海上人命或财产。
- 由于货物的固有缺点、性质或缺陷引起的体积或重量亏损，或任何其他灭失或损坏。
- 包装不善。
- 唛头不清或不当。
- 虽恪尽职守亦不能发现的潜在缺点。
- 非由于承运人的实际过失或私谋，或者承运人的代理人，或雇用人员的过失或疏忽所引起的其他任何原因，但是要求引用这条免责利益的人应负责举证，证明有关的灭失或损坏既非由于承运人的实际过失或私谋，亦非承运人的代理人或雇佣人员的过失或疏忽所造成。

（3）货物托运人的责任和义务

① 提供运输的货物。

② 支付运费。

③ 在目的港接受货物。

（4）承运人的赔偿责任限制

根据公约规定，承运人或是船舶，在任何情况下对货物或与货物有关的灭失或损害，每件或每计费单位超过一百英镑或与其等值的其他货币的部分，都不负责，但托运人于装货前已就该项货物的性质和价值提出声明，并已在提单中注明的，不在此限。经承运人、船长或承运人的代理人与托运人双方协议，可规定不同于上述规定的另一最高限额，但该最高限额不得低于上述数额。如托运人在提单中，故意谎报货物性质或价值，则在任何情况下，承运人或是船舶对货物或与货物有关的灭失或损害都不负责。

公约规定索赔与诉讼时效为从货物交付之日或应交付之日起一年内。收货人在卸货时对货物的灭失或损害的情况，应在货物接受前或当时用书面通知承运人或其代理人。灭失和损害不显著，当时未能发现，则应于卸货后三天内提出，如果货物状态在收受时已由双方联合检查或检验，则无须书面通知。如果发生任何实际的或预料的灭失或损害，则双方应相互提供一切便利。

（5）公约的适用范围

本公约和各项规定适用于在任何缔约国所签发的一切提单。海牙规则的特点是较

多地维护了承运人的利益，在风险分组上很不均衡，因而引起了作为主要货主国的第三世界国家的不满，纷纷要求修改海牙规则建立航运新秩序。

2．海牙—维斯比规则

在第三世界国家的强烈要求下，修改海牙规则的意见已为北欧国家和英国等航运发达国家所接受，但这些国家认为不能急于求成，以免引起混乱，主张折中各方意见，只对海牙规则中明显不合理或不明确的条款做局部的修订和补充，维斯比规则就是在此基础上产生的。因此，维斯比规则也称为海牙—维斯比规则（Hague—Visby Rules），它的全称是《关于修订统一提单若干法律规定的国际公约的议定书》（Protocol to Amend the International Convention for the Unification of Certain Rules of Law Relating to Bill of Lading），或简称为"1968 年布鲁塞尔议定书"（the 1968 Brussels Protocol），1968 年 2 月 23 日在布鲁塞尔通过，于 1977 年 6 月生效。目前已有英、法、丹麦、挪威、新加坡和瑞典等 20 多个国家和地区参加了这一公约。

《维斯比规则》并未从实质上根本改变《海牙规则》本身偏重于维护承运人利益的倾向。其修改的主要内容有以下几方面。

（1）扩大了公约的适用范围。《维斯比规则》将适用范围扩大为任何一个缔约国都能将公约适用于进出口货运的提单，适用范围大大扩大。

（2）《维斯比规则》提高了最高赔偿限额。该规则规定："除非在装货前，托运人已声明该货物的性质和价值，并载入提单，否则，在任何情况下，承运人或船舶对货物所遭受的或与之有关的任何灭失或损害，每件或每单位的金额超过 1 万金法郎的部分，或按灭失或损害的货物每千克毛重超过 30 金法郎的部分，均不负责任，两者以较高的金额为准。"即将每件或每单位的赔偿责任限额提高为 1 万金法郎或按灭失或受损货物毛重每千克为 30 金法郎，以两者中较高者为准。这一修改不但提高了赔偿限额，而且创造了双重限额，解决了裸装货物和轻泡货的限额问题，进一步维护了货主的权利。

（3）延长了诉讼时效。

① 明确了在诉讼事由发生之后，经双方当事人协议可延长诉讼期限。

② 关于追偿期限问题。该规则规定，即使在规定的一年期满之后，只要在受诉讼法院准许期间之内，便可向第三方提出索赔诉讼。但是，准许的时间自提起此诉讼的人已经解决赔偿案件，或向其本人送达起诉传票之日起算，不得少于 3 个月。

3．汉堡规则

汉堡规则的正式名称是《1978 年联合国海上货物运输公约》（United Nations Convention of the Carriage of Goods by Sea，1978），1976 年由联合国贸易法律委员会草拟，1978 年经联合国在汉堡主持召开有 71 个国家参加的全权代表会议上审议通过。汉堡规则可以说是在第三世界国家的反复斗争下，经过各国代表多次磋商，并在某些方面做出妥协后通过的。汉堡规则全面修改了海牙规则，其内容在较大程度上加重了承运人的责任，保护了货方的利益，代表了第三世界发展中国家意愿，这个公约已于1992年生效。但因签字国仅为埃及和尼日利亚等非主要航运货运国，海运大国均未加入该规则，因此目前汉堡规则对国际海运业影响不是很大。

《汉堡规则》对《海牙规则》做了较多实质性修改，其修改的主要内容如下。

（1）扩大了适用范围。只要是缔约国的进出口贸易海运都适用《汉堡规则》。

（2）延长了承运人的责任期间。由从装船到卸船扩展为从港口到港口。

（3）提高了承运人的赔偿责任限额。将每件货物的赔偿限额提高到835特别提款权（Special Drawing Rights，SDR）或者每千克2.5特别提款权（Special Drawing Rights，SDR），以两者中最高者为准。

（4）延长了诉讼时效。

① 将诉讼时效从一年扩展到两年。

② 被要求赔偿的人，可在时效期限内的任何时间向索赔人提出书面声明延长时效期限，并可再次声明延长。

（5）改变了承运人的责任基础。

《海牙规则》对承运人责任基础采用了"不完全过失原则"，《汉堡规则》删去了争议最大的航行过失免责条款及其他列明的免责条款，将其改为"推定的完全过失原则"，即除非承运人证明其本人、其雇佣人或代理人为避免事故的发生及其后果已采取一切所能合理要求的措施，否则承运人应对因货物灭失或损坏或延迟交货造成的损失负赔偿责任。

第二节　国际海洋货物的运输方式

一、班轮运输

（一）班轮运输的有关概念

班轮运输中，通常会涉及班轮公司、船舶代理人、无船承运人、海上货运代理人、托运人和收货人等有关货物运输的关系人。

1. 班轮公司

班轮公司是指运用自己拥有或者自己经营的船舶，提供国际港口之间班轮运输服务，并依据法律规定设立的船舶运输企业，有时也被称为远洋公共承运人（Ocean Common Carrier）。班轮公司应拥有自己的船期表、运价本、提单或其他运输单据。

在业务实践中，国际海上货运代理人应了解有关班轮公司的情况，以便在必要时选择适当的承运人。

2．船舶代理人

船舶代理人是指接受船舶所有人、经营人或者承租人的委托，办理船舶进出港口手续、安排港口作业、接受订舱、代签提单和代收运费等服务，依据法律规定设立的运输辅助性企业。

由于国际船舶代理行业具有一定独特的性质，所以各国在国际船舶代理行业大多制定了比较特别的规定。

3．无船承运人

无船承运人，也称无船公共承运人，是指以承运人身份接受托运人的货载，签发自己的提单或者其他运输单证，向托运人收取运费，通过班轮运输公司完成国际海上货物运输，承担承运人责任，并依据法律规定设立的提供国际海上货物运输服务的企业。

根据《中华人民共和国国际海运条例》的规定，在中国境内经营无船承运业务，应当在中国境内依法设立企业法人；经营无船承运业务，应当办理提单登记，并交纳保证金；无船承运人应有自己的运价本。

无船承运人可以与班轮公司订立协议运价（国外称为服务合同，Service Contact，S.C）从中获得利益。但是，无船承运人不能从班轮公司那里获得佣金。国际货运代理企业在满足了市场准入条件后，可以成为无船承运人。

4．海上货运代理人

国际海上货运代理人，也称远洋货运代理人（Ocean Freight Forwarder），是指接受货主的委托，代表货主的利益，为货主办理有关国际海上货物运输相关事宜，并依据法律规定设立的提供国际海上货物运输代理服务的企业。

海上货运代理人除可以从货主那里获得代理服务报酬外，因其为班轮公司提供货载，所以还应从班轮公司那里获得奖励，即通常所说的"佣金"。但国际海上货运代理人通常无法与班轮公司订协议运价或S.C。

5．托运人

托运人，是指本人或者委托他人以本人名义或者委托他人为本人与承运人订立海上货物运输合同的人；本人或者委托他人以本人名义或者委托他人为本人将货物交给与海上货物运输合同有关的承运人的人。

托运人可以与承运人订立协议运价，从而获得比较优惠的运价。但是，托运人无法从承运人那里获得"佣金"。如果承运人给托运人"佣金"，则将被视为给托运人"回扣"。

班轮运输中还会有收货人等关系人。

（二）船期表（Liner Schedule）

制定班轮船期表是班轮运输组织营运中的一项重要内容。主要内容包括航线，船名，航次编号，始发港、中途港和终点港的港名，到达和驶离各港的时间，其他有关的注意事项等，如表 4-1 所示。

表 4-1 班轮船期表

日期：March 31th,2015

		抵港 ARRIVAL / 离港 DEPARTURE					
VESSEL	VOYAGE	SHANGHAI	PORT KELANG	HALIFAX	NEW YORK	NORFOLK	SAVANNAH
船　名	航　次	上　海	巴　生	哈利法克斯	纽　约	诺　福　克	萨　凡　纳
UASC UMM QASR	1619S	4/4-May	13/14-May	4/5-Jun	6/8-Jun	9/10-Jun	11/12-Jun
CMA CGM TITUS	209USS	11/11-May	20/21-May	11/12-Jun	13/15-Jun	16/17-Jun	18/19-Jun
CMA CGM TANCREDI	213USS	18/18-May	27/28-May	18/19-Jun	20/22-Jun	23/24-Jun	25/26-Jun
UASC ZAMZAM	1622S	25/25-May	3/4-Jun	25/26-Jun	27/29-Jun	30/1-Jul	2/3-Jul

通常，近洋班轮航线因航程短且挂港少，船公司能较好地掌握航区和挂靠港的条件，以及港口装卸效率等实际状况，可以编制出时间准确的船期表，船舶可以严格按船期表指定的时间运行。远洋班轮航线航程长、挂港多、航区气象海况复杂，船公司难以掌握可能发生的各种情况，在编制船期表时对船舶运行时间必然会留有余地。

（三）班轮货运业务

1．业务环节

从事班轮运输的船舶是按照预先公布的船期来营运的，并且船速较高，因此能够及时将货物从起运港发送，而且迅速地将货物运抵目的港。货主则可以在预知船舶抵、离港时间（ETA、ETD）的基础上，组织、安排货源，保障市场对货物的需求。

用于班轮运输的船舶的技术性能较好，设备较齐全，船员的技术业务水平也较高，所以既能满足普通件杂货物的运输要求，又能满足危险货物、重大件等特殊货物的运输要求，并且能较好地保证货运质量。

从事班轮运输的船舶具有与其他营运方式不同的特点。由于船舶具有固定航线、固定港口、固定船期和相对固定的运价，因此，"四固定"是其最基本的特点。此外，承运人和货主之间的权利、义务和责任豁免通常以承运人签发的提单背面条款为依据并受国际公约的制约，即承运人和货主之间在货物装船之前通常并不书面签订运输合同，而是在货物装船后，由承运人签发记有详细的有关承运人、托运人或收货人的责任、权利和义务条款的提单。

在杂货班轮运输中，承运人对货物的责任期间是从货物装上舱起，至货物卸下船

止，也就是说，虽然实务中托运人是将货物送至承运人指定的码头仓库交货，收货人在码头仓库提取货物，但除另有约定外，承运人对货物的责任期间仍然是"船舷至船舷"（Rail to Rail）或"钩至钩"（Tackle to Tackle）。另外，关于装卸费用和装卸时间，则规定为由承运人负责装货作业、卸货作业和理舱作业及全部费用，并且不计算滞期费和速遣费，仅约定托运人和收货人须按照船舶的装卸速度交货或提取货物，否则应赔偿船方因降低装卸速度或中断装卸作业所造成的损失。

在集装箱班轮运输中，承运人对货物的责任期间是从装货港接收货物时起，至卸货港交付货物时止，通常班轮公司对集装箱的交接方式是 CY/CY。

货物出运。班轮公司的货物出运工作包括揽货与订舱和确定航次货运任务等内容。货运代理人的货物出运工作则包括安排货物托运手续、办理货物交接等内容。

订舱（Bookinng）是托运人（包括其代理人——货运代理人）向班轮公司（即承运人，包括其代理人）申请货物运输，承运人对这种申请给予承诺的行为。因此，承运人一旦对托运人货物运输申请给予承诺，则货物运输合同订立。

国际海上货物运输合同是指承运人收取运费，负责将托运人托运的货物经海路由一国港口运至另一国港口的合同。因此，海上货物运输合同是一种双务有偿合同，而且应该是一种诺成合同。

确定航次货运任务就是确定某一船舶在某一航次所装货物的种类和数量。承运人承揽货载时，必须考虑各票货物的性质、包装和每件货物的重量及尺码等因素。因为不同种类的货物运输和保管有不同的要求，各港口的有关法律和规章也会有不同的规定。例如，重大件货物可能会受到船舶及装卸港口的起重机械能力影响和船舶舱口尺寸的限制；集装货物的积载问题；各港口对载运危险货物船舶所作的限制等。而对于货物的数量，船公司也应参考过去的情况，预先对船舶舱位在各装货港间进行适当的分配，定出限额，并根据各个港口情况的变化，及时进行调整，使船舶舱位得到充分和合理的利用。货运代理人应充分认识到船方在确定船舶航次货运任务方面所会考虑的问题，否则可能造成不必要的麻烦。

🔊 小提示：关于船公司揽货

船公司为使自己所经营的船舶在载重量和载货舱容两方面均能得到充分利用，从而获得最好的经营效益，会通过各种途径从货主那里争取货源，揽集货载——揽货（Canvanssion）。通常的做法是在班轮航线的各挂靠港口及货源腹地，通过自己的营业机构或船舶代理人与货主建立业务关系；通过报纸、杂志刊登船期表，如我国的《中国远洋航务公报》《航运交易公报》《中国航务周刊》等都定期刊登班轮船期表，以邀请货主前来托运货物，办理订舱手续；通过与货主、无船代理人或货运代理人等签订运输服务或揽货协议来争取货源。

2. 装船与卸船

（1）货物装船

集装箱班轮运输中，由于班轮公司基本上是以 CY/CY 作为货物的交接方式，所以集装箱货物的装船工作都会由班轮公司负责。

杂货班轮运输中，除另有约定外，都规定托运人应将其托运的货物送至船边，如果船舶是在锚地或浮筒作业，托运人还应用驳船将货物驳运至船边，然后进行货物的交接和装船作业。对于特殊货物，如危险货物、鲜活货、贵重货、重大件货物等，通常由托运人将货物直接送至船边，交接装船的形式，即采取现装或直接装船的方式。

在杂货班轮运输的情况下，不论接货装船的形式是直接装船还是集中装船，也就是说，不论采取怎样的装船形式，托运人都应承担将货物送至船边的义务，而作为承运人的班轮公司的责任则是从装船时开始，除非承运人与托运人之间另有不同的约定。因此，集中装船与直接装船的不同之处，只不过是由班轮公司指定的装船代理人代托运人将货物从仓库送至船边，而班轮公司与托运人之间的责任界限和装船费用的分担仍然以船边货物挂上吊钩为界。

从货主角度出发，在集中装船的形式下，当托运人在装货港将货物交给班轮公司指定的装船代理人时，就可视为将货物交给班轮公司，交货后的一切风险都应由船公司负担。

但是，根据上述有关海上运输法规和提单条款的规定，对于件杂货运输，船公司的责任是从本船船边装货时开始的，即使是在"仓库收货，集中装船"的情况下，船公司与托运人之间的这种责任界限并没有改变。也就是说，船公司的责任期间并没有延伸至仓库收货时。虽然装船代理人在接收货物后便产生了如同船公司所负担的那种责任，实际上船公司和装船代理人各自对托运人所应负担的责任仍然存在着一定的界限，即根据船公司和装船代理人之间的特约，装船以前属于装船代理人的责任。

（2）货物卸船

在集装箱班轮运输中，同样由于班轮公司基本上是以 CY/CY 作为货物的交接方式，所以集装箱货物的卸船工作都会由班轮公司负责。

在杂货班轮运输中，理论上卸船就意味着交货，是指将船舶所承运的货物在提单上载明卸货港从船上卸下，并在船边交给收货人并办理货物的交接手续。

但是，如果由于战争、冰冻、港口罢工等特殊原因，船舶已不可能前往原定的卸货港，或会使船舶处于不安全状态，则船公司有权决定船舶驶往能够安全到达的附近港卸货。

在杂货班轮运输中，对于危险货物、重大件等特殊货物，通常采取由收货人办妥进口手续后，来船边接受货物，并办理交接手续的现提形式。但是，如果各个收货人

在船抵后都同时来到码头船边接收货物，同样会使卸货现场十分混乱，影响卸货效率，延长船舶在港停泊时间。所以，为使船舶在有限的停泊时间内迅速将货卸完，实践中通常由船公司指定装卸公司作为卸货代理人，由卸货代理人总揽卸货和接收货物工作，并向收货人实际交付货物。因此，在杂货班轮运输中，对于普通货物，通常采取先将货物卸至码头仓库，进行分类整理后，再向收货人交付的所谓"集中卸船，仓库交付"的形式。

与装船的情况相同，在杂货班轮运输中，不论采取怎样的卸船交货形式，船公司的责任都是以船边为责任界限，而且卸货费用也是按这样的分界线来划分的。船公司、卸货代理人和收货人三者之间的相互关系与前述的船公司、装船代理人和托运人三者之间的关系相同。

3. 提取货物

在集装箱班轮运输中，由于大多采用 CY/CY 交接方式；而在杂货班轮运输中，由于实务中多采用"集中卸船，仓库交付"的形式；并且收货人必须在办理进口手续后，方能提取货物。所以，在班轮运输中，通常是收货人先取得提货单，办理进口手续后，再凭提货单到堆场、仓库等存放货物的现场提取货物。而收货人只有在符合法律规定及航运惯例的前提条件下，方能取得提货单。

在使用提单的情况下收货人必须把提单交回承运人，并且该提单必须经过正确的背书（Endorsement），否则船公司没有交付货物的义务。另外，收货人还须付清所有应该支付的费用，如到付的运费、共同海损分组费等，否则船公司有权根据提单上的留置权条款的规定，暂时不交付货物，直至收货人付清各项费用为止；如果收货人拒绝支付应付的费用而使货物无法交付时，船公司还可以经卸货港所在地法院批准，对货物进行拍卖，以拍卖所得价款冲抵应收的费用。因此，货运代理人应及时与收货人联系，取得经正确背书的提单，并付清应该支付的费用，以便换取提货单，并在办理了进口手续后提取货物。

二、不定期船运输

不定期船的主要运输对象是货物本身价格较低的大宗散货，如煤炭、矿石、粮食、铝矾土、石油、石油产品及其他农、林产品和少部分件杂货。这些货物难以负担很高的运输费用，但对运输速度和运输规则性方面要求不严，不定期船运输正好能以较低的营运成本满足它们对低廉运价的要求。在不定期船市场上成交的租船合同形式主要有光船租船合同、期租合同、程租合同、航次期租合同、连续航次租船合同和包运合同等。

三、不定期船经营策略

（一）船舶程租策略

程租船舶为了获得良好的经济效益，应不失时机地把握市场机会，合理配船和运用航速，选择并揽取最适合自己船舶载运的货物，签订确保企业有较好收益的各种租船合同，根据大宗货类及其运输航线条件，选择并合理配置最为适宜的船舶，要适应市场要求，灵活经营。市场景气时，应保持航次连续性及提高重航率，市场出现滑坡迹象时，应及早将部分程租经营船舶转变为以期租方法经营或和货主签订长期运输合同，使企业有稳定的收益。

（二）船舶期租策略

期租船舶经营中难度较大的策略性问题是确定租金费率及其调整方式。船公司要在这方面做出合理的决策，必须加强对市场的预测和进行必要的盈亏分析。船舶以一定年期出租，即使租金费率与签约时的市场运费费用相当，但由于市场运费的时起时落，当运价连年上升时，船舶所有人会蒙受损失。当运价将连年下降时，对船舶所有人极为有利（此时，承租人希望低于洽租当时的市场价格成交）。当预料运价将连年下降时，船东可用低于当时市场价格（以程租费率反映）的水平与承租人签订较长租期的合同，以便在较大时期内获得稳定的收益。当预料运价连年上升时，船东不宜将船舶加以较长的租期出租，且租金费率应高于当时市场价格水平，如租期较长，应在签约时议定何时调整。此外，在租期较长的定期租船中，船东考虑到经营成本的年增长因素，常采取租期的后期提高租金费率的手段。

四、不定期船市场各类船型的经营特点

（一）专用船

专用船在特定航线上承运特定的货种表现出良好的经济性，这一特征决定了货源的变化对专用船经营影响特别大。所以如何确保足够的特定货源，是专用船经营的最大问题。长期运输合同为船舶经营者提供了解决此问题的一种重要手段。从专用船发展的历史看，它几乎是和长期运输合同形式一起发展起来的，长期运输合同是专用船经营的最主要的合同形式。

（二）大型散货船

大型散货船在经营上也有货源不足的问题，为了解决这个问题，经营者也适当地

采用长期运输合同。但是，大型散货船与专用船比较，对市场的适应性要大一些，能承运几种散货，货源的问题就没有专用船的经营来得突出。如果采用长期运输合同，虽在货源保证方面具有一定的优点，但经营的灵活性受到限制。因此，大型散货船的经营者更多地采用中、长期租船合同，其中合同为6个月到1年的最多，2~5年的也比较多，7年以上的就很少见。

（三）兼用船

从理论上讲，可以进出于油船市场与干散货市场的适应性较大的兼用船，其经营应以短期的合同为主。因为如采用长期合同，就会失去经营的机动灵活性。但实际上，兼用船目前按长期的合同进行经营的却非常多。这主要是由于多年航运市场不景气，使得保证稳定的货量对大型的兼用船来说同样是重要的问题。

（四）一般干货船

一次世界大战后，在不定期船市场上，专用船、大型散货船和多用船的发展很迅速，由于这些船型具有规模的经济性，单位运营成本较低，在市场竞争中居于有利地位，使一般干货船的市场范围日益变得狭窄。然而，这并不意味着一般干货船已失去了市场上的活动余地。在专用船、大型散货舱和兼用船受到限制的某些航线上（如港口水深的限制、港口设备的限制、航道的限制等），或对于某些批量较小的货物，一般干货船还是必不可少的船型。由于一般干货船具有很好的灵活性，对货物的批量也没有要求，所以，在经营上往往采用短期的合同形式。

第三节　不定期船的航次估算

航次估算是利用估计的数据或资料，对船舶未来某个航次的营利性进行的计算。通过航次估算，船东可以预知某个航次是否盈利，而且经过各个航次之间的航次估算结果的对比，能够使船舶经营人找出盈利最好、最合适的航次。因此，航次估算是船舶所有人、经营人进行航次租船决策的基础，它被广泛地应用在不定期船的经营管理中。

为了计算方便起见，航次估算的起止时间规定为：自上次船舶卸完货驶离引水站到本航次卸完货驶离引水站。简单地说，就是卸货港到卸货港。因此，如果上航次卸货港和本航次装货港不是同一个港口，在航次估算中，要包括这两个港口之间的空航航段。

航次估算就其内容来讲，并不十分复杂。但由于影响因素众多，在估算过程中要全面考虑很多细节问题。另外，它要求估算人具有较丰富的经验和判断力，这就使较

为准确的航次估算变成了一件并不十分容易的工作。

一、航次估算的基本内容

为了计算出不定期船特定航次的盈利大小，最基本的航次估算应按下面的步骤进行。

（一）收集、调查有关的数据和资料

有关的船舶资料包括船名、建造时间、船级、舱室结构和数目、机舱位置、夏季和冬季载重线的总载重量、船舶载重标尺、舱容（散装、包装）、船舶技术速度（重载、压载）、每天燃料消耗（航行时燃油消耗量，航行和停泊柴油消耗量）、船舶常定重量和船舶每天营运费用。

货物方面信息由租船人在谈判过程中提供给船东，实际上也是租船合同中的主要内容。它包括航次的货物数量、允许船方选择的货物数量变化范围、货物种类、积载因数、装货港和卸货港、装卸货时间和除外条件、货物装卸费用分包条款、运费率、佣金和租船合同范本。

另外，船东还应仔细了解港口间距离、港口所处的地理位置、装货港和卸货港的限制水深、港口使费、港口的装卸货费用、港口的拥挤情况、燃油价格、运河费用等。

以上除船舷资料是固定不变外，其他有关的货载、港口和航线方面资料是因航次不同而发生变化的。

（二）航次时间与燃料消耗的计算

如果船舶不另外挂加油港，也没有过运河，则航次由压载和重载两个航段组成。根据港间距离、压载航速和重载航速，以及燃油和柴油每天消耗量，就可以分别计算出各航段的航行时间、燃油和柴油的消耗量。

但是，在某些情况下，例如上航次卸货港或本航次的装货港不能加油，或者能够加油但燃料价格过高，有时港口间差价可高达几十美元，这时船东就可能考虑选择一个合适的加油港。如果加油港的油价较低，可按下面公式决定是否停靠加油港：

$$(P_{装（卸）}-P_{油})J_{油}>K_{港}+K_{绕}$$

式中：$P_{装（卸）}$——本航次装货港（或上航次卸货港）的燃料价格（美元/吨）；

$\quad\quad P_{油}$——加油港的油价（美元/吨）；

$\quad\quad J_{油}$——需加油的数量（吨）；

$\quad\quad K_{港}$——加油港的港口使费（美元）；

$\quad\quad K_{绕}$——船舶绕航去加油港所需的航行费用（美元）。

航次的加油量需要经过一系列计算后方能最后定下来，它受上航次船上所剩燃料

数量、载重线、限制水深，以及港间燃料差价等众多因素的影响。有时各港油价差别如此之大，以至于多带燃料油比多装货物更合算。加油港的安排是航次中比较复杂的一个环节。在有加油港的情况下，应按航次挂靠港口的顺序，计算出相应的航行时间和燃料消耗。

当船舶需要经过运河时，其航速会发生较大变化，所以应根据经验数据把过运河的时间单独列出来，运河的两个端点当作两个港口，这样就相当于把运河看成了一个航段。

航次估算时，航次的每个航段的航行距离都是根据港间距离表或航海地图册查出的，但如果船舶采用不同的航路，其距离值就会发生较大变化。在航次估算时，应结合具体情况选择一条比较合适的两港间的航路方案。

在计算航行时间及燃料消耗时，还应特别注意海上风浪对它的影响。对某些航行条件较差的航段，例如北大西洋冬季，可根据经验或统计数据结出一定的富裕时间，并计算出相应需要的燃料数量。另外，由于上航次货种的关系，在装运本航次货物之前，船舶可能需要洗舱，例如装完煤再装散粮。若压载航段距离较短或天气情况较差，船舶在到达装货港之前，可能完不成洗舱工作。这就需要船东在航次时间和燃料计算过程中，考虑这种情况的影响。

船舶航行中可以采用减速航行的方法，以节约航次燃料费用。在压载航段，由于没有运费收入，使船舶按经济航速航行，但要保证船舶在合同的受载期期间内到达装货港。在重载航段，让船舶跑盈利速度，使单位时间内获利最大。

船舶在装货港和卸货港的停泊时间等于租船合同中规定的以天数表示的装卸货时间，加上装卸货过程中经历了星期日和节假日时间。除此之外，还应考虑有些港口到港船舶过多而引起港口堵塞，可能造成港口停泊时间延长。有时在租船合同中，按平均每天应装或应卸的吨数，即装卸定额来规定装卸货时间。在此种情况下，应先近似地计算出航次载货量，然后求出相应的港口停泊时间。如果航次中有专门的加油港，应把加油港的停泊时间单独地列出来。船舶在港口的停泊时间之和乘以每天的柴油消耗，就可得到船舶在停泊时的燃料消耗。

船舶若经过国际日期变更线时，需要相应地考虑时间的增加或减少，这主要对船舶到港时间有直接的影响。船舶航行的燃料消耗数量取决于实际的航行距离，国际日期变更线对它没有影响。

通过上面的计算，就可估算出船舶航次的总时间和燃料消耗量，这些计算结果将应用在下面的估算中。

（三）航次载货量的计算

在航次租船中，如果租船人能够提供的货物数量远小于船舶的载货能力时，就使这部分计算变得十分简单了。在这种情况下，有多少货物就承运多少，船东可以采取多加便宜的燃料油的办法进一步利用船舶的载重能力。有时，航次租船规定运费按一次总付办法计算，即包干运费，船东这时只要能够完成租船合同中规定的最小货物数量即可。

在多数情况下，租船人能够提供的货物数量与船舶的载货能力大体相当，并给船东一定的百分比变化范围，供其选择。这时，船东必须认真考虑影响船舶载货量的各种因素，尽可能多承运货物，以赚取更多的运费。

对船舶在重载航段中所要停靠的港口，要首先弄清楚是否有吃水的限制。在此基础上，查出本航次船舶所能采用的载重线。根据限制水深和载重线可分别查出船舶对应的总载重量。

船舶在重载航段所带的燃料数量不仅要满足此航段的需要，而且要涉及燃料的安全储备，以便在坏天气或主机故障时使用。一般的做法是，一个航次虽然有几个航段，但仅对航次的最后一个航段考虑燃料的安全储备，其储备量为该航段正常消耗的25%左右。如果前面航段燃料消耗超过正常情况下的消耗量，可以使用后面航段的燃料油，当船舶停靠中间港口时想办法补上前面消耗掉的那部分燃料油。有时，船东根据经验，在已知本航次卸货港条件下，大致可预计出下一航次船舶可能行驶的区域。如果下航次存在加油困难或油价过高的问题，船东可以考虑在本航次为下一航次多带一些燃料油。

对于船员行李、备品、润滑油、淡水和船舶常数这些重量，为了计算方便起见，在航次估算时把它们总计起来作为一个定值看待，这里把它们称为常定重量，简称常重。

在计算船舶满载吃水时，还应考虑到卸货港海水密度变化情况。船舶从海水进入淡水或淡海水港口时，其吃水要增加。吃水增加的数量可按下式近似地算出：

$$\Delta d = d_{海} \frac{p_{海} - p_{淡}}{p_{淡}}$$

式中： Δd ——吃水变化量（米）；

$\qquad d_{海}$ ——船舷在海水中的吃水（米）；

$\qquad p_{海}$ ——海水密度（吨/米^3）；

$\qquad p_{淡}$ ——淡水或淡海水的密度（吨/米^3）。

因此，在海水装货港装货时，要保证能够按照允许的吃水使船舶进入淡水卸货港。

货物积载因数对航次载货量大小也是有影响的，具体计算时，根据船舶舱容、货物积载因数就可计算出相应的载货量。此数值与超重线或限制水深计算出的航次载货量相对比，它们的最小值就是本航次所能完成的最大载货量。

（四）航次费用的估算

航次费用是随航次的不同而不同的，它是可变成本，主要包括燃料费、港口使费、货物装卸费、运河费、额外附加保险费、货物装卸费用以及其他费用。

1. 燃料费

航次燃料消耗量包括航行消耗的重油和柴油、停泊时消耗的柴油，其具体数值已在航次燃料消耗部分计算了。当上航次所剩燃料数量大于本航次实际所需数量时，船舱在本航次无须加油。根据上航次的燃料价格，就可计算出相应的燃料费用。

如果在航次开始时，船上所剩燃料不足以使船舶跑完整航次，就需要计算本航次的加油数量。根据上航次所剩燃油的价格及本航次加油地点的油价，可计算出本航次的燃料费用。

航次中的加油地点可能是上航次的卸货港、本航次的装货港，也有可能绕航去专门的加油港加油。船舶的加油地点可能是一个，也有可能是多个。在加油地点不止一个的情况下，应按几处的油价分别计算出所需的燃料费用。

目前，燃料费用占整个航次费用很大比例，约为 60%左右。特别是航程长的航次这个问题显得更为突出。燃油费用估算得准确与否，直接涉及整个航次的估算结果。

2. 港口使费

港口使费主要包括拖轮、引水、码头、港口、港务和灯标等费用，这些费用一般按船舶净吨和船舶长度进行征收。

由于各港港口使费经常变化，在一定程度上给航次费用的估算带来了困难，因此，具备可靠的港口使费资料是非常重要的。一般来讲，船东可通过三个渠道取得港口使费数据。一是通过船公司保存的该港过去的使费记录；二是可以采用波罗的海国际航运公会（The Beltic and International Maritime Conference，BIMCO）提供的港口费用资料；三是查询港口的当地代理。前两个来源提供的资料由于不很及时，使用时可能不完全可靠，而后者需要通信联络，其费用又太昂贵。为了取得较为准确的资料，又能节约一些费用，船东在航次估算时，应对所有航次方案先粗略估算一下，删除那些不可能的航次方案，而对最感兴趣的航次可以通过当地代理弄清楚港口使费情况。

港口使费在航次费用中所占的比例也很大，它和燃料费构成了航次租船中航次费用的最主要两项费用。

3. 运河费

运河费是按船舶运河吨位征收的。多数运河对重载和压载船舶分别收取不同的费用。有时，运河当局还对货物征收费用，船东在这种情况下，需充分了解租船合同的条款，弄清由谁负责这笔费用。

4．额外附加保险费

船舶保险费是船舶营运费的一部分，属于固定费用。然而，在下面情况下，因航次的特殊性，船舶需支付额外的保险费。这笔费用是因具体航次而产生的，所以把它归到航次费用项目中。

第一种情况是船舷本航次挂靠的港口或行驶的区域超出了保险的地理区域；第二种情况是船舶驶出战争险规定船舷不允许到达的地区；第三种情况是货物保险人对15年以上的老龄船收取的额外费用，在航运市场不景气时，租船人在合同中一般都加进一项条款，让船东承担此项费用。

在上面几种情况下，船东必须加保，支付给保险人额外的保险费用。否则，一旦出现问题，保险人是不承担任何由此引起的损失。船东在航次估算时应仔细考虑这方面的因素。

5．货物装卸费用

货物装卸费用主要包括交货、装货、平舱、积载和卸货等项费用。这笔费用是否由船东承担，取决于租船合同谈判的结果，一般在谈判开始时就明确了由谁承担。多数情况下，船东不承担这项费用，即合同中有FIOT（Free In and Out Trimmed）条款。但有时租船人要求船东承担部分、全部或一定比例的费用，需要承担的装卸费用，在航次费用估算时，应把它考虑在内。

6．其他费用

其他费用是指除上面列出的与本航次有关的费用。例如，船舶洗舱费用；船舶行驶到很寒冷的地区，船东需支付船员额外费用以购买保暖服装；对航次中可能发生的速遣费也应列在这个项目之下。

（五）营利性分析

通过上面的计算，已经确定出航次时间、载货量和航次成本，再结合本航次预计的运费率和每天营运成本等数据，就可计算出航次估算盈利的评价指标——每天净收益。航次盈利指标的计算按下面公式进行：

航次总收入=预计的运费率×航次货运量+滞期费+亏舱费

航次净收入=航次总收入-佣金

=航次总收入(1-佣金占运费收入的百分比)

航次毛收益=航次净收入-航次费用

$$每天毛收益=\frac{航次毛收益}{航次时间}$$

每天净收益=每天毛收益-每天营运费用

如果航次运费按一次总付方式支付，计算航次总收入时，直接带入该值即可。佣

金包括支付给租船人的委托佣金和支付给经纪人的佣金，这笔费用一般由船东按运费收入的一定百分比支付。船舶每天营运费用包括船员工资、修理费、保险费、润滑油费用、备品费用和管理费用，它是不随航次变化的固定费用。

由于航次估算是在租船成交之前进行的，因此其运费率不是唯一确定的，在谈判过程中，其数值是可以在一定幅度内上下变化的。为了表示运费率变化对航次每天净收益的影响，引入了每 10 美分费率指标，其计算公式如下：

$$每 10 美分费率 = \frac{0.1 \times 航次货运量}{航次天数}$$

公式的实际意义是，运费率增加或减少 10 美分时，引起航次净收益的增加或减少的数量。

为了比较航次租船和期租哪一个对船东更为有利，需要计算航次租船的相当期租租金率。所谓相当期租租金率是指航次租船中船舶每总载重吨每月产生的收入，即

$$相当期租租金率 = \frac{(航次总收入 - 航次费用) \times 30}{船舶夏季总载重吨 \times 航次天数}$$

当航次相当期租租金率大于可能的期租租金率时，船东从事航次租船更为有利。

上面的计算结果可以作为航次租船决策的重要参考依据。一般来讲，每天净收益大的航次自然对船东具有较高的吸引力，但单纯的盈利数字高低并不是决定性的，还有其他的因素需要考虑。诸如：

（1）为下一航次着想。若航次是在很难找到生意的港口卸船，要重新进行航次租船，至少要定一段很长的空载航段，像这样的租船合同即使每天净收益高一点，两个航次平均下来可能会发生亏损。

（2）船舶在近期内要回某个港口修理、换船员或补给等，在这种情况下，船东就可能选择虽然盈利小一点，但能够回这个港口的航次。

（3）如果两个租约一个是航次租船，另外一个是期租，它们的盈利水平相当，甚至期租比程租稍低一些，船东很有可能选择期租。因为在期租条件下，船东不负责航次费用，有关与航次费用的风险，例如燃料和港口使费的涨价，这时都与船东无关。

（4）租船人的信誉情况。假如有两个航次租船合同，一个是有信誉的租船人提供的，每天净收益 500 美元；另一个租约由名声很差的租船人提供，每天有 800 美元的净收益。明智的船东都会毫不犹豫地选择前者，因为选择后者可能碰到的损失是账面上的盈利差额所远远不能补偿的。

（5）船东可能会有很多原因不喜欢装运某些货物，例如对新船来讲，船东喜欢装运散粮而不愿意运煤。

（6）租船合同条款。租船合同中的某些条款如果订得比较苛刻，可能会使船东处于很不利的境况之一，使其承担较大的赔钱的风险。

二、航次估算实例

为了便于估算人核对、记录和保存，航次估算可以采用表 4-2 的格式进行。此表由航次估算的主要数据资料、航次时间和燃料消耗、航次货运量、航次费用、盈利指标计算几部分组成。

表 4-2　每日燃料消耗

海　　上		港　　口	
FO	DO	不工作	工作
25	1.5	1.5	1.5

表中的航次估算实例的具体解释如下。

（一）有关资料

（1）船舶部分：干散货船"UNICORN"、1969 年建造、劳氏船级社员高船级、6 个货舱/6 个舱口、夏季满载吃水 9.45 米、夏季满载水线下总载重量 21 750 吨、冬季满载吃水 9.16 米、冬季满载水线下总载重量为 21 000 吨、散装舱容 25 485 米、重载航速 13.75 节、压载航速 14.25 节、航行每天重油消耗 25 吨、航行和停泊每天柴油消耗 1.5 吨、常定重量 500 吨、营运费用每天 2 750 美元。

（2）合同主要内容：20 000 吨散装小麦、10%MOL、装货港 Baie Comeau（加拿大拜科莫）、卸货港 Casablanca（墨西哥卡萨布兰卡）、卸货港海水限制水深 30 英尺、装货天数 4 天（不包括星期日、节假日）、卸货定额 1 250 吨/天（不包括星期五、节假日）、船东不负责装卸费和平舱费、可能运费率为 11 美元/吨、佣金为 5%、航次租船合同文本为 Norgrain。

船舶和合同的主要有关内容列在表 4-3 的表头部分，其中的一些英文缩写都是租船谈判中较为常用的。

表 4-3　航次燃料数量

航　　段	燃　料　数　量	
	FO	DO
Baie Comeau/Casablanca	223	13
安全储备	56	3
Casablanca 港		33
下航次 5 天航次	125	7
总计	404	56

（二）航次时间及燃料消耗的计算

船舷上航次的卸货港为 Bremerehaven（德国不来梅），从 Bremerehaven 到装货港 Baie Comeau 采用过 Cape Wrath（拉斯角）航段。考虑到北大西洋冬季的风浪情况，在压载航段增加了 1 天的时间延误。

船舶在装货港的停泊时间需要考虑周日和通知时间（Noticetime）2 天，加上合同中规定的天数，共计 6 天。在卸货港船舶经历了 6 天的周五和节假日，一共需停泊 22 天。

（三）航次载货量计算

（1）本航次重载航段全程采用冬季载重线。如表 4-3 所示，从装货港出发时船上所带的燃料总量为 460 吨，其中包括了下航次的 5 天燃料。船东考虑下航次船舶可能从 Casablanca 运输矿石去欧洲大陆港口，由于 Casablanca 油价很高，本航次应把下航次的燃料带上。

（2）由 Casablanca 的限制水深 30 英尺（9.144 米），查船舶载重水尺得船舶总载重吨为 20 965 吨，进入该港时船上载燃料 724 吨，因此允许的船舶净载重量为 20 241 吨。

（3）由货物积载因数和舱容计算得航次载货量为 20 388 吨。

综合上面三方面的因素，知本航次最大载货量为 20 040 吨，实际运费计算时取 20 000 吨。

（四）航次费用

本航次的加油港选在了 Bremerehaven，其重油、柴油油价分别为 80 美元/吨、125 美元/吨。上航次船上剩重油 73 吨、柴油 50 吨，其价格分别为 82.5 美元/吨和 130 美元/吨。

由于船舶装货港 Baie Comeau 处在 IwL（Instltute Warranty Limit，伦敦保险人协会拟定的协会保证区域）的地理区域之外，船舶本航次需要加保，其额外附加保险费为 9 500 美元。

装货港和卸货港的港口使费可从以前的航次资料中取得。

（五）最后分析

经过计算，本航次每天净收益为 157 美元，其盈利值不高的主要原因在于空载航段过长。若运费率能够提高 l0 美分，则每天净收入将提高 40 美元。

相当期租租金率为 4.39 美元/月·载重吨。

案例分析

班 轮 公 会

班轮运输是以航线来开展运输活动的，在同一条班轮航线上，船舶经营者之间竞争非常激烈，竞争的结果造成运价不断下滑，班轮公司难于保本，而引发激烈竞争的主要原因是船舶运力过剩。为了缓和竞争，避免损失，航运卡特尔——班轮公会（Liner Conference）应运而生。班轮公会又称航运公会、运价协会、水脚公会，是指在同一航线或相关航线上经营班轮运输的两家以上的船公司，为了避免相互之间的激烈竞争，通过制定统一的费率或最低费率以及在经营活动方面签订协议而组成的联合经营组织。其目的在于促进运力与需求的平衡和使运价维持在可盈利的水平上。

世界上第一个班轮公会是 1875 年由经营英国与印度港口之间货物运输的 7 家班轮船公司组成的加尔各答班轮公会。到 20 世纪 70 年代初，全世界已先后组成了 360 多家班轮公会，遍布于主要航线，形成了对各主要航线的班轮运输市场的控制。

班轮公会组成后，对内采取限制竞争的措施，对外排挤会外船公司。其限制竞争的手段主要有运价协定和联营协定。运价协定规定公会船公司必须实行最低运价和共同统一运价，并建立违约制度，对违反运价协定的成员罚缴违约金；联营协定采取货载联营和收入联营的方法，公会统一安排航次挂港、统一分配货载、统一分配运费收入。为了对付来自会外的非会员船公司的竞争，班轮公会常采用两种方法：其一是派遣战斗船，以公会的实力将会外船公司驱逐出公会所经营的航线；其二是与货主签订忠诚协定，以回扣吸引货主，控制货源。班轮公会采取对内、对外措施的最终目的是为了垄断市场。

中国各个城市也有班轮公会，但在航运市场低迷的今天，班轮公会对运价和竞争的干预程度非常微弱。请结合海上货物运输的特点来进行分析，班轮公会会不会影响当下中国海洋运输价格的制定？为什么？

（资料来源：张良卫. 国际海上运输[M]. 北京：北京大学出版社，2014）

本章小结

本章介绍了海上货物运输的特点，详细说明海上货物进出口的流程，介绍海上运输相关法规。详细介绍了班轮运输的业务流程、不定期船运输的特点，并细述了不定期船航次估算。

延伸阅读

关于"误卸"

船方和装卸司机应很好地根据载货清单和其他有关单证认真地组织和实施货物的卸船作业，避免发生误卸的情况，即避免发生原来应该在其他港口卸下的货物卸在本港的溢卸（Overloaded）和原来应该在本港卸下的货物遗漏未卸的短卸（Shortloaded）的情况。船公司或其代理人一旦发现误卸时，应立即向各挂靠港口发出货物查询单，查清后应及时将货物卸至原定的卸货港。

提单条款中一般都有关于误卸而引起的货物延迟损失或货物损坏责任问题的规定：因误卸而发生的补送、退运的费用由船公司负担，但对因此而造成的延迟交付或货物的损坏，船公司不负赔偿责任。如果误卸是因标志不清、不全或错误，以及因货主的过失造成的，则所有补送、退运、卸货和保管的费用都由货主承担，船公司不负担任何责任。

本章思考题

一、选择题

1. 为了比较航次租船和期租哪一个对船东更为有利，需要计算航次租船的相当期租租金率。相当期租租金率（　　　）可能的期租租金率时，船东从事航次租船更为有利。

    A．大于　　　　　　　B．小于　　　　　　C．等于　　　　　　D．不一定

2. 航次净收入=航次总收入-（　　　）。

    A．航次费用　　　B．佣金　　　　　C．税收　　　　　D．变动费用

二、判断题

1. 不定期船运输就是租船运输。（　　　）

2. 根据有关海上运输法规和提单条款的规定，对于件杂货运输，船公司的责任是从本船船边装货时开始的。（　　　）

三、简答题

1. 船舶的航次费用包括哪些？

2．简述船舶期租策略。

四、名词解释

1．无船承运人
2．航次租船

五、实训题

翻阅《航运周刊》等杂志，查看大连本周日本航线船期表，都有几家班轮公司经营日本航线？并通过询价了解日本航线海运价。

第五章

国际航空货物运输

学习目标

- 了解国际航空货物运输的几种方式；
- 掌握航空运费的计算方法并能根据具体业务核算航空运费；
- 能够针对实际业务出现的航空货物运输事故进行具体的分析和解决。

引导案例

有一批货物的毛重为 300 千克，与舱面接触面积为 0.5×0.6(平方米)，欲配载 B747 飞机的下货舱散舱，货物不能倒置、倾斜，问飞机的地板承受力是多少？能否配载 B747 飞机？若不能，应采用什么办法？

资料来源：百度文库

第一节　国际航空货物运输的基础知识

一、国际航空货物运输的设施与技术

（一）航线

民航从事运输飞行，必须按照规定的线路进行，这种线路叫作航空交通线，简称航线。航线不仅确定了航行的方向、经停地点，还根据空中管理的需要规定了航路的宽度和飞行的高度层，以维护空中交通秩序，保证飞行安全。

航线按飞机飞行的路线分为国内航线和国际航线。线路起降、经停点均在国内的

称为国内航线。跨越本国国境，通达其他国家的航线称为国际航线。

飞机由始发站起飞，按照规定的航线经过经停站至终点站所做的运输飞行，称为航班。

（二）航空港

航空港为航空运输的经停点，又称航空站或机场，是供飞机起降、停放及组织保障飞行的场所。近年来随着航空港功能的多样化，港内一般还配有商务、娱乐中心和货物集散中心，满足往来旅客的需要，同时吸引周边地区的生产和消费。

航空港按照所处的位置不同，分为干线航空港和支线航空港。按业务范围，分为国际航空港和国内航空港。

（三）航空运输方式

航空运输方式包括班机运输、包机运输、集中托运和航空快递。

1. 班机运输

班机运输是指具有固定开航时间、航线和停靠航站的飞机。通常为客货混合型飞机，货舱容量较小，运价较贵，但由于航期固定，有利于客户安排鲜活商品或急需商品的运送。

班机运输一般具有以下一些特点。

（1）班机的固定航线、固定停靠港和定期开飞航特点，可以迅速、安全地把空运货物运达全球各通航点。

（2）对市场上急需的商品、鲜活易腐货物以及贵重商品的运送非常有利的。

（3）班机运输一般是客货混载，因此，舱位有限，不能使大批量的货物及时出运，往往需要分期分批运输。这是班机运输的不足之处。

2. 包机运输

包机运输是指航空公司按照约定的条件和费率，将整架飞机租给一个或若干个包机人（包机人指发货人或航空货运代理公司），从一个或几个航空站装运货物至指定目的地。包机运输适合于大宗货物运输，费率低于班机，但运送时间则比班机要长些。

包机有如下优点。

① 解决班机舱位不足。

② 节省时间。

③ 弥补没有直达航班的需求。

④ 减少货损、货差现象。

⑤ 缓解空运旺季航班紧张状况。

⑥ 解决活动物、海鲜等运输问题。

3. 集中托运

（1）集中托运可以采用班机或包机运输方式，是指航空货运代理公司将若干批单独发运的货物集中成一批向航空公司办理托运，填写一份总运单送至同一目的地，然后由其委托当地的代理人负责分发给各个实际收货人。这种托运方式可降低运费，是航空货运代理的主要业务之一。

其业务流程如图 5-1 所示。

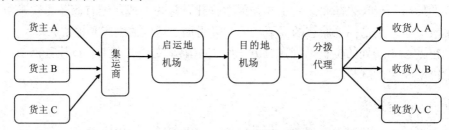

图 5-1　集中托运业务流程图

（2）集中托运的局限性。

① 集中托运只适合办理普通货物，对于等级运价的货物，如贵重物品、危险品、活动物以及文物等不能办理集中托运。

② 目的地相同或临近的可以办理，如某一国家或地区，其他则不宜办理。例如，不能把去日本的货物和去欧洲的货物一起办理集中托运。

4. 航空快递

航空快递业务是由快递公司与航空公司合作，向货主提供的快递服务，其业务包括由快递公司派专人从发货人处提取货物后以最快航班将货物出运，飞抵目的地后，由专人接机提货，办妥进关手续后直接送达收货人，称为"桌到桌运输"。这是一种最为快捷的运输方式，特别适合于各种急需物品和文件资料。航空快递实际也是一种联合运输，与空运方式前后衔接的一般是汽车运输。

快件业务从所发运快件的内容看，主要分成快件文件和快件包裹两大类，快件文件以商务文件、资料等无商业价值的印刷品为主。其中也包括银行单证、合同、照片或机票等。快件包裹又叫小包裹服务，包裹是指一些贸易成交的小型样品或零配件返修机采用快件运送方式的一些进出口货物和物品。

航空快件运输（尤其是包裹运输）与普通空运货物相比，需要办理的手续相同，运输单据和报关单证也基本一样，都要向航空公司办理托运；都要与收、发货人及承运人办理单货交接手续；都要提供相应的单证向海关办理进、出口报关手续。但其亦有其自身特点，具体如下。

（1）完善的快递网络。快递是以时间和递送质量区别于其他运输方式的，它的高效运转只有建立在完善的网络上，才能进行。

（2）以收运文件和小包裹为主。从收运范围来看，航空快运以收运文件和小包裹为主。文件包括银行票据、贸易合同、商务信函、装船单据、小件资料等，包裹包括小零件、小件样品和急用备件等。快运公司对收件有最大重量和体积的限制。

（3）有交付凭证。从运输和报关来看，航空快运业务中有一种其他运输形式所没有的单据 POD（Proof of Delivery），即交付凭证。它由多联组成（各快运公司的 POD 不尽相同），一般有发货人联、随货同行联、财务结算联和收货人签收联等，其上印有编号及条形码。POD 类似航空货运中的分运单，但比其用途更为广泛。

（4）运送速度快。从服务层次来看，航空快运因设有专人负责，减少了内部交接环节，缩短了衔接时间，因此运送速度快于普通货运和邮递业务，这是其典型特征。

（5）安全可靠。从服务质量来看，快件在整个运输过程中都处于电脑的监控之下，每经一个中转港或目的港，电脑都得输入其动态（提货、转运、报关等），派送员将货送交收货人时，让其在 POD 上签收后，电脑操作员将送货情况输入电脑，这样，信息很快就能反馈到发货方。一旦查询，立刻就能得到准确的回复。这种运输方式使收、发货人都感到安全、可靠。

（四）航空器分类

按用途的不同可分为客机、全货机和客货混合机。

1．客机

客机主要运送旅客，一般行李装在飞机的深舱。由于直到目前为止，航空运输仍以客运为主，客运航班密度高、收益大，所以大多数航空公司都采用客机运送货物。所不足的是，由于舱位少，每次运送的货物数量十分有限。

2．全货机

全货机运量大，可以弥补客机的不足，但经营成本高，只限在某些货源充足的航线使用。

3．客货混合机

客货混合机在主舱前部设有旅客座椅，后部可装载货物，下舱内也可装载货物。并可根据需要调整运输安排，是最具灵活性的一种机型。

📢 **小提示**

航空器的装载限制主要有重量限制、容积限制、舱门限制和地板承受力限制。波音和空客公司的飞机对单件货物重量的限制都要求重量小于 70 千克，下货舱散舱的地板承受力控制在 732 千克/平方米以内，否则就应该加上合适面积的垫板。

二、国际航空货物运输的特点

（一）运送速度快

飞机的飞行速度大约在每小时 600～800 公里左右，比其他的交通工具快得多，如比海轮要快 20～30 倍，比火车要快 7～12 倍。对于运输距离比较远或者对时间性要求较高的货物来说，航空货物运输是增强其市场竞争力的有效手段。

（二）破损率低、安全性好

由于航空运输的货物本身的价格比较高，与其他运输方式相比，航空货运的地面操作流程的环节比较严格，管理制度比较严格、完善，而且航空货物运输的手续简便，运输中间环节较少，这就使货物破损的情况大大减少，破损率低、安全性好。

（三）空间跨度大

在有限的时间内，飞机的空间跨度是最大的。通常，现有的宽体飞机一次可以飞 7 000 公里左右，进行跨洋飞行完全没问题，这对于某些货物，如活动物的运输是非常大的优点。

（四）可节省生产企业的相关费用

由于航空运输的快捷性，可加快生产企业商品的流通速度，从而节省产品的仓储费、保险费和利息支出等，另一方面产品的流通速度加快，也加快资金的周转速度，可大大地增加资金的利用率。

（五）运价比较高

由于航空货运的技术要求高、运输成本大等原因，使得它的运价相对来说比较高。

（六）载量有限

由于飞机本身的载重容积的限制，通常航空货运的货量相对于海运来说少得多，例如载重量大的民用飞机 B747 全货机，货物最大载重 119 吨，相对于海运几万吨、十几万吨的载重量，两者相差很大。

（七）易受天气影响

航空运输受天气的影响非常大，如遇到大雨、大风、大雾等恶劣天气，航班就不能得到有效的保证，这对航空货物运输所造成的影响就比较大。

从以上对航空货运的特点分析可以看出，航空货运既有优势，也有劣势，需要货运代理人员在实际业务操作中，充分发挥航空货运的优势，克服其劣势，才能保证航空货运在经济发展中的作用。

📢 **小提示**

包舱/箱/板运输

包舱/箱/板运输是班机运输下的一种销售方式。它指托运人根据所运输的货物在一定时间内需要单独占用飞机部分或全部货舱、集装箱、集装板，而承运人需要采取专门措施予以保证。根据具体的双方协议和业务操作，又可分为以下两种。

（1）固定包舱：托运人在承运人的航线上通过包/板/箱的方式运输时，托运人无论向承运人是否交付货物，都必须支付协议上规定的运费。

（2）非固定包舱：托运人在承运人的航线上通过包/板/箱的方式运输时，托运人在航班起飞前72小时如果没有确定舱位，承运人则可以自由销售舱位，但承运人对代理人的包板（舱）的总量有一个控制。

开展包舱包板运输的益处有以下几方面。

（1）减少承运人的运营风险，有一个稳定的收入。

（2）能充分调动包板人的积极性和主观能动性，最大限度地挖掘市场潜力。

尤其对于那些有固定货源且批量较大、数量相对稳定的托运人，可节省不少运费。

（3）有利于一些新开辟的航线、冷航线的市场开发。

因而，采用包舱/箱/板运输，无论对于航空公司还是代理人都是一个双赢的策略。

三、国际航空货物运输承运人的分类

（一）传统承运人

传统承运人是指自己拥有航空器的所有权（购买航空器）或者使用权（租赁航空器），并以自己的名义承担货物运输的承运人。最典型的就是承担公共运输义务的各大航空公司以及自己拥有飞机的货运公司。

（二）缔约承运人

自己没有购买或者租赁飞机，但却以自己的名义与货主签订运输合同，并将货物交由他人运输的公司。实践中那些没有飞机的快递公司或者货运公司就属于这类公司。

（三）实际承运人

实际承运人是指那些不直接与托运人签订运输合同，而是接受缔约承运人的委托

运输以缔约承运人承揽的货物的承运人。其承担的运输义务来自于委托合同而不是运输合同。实践中那些接受快递公司或货运公司委托运输的航空公司即属于这类。

四、航空货物运输代理人的业务范围

航空货运代理除了提供订舱、租机、制单、代理包装、代刷标记、报关报检和业务咨询等传统代理业务之外，通常还提供以下服务。

1．集中托运业务

航空货运代理公司将若干批单独发运的货物集中成一批向航空公司办理托运，填写一份总运单送至同一目的地，然后由其委托当地的代理人负责分拨给各个实际收货人。这种托运方式可以降低运费，是航空货运代理的主要业务之一。

2．地面运输

它是提供机场至机场之外的地面运输服务。航空货运代理公司以承运人或代理人身份利用自身拥有或租赁的地面运输工具提供地面运输服务。

3．多式联运服务

有些大型航空货运代理可以提供以航空运输为主的多式联运服务。

第二节　航空运输组织管理与设施设备

一、航线、航班

飞机飞行的路线称为空中交通线，简称航线。航线确定了飞机飞行的具体方向、起讫和经停地点，并根据空中交通管制的需要，规定了航线的宽度和飞行高度，以维护空中交通秩序，保证飞行安全。

航线可分为国际航线、国内航线和地区航线三大类。

（1）国际航线是指飞行的路线连接两个国家或两个以上国家的航线。在国际航线上进行的运输是国际运输，一个航班如果它的始发站、经停站或终点站有一站在外国领土上都叫做国际运输。

（2）地区航线是指在一国之内，各地区与有特殊地位地区之间的航线，如我国内地与港、澳、台地区的航线。

（3）国内航线是指在一个国家内部的航线，又可以分为干线、支线和地方航线三大类。

📢 **小提示**

在一望无际的天空中，实际上有着我们看不见的一条条空中通道，它对高度、宽度和路线都有严格的规定，偏离这条安全通道，就有可能存在失去联络、迷航以及与高山等障碍物相撞的危险。

"航班"是指以航空器从事乘客、邮件或货物的公共运输的任何定期班次，也是指某一班次的客机或客机航行的班次。航班类型基本分为定期航班和不定期航班。

定期航班是指飞机定期自始发站起飞，按规定航线经经停站至终点站或直达终点站的飞行。在国际航线上飞行的航班称国际航班，在国内航线上飞行的航班则称国内航班。

📢 **小提示**

代码共享航班是航空公司之间合作的一种形式，如果该航线上的客源不足以用两个航班来承运的话，那么两个基地间的航空公司就会用代码共享来实现相互之间的合作。

二、航空运输的营运方式

航空运输是指航空运输企业通过民用航空器使旅客、行李、货物或邮件实现地理位移的全部活动。根据运送对象的不同，分为客运航班和货运航班；根据目的地的不同，分为国内航班和国际航班；根据航班执行频率的不同，分为定期航班和不定期航班；根据飞行时间和飞行距离的不同，分为干线航班和支线航班；根据是否经停，分为经停航班和直达航班。

（一）定期航班运输

1. 定期航班运输概念

定期航班运输，又称为班机运输或班期运输，是指航空公司将飞机按照事先制定的航班时刻表，在特定航线的各既定起落站之间，经常性地为特定的众多旅客和货主提供规划的、反复的运输服务，并按运价本或协议运价的规定计收运费的一种营运方式。

📢 **小提示**

在运输繁忙时期，根据临时需要，在班期运输航班班次之外沿班期运输的航线增加航班飞行。这一类飞行，我们称为加班飞行，也称为"红眼航班"。

随着运输业务的发展，航线、航班不断增加，班机运输必须按照一定的方法给各个航班编以不同的号码以便于区别，以及业务上的处理。

班机时刻表（见图 5-2）是组织正常班机运输的依据。编制班期时刻表是一项复杂细致的工作，必须周密考虑主客观各方面的情况，对运输中相互关联的多种因素进行反复平衡。我国制定的班期时刻表一般在每年 4 月和 11 月更换。每次更换，最迟要在施行前 14 天对外公布。

始发站	班期	航班号	机型	离站时间	到站时间	备注
北京	1234567	MU5691	B737	11:50	13:25	
	1234567	CA1825	B733	13:35	15:15	
广州	1234567	CZ3815	B738	12:45	14:55	
	1234567	ZH9663	B733	08:40	10:50	
深圳	1234567	ZH9445	B738	19:30	22:55	
	1234567	ZH9841	B733	08:40	10:40	
沈阳	1234567	ZH9842	B738	15:50	17:50	
哈尔滨	1234567	ZH9664	B737	14:55	17:25	
厦门	1234567	ZH9445	B738	21:25	22:55	

图 5-2　民航班机时刻表

📢 小提示

飞机航班信息解释如下：CA——国航，航空公司两字代码，1825——航班号，国内航班号的编排是由航空公司的两字代码加 4 位数字组成，航空公司代码由民航总局规定公布。后面四位数字的第一位代表航空公司的基地所在地区，第二位代表航班基地外终点所在地区，其中数字 1 代表华北、2 为西北、3 为华南、4 为西南、5 为华东、6 为东北、8 为厦门、9 为新疆，第三、第四位表示航班的序号，单数表示由基地出发向外飞的航班，双数表示飞回基地的回程航班。DS#是系统自动出的代码，F、A、Y、B 等这一串都是仓位等级，不同仓位位置不同价格不同，后面跟着的就是剩余票数，CTU——成都双流机场，代表起点，PVG——上海浦东机场，代表终点，0745——起飞时间 7 点 45，0955——落地时间 9 点 55，319——机型 319，是空客 A-320 系列的其中之一，应该属于中小型窄体客机。

2．旅客运输

旅客运输是民航班期运输的主要业务之一。旅客运输的基本任务是，根据国家的总任务、方针、政策和社会主义企业的经营原则，加强运输组织，改善服务工作，为旅客提供舒适、便利的旅行条件，安全、迅速地将旅客运至目的地，为人民生活和国际友好往来服务。国际航线免费行李额分为计重免费行李额和计件免费行李额两种。计重免费行李额，按照旅客所付的票价座位等级，每一全票或半票旅客免费行李额为：

一等舱为 40 千克，公务舱为 30 千克，经济舱（包括旅游折扣）为 20 千克，按成人全票价百分之十购票的婴儿无免费行李额。计件免费行李额，按照旅客所付的票价座位等级，每一全票或半票旅客的免费行李额为两件，每件长、宽、高三边之和不得超过 158 厘米，每件重量不得超过 32 千克。但持有经济舱（包括旅游折扣）客票的旅客，其两件行李长、宽、高的总和不得超过 273 厘米，按成人全票价百分之十购票的婴儿无免费行李额。

小提示

经停意思是要在中途的一个机场降落，一是有客运，二是要加油加餐食之类的！所有人都要下飞机，在经停的机场候机楼等候大概 40 分钟左右，才可以重新上飞机，而且是优先登机，随身的行李方便的话就带着吧，托运的行李不用管的！

3．货物运输

航空货运现今已发展成为物流体系当中最紧密的一环和最重要的一个环节，我国的航空货运业在过去的二十多年中得到迅速发展，整个航空运输产业链中各个环节的从业者，无论是货代、快递公司、机场还是航空公司都受益匪浅，行业规模和服务能力有了大幅提升。随着科技进步和时间的推移，各种运输方式之间的性价比差异将逐渐缩小，客户的选择将越来越多，要求也越来越高。如何满足客户的需求，在日益加剧的市场竞争中立于不败之地，航空运输产业链的参与者必须根据外部环境变化不断调整自己的市场定位。

在进行航空货物运输时，一般规定，托运货物时应检查托运人的有效身份证件。按要求写货物托运书，明确是否保险，是否填写声明价值，并由托运人、接货人双方签字或盖章。托运人对托运书的真实性、准确性负责。托运政府限制运输及需要向公安、检疫等政府部门办理有关手续的货物，应随附有效证明。运输条件不同或性质相互对立的货物，应分别办理托运手续。货物包装应适合航空运输的要求，严禁用草袋包装和草绳捆扎。

货物的包装应当保证货物在运输过程中不致损坏、散失、渗漏，不致损坏和污染飞机设备或其他物品。货物包装内不准夹带禁止运输或者限制运输的物品、危险品、贵重物品、保密文件和资料等。精密、易碎、怕震、怕压和不可倒置的货物，必须有相应防止货物损坏的包装措施和指示标志。托运人应当在每件货物外包装上标明出发站、到达站和托运人、收货人的单位、姓名及详细地址。托运人使用旧包装时，必须除掉旧包装的残旧标志和标贴。活动物、鲜活易腐物品和贵重物品等特种货物的包装应符合航空运输对各种货物的特定要求。

提取货物时，收货人凭货物提取联及本人身份证或其他有效身份证件提取货物（若

由单位收取应一并出具加盖单位公章的单位介绍信）。收货人委托他人提取货物时，应凭空运单上的收货人及被委托人的有效身份证件及提取人的身份证件提取货物。收货人应到航空公司指定的提货处办理提货手续，并付清所有应付费用。货物提取人应在航空货运单和货物提取记录上签字后方可提取货物。提货人提取货物时，应当面清点，发现货物有丢失、短少、污染、损坏或延误到达等情况，请当面向航空公司有关部门提出异议。若收货人提取货物并在航空货运单或航空快递单上签字而未提出异议，则视为按运输合同规定货物已完好交付。

🔊 小提示

在导致航班延误的因素中，主要有以下四方面：一是天气原因，如大雾、雷雨、风暴、跑道积雪、结冰、低云或低能见度等危及飞行安全的恶劣天气。大雾导致的航班延误事实足以说明，天气这种自然不可抗拒的因素，是影响航班正常的主要原因。因为民航运输是由飞机在长距离的高空中实施，由于飞机经过的航路或机场上空出现的雷暴、雷雨云、台风、龙卷风、强烈颠簸以及低云、低能见度乃至机场跑道积雪结冰等恶劣气候，都有可能对飞机结构、通信导航设备以及飞机安全起降构成直接威胁。二是民航方面的原因，如运力调配、飞机故障、机务维护、机场关闭、地面通信导航、商务或机组等原因。就拿机械故障来说，虽然飞机乃集高新技术于一身的产物，但机械故障在所难免。客观地讲，机型越先进或越新，机械故障相对就少，反之亦然。加之许多航空公司飞机在异地委托对方代为作一般的过站服务，在这种情况下，有时会因维护工具或器材无法保证，平添了机械故障排除的难度。因此，机械故障也是影响航班正常的因素之一。三是空中管制原因，如空中流量控制、重要飞行、科学实验或上级发出的禁航令等。四是旅客原因，如有的乘客办完乘机手续后到附近购物、用餐或打电话，不注意听广播通知，从而不能按时登机；有的乘客违反规定携带超大行李上机等，都有可能造成航班延误。

（二）不定期航班运输

1. 不定期航班概念

不定期航班是指根据公共航空运输企业与包机人所签订的包机合同而进行的点与点之间的不定期飞行，包括普通包机飞行、专机飞行、急救包机飞行和旅游包机飞行等。而包机运输是相对于班机运输而言的，是指不定期开航的、不定航线、不定始发站、不定目的港和不定途经站的飞机运输。

2. 包机方式

包机运输方式可分为整包机和部分包机两类。整包机：即包租整架飞机，指航空公司按照与租机人事先约定的条件及费用，将整架飞机租给包机人，从一个或几个航空港装运货物至目的地。包机人一般要在货物装运前一个月与航空公司联系，以便航空公司安排运载和向起降机场及有关政府部门申请、办理过境或入境的有关手续。包机的费用一次一议，随国际市场供求情况变化。原则上包机运费是按每一飞行公里固定费率核收费用，并按每一飞行公里费用的 80%收取空放费。因此，大批量货物使用包机时，均要争取来回程都有货载，这样费用比较低。只使用单程，运费比较高。对于一个公司或者一个团队使用，有时如果有中国公民在国外遇到自然灾害或者政变，通常国家也会包机进行救援。部分包机：即由几家航空货运公司或发货人联合包租一架飞机或者由航空公司把一架飞机的舱位分别卖给几家航空货运公司装载货物。部分包机运用于托运不足一架整飞机舱位，但货量又较重的货物运输。

🔊 小提示

空中交通管制（Air Traffic Control），是利用通信、导航技术和监控手段对飞机飞行活动进行监视和控制，保证飞行安全和有秩序飞行。在飞行航线的空域划分不同的管理空域，包括航路、飞行情报管理区、进近管理区、塔台管理区和等待空域管理区等，并按管理区不同使用不同的雷达设备。中国的空域结构由以下几个层次构成：飞行情报区、高空管制区和中低空管制区。

三、航空运输设施设备

（一）机场与机场设施

机场，亦称飞机场、空港，较正式的名称是航空站，为专供飞机起降活动的飞行场。机场有不同的大小，除了跑道之外，机场通常还设有塔台、停机坪、航空客运站和维修厂等设施，并提供机场管制服务、空中交通管制等其他服务。

机场可分为"非禁区"和"禁区"（管制区）范围。非禁区范围包括停车场、公共交通车站、储油区和连外道路，而禁区范围包括所有飞机进入的地方，包括跑道、滑行道、停机坪和储油库。大多数的机场都会在非禁区到禁区的中间范围，做严格的控管。搭机乘客进入禁区范围时必须经过航站楼，在那里可以购买机票、接受安全检查、托运或领取行李，以及通过登机门登机。

1. 飞机起降必要设备

（1）跑道。规模较小的机场的跑道往往短于 1 000 米，跑道种类为硬土、草皮或砂石跑道，而大型的机场的跑道通常铺有沥青或混凝土，长度也比较长，能承受的重量也比较大，是机场最重要的设备。世界上最长的民用机场跑道是中国的昌都邦达机场，长度为 5 500 米，其中的 4 200 米满足 4D 标准，同时它也是海拔最高的跑道，其

高度为 4 334 米。而世界上最宽的跑道在俄罗斯的乌里扬诺夫斯克东方港机场，有 105 米宽。某些机场，特别是军用机场，会有紧急着陆专用的长跑道，另外许多空军基地会铺设液压钢索煞车系统的跑道，提供高速飞机着陆时，利用飞机本身的挂钩钩住钢索，达到煞车的效果，这样的设计常用在航空母舰上。

（2）停机坪。停机坪大多指的是飞机停放在航站楼旁的区域，方便乘客登机和运输行李，有时停机坪距离航站楼有一段路程，这时乘客需步行或搭乘登机用的巴士才能登机。

（3）塔台。机场可以有或没有塔台，取决于空中交通密度和可利用的资金。为了方便交通管制员看清楚机场内飞机的动向，塔台会设在高处。许多国际机场由于载运量高且航班频繁，因此机场内有自己的空中交通管制系统。

2. 乘客相关设备及服务

（1）航站楼。供旅客完成从地面到空中或从空中到地面转换交通方式，是机场的主体部分之一。内有办理登机手续的柜台、候机厅、出入境大堂、海关和检疫设施等，亦有提供前往市区的公共交通交汇站。国际航班的机场普遍会设有海关和出入境设施，但是有些国家彼此有协议，对乘飞机旅行的乘客不需要接受海关和移民检查，因此这些设施并不是国际机场的必要设施。国际航班往往需要较高硬件设施安全品质，许多国家对于国际和国内机场都采用相同的安全水平。航站楼内普遍会设置免税商店和美食区，服务候机的乘客。机场内的饮食价格普遍地高于机场外的价格，然而有些机场已开始实行饮食价格控管，跟"民间价格"差不多，但是民间价格通常是制造商的建议零售价，没有折扣，所以还是比外界的价格来得高。另外，有些机场会贩卖当地的特色美食，让转机的乘客不需离开机场也能享受当地的食物或文化。

（2）豪华贵宾服务。机场可能也包含贵宾服务，包括快速登机手续、专用登机柜台、专用的起飞或到达贵宾休息室、优先登机、独立登机空桥和行李优先处理等服务。这些服务通常是保留给头等舱和商务舱的乘客、顶级飞行常客，以及航空公司俱乐部会员，增值服务有时可能开放给其他航空的飞行常客计划的会员。这有时是互惠协议的一部分，当多个航空公司都属于同一个联盟，或是竞争策略的一部分，以吸引顶级客户远离其他竞争的航空公司。此外，如果航空公司发生严重误点或是行李处理失误，有时会提供这些增值服务给非贵宾资格的乘客作为补偿。

航空公司贵宾室普遍会提供免费或低价的食物、酒精和非酒精饮料，并有座位、淋浴间、安静的休息空间、电视机、电脑、无线或有线网络和电源插座，更有一些航空公司聘请咖啡师、调酒师和厨师现场准备饮食。

（3）住宿。有些机场还设有机场酒店，无论是独立一栋或是附属在航站楼里，相当受到欢迎，因为转机乘客可得到充分的休息且很容易就可到达航站楼。许多机场酒店与航空公司间签有协议，提供乘客隔夜住宿的服务。

3．货运

机场除了服务乘客之外，也负责货物 24 小时的运送服务。货运航空公司常常在机场内有自己的货物处理厂房来配送货物。

4．支援服务

地勤营运机构大多提供飞机维修、飞机租赁和机库出租的服务，在主要机场，尤其是枢纽机场，航空公司可能会有自己的配套设施。

（二）航空集装设备

在航空运输中，除特殊情况外，货物均是以"集装箱""集装板"形式进行运输。

装运集装器的飞机，其舱内应有固定集装器的设备，把集装器固定于飞机上，这时集装器就成为飞机的一部分，所以飞机的集装器的大小有严格的规定。

1．集装设备的种类

（1）集装器按是否注册划分，可分为注册的飞机集装器和非注册的集装器。

① 注册的飞机集装器。注册的飞机集装器是国家政府机关部门授权集装器生产厂家生产的，适宜于飞机安全载运的，在其使用过程中不会对飞机的内部结构造成损害的集装器。

② 非注册的集装器。非注册的集装器是指未经有关部门授权生产的，未取得适航证书的集装器。非注册的集装器不能看作为飞机的一部分。因为它与飞机不匹配，一般不允许装入飞机的主货舱，但这种集装器的确适于地面的操作环境，它仅适合于某些特定机型的特定货舱。

（2）集装器按种类划分，可分为集装板和网套、结构和非结构集装棚。

① 集装板（Pallet）和网套。集装板是具有标准尺寸的，四边带有卡锁轨或网带卡锁眼，带有中间夹层的硬铝合金制成的平板，以便货物在其上码放；网套是用来把货物固定在集装板上，网套的固定是靠专门的卡锁装置来限定。

集装板的识别代号以字母"P"打头。常见的有 P1 板、P2 板、P6 板、P7 板等。

② 结构和非结构集装棚（Igloo）。为了充分地利用飞机内的空间、保护飞机的内壁，除了板和网之外，还可增加一个非结构的棚罩（可用轻金属制成），罩在货物和网套之间，这就是非结构的集装棚。结构集装棚是指带有固定在底板上的外壳的集装设备，它形成了一个完整的箱，不需要网套固定，分为拱形和长方形两种。

2．集装箱（Container）

集装箱类似于结构集装棚，它又可分为以下几种。

（1）空陆联运集装箱。空陆联运集装箱分为 20ft 或 40ft，高和宽为 8ft。这种集装箱只能装于全货机或客机的主货舱，主要用于陆空、海空联运。

（2）主货舱集装箱。主货舱集装箱只能装于全货机或客机的主货舱，这种集装箱的高度是 163cm 以上。

（3）下货舱集装箱。下货舱集装箱只能装于宽体飞机的下货舱。

另外，还有一些特殊用途的集装箱，例如保温箱，它是利用绝缘材料制成的箱体，通过封闭等方法控制箱内的温度，以便装载特种货物。它分为密封保温主箱和动力控制保温箱两种，除此之外，还有用于运载活体动物和特种货物的专用集装器。如马厩（Horse Stall）、牛栏（Cattle Stall）或汽车运输设备（Automobile Transport Equipment）等。

第三节　国际航空运费的计算

一、基本概念

（一）运价（Rate）

运价又称费率，是指承运人对所运输的每一计费重量单位货物（千克或磅）所收取的，自始发地机场至目的地机场的航空费用。

1. 航空货物运价所使用的货币

货物的航空运价一般以始发地的本国货币公布，有的国家以美元代替其本国货币公布。

2. 货物运价的有效期

航空货运单所使用的运价应为填制之日的有效运价。

（二）运费（Weigh Charge）

货物的航空运费是指航空公司将一票货物自始发地机场运至目的地机场所收取的航空运输费用。该费用根据每票货物（即指使用同一份航空运单的货物）所适用的运价和货物的计费重量计算而得。

由于货物的运价是指运输起讫地点间的航空运价，所以航空运费就是指运输始发地机场至目的地机场间的费用，不包括其他费用。

（三）其他费用（Other Charges）

其他费用是指由承运人、代理人或其他部门收取的与航空运输有关的费用。在组织一票货物运输的全过程中，除了空中运输外，还包括地面运输、仓储、制单和国际货物的清关等环节，提供这些服务的部门所收取的费用即为其他费用。

二、计费重量（Chargeable Weight）

计费重量是指用以计算货物航空运费的重量。它可以是货物的实际毛重，或体积重量，或较高重量分界点的重量。

（一）实际毛重（Actual Gross Weight）

实际毛重是指包括货物包装在内的重量。一般情况下，对于高密度货物（High Density Cargo），应考虑其货物实际毛重可能会成为计费重量。

（二）体积重量（Volume Weight）

1. 定义

按照国际航协规则，将货物的体积按一定的比例折合成的重量，称为体积重量。由于货舱空间的限制，一般对于低密度的货物（Low Density Cargo），即轻泡货物，考虑其体积重量可能会成为计费重量。

2. 计算规则

不论货物的形状是否为规则的长方体或正方体，计算货物体积时，均应以最长、最宽、最高的三边的厘米长度为准。长、宽、高的小数部分按四舍五入取整。体积重量按每6 000立方厘米折合1千克计算。即：体积重量=货物体积÷6 000立方厘米/千克。

例题

一件货物尺寸为60厘米×51厘米×87厘米，计算其体积重量？

体积重量=货物体积÷6 000立方厘米/千克=60厘米×51厘米×87厘米÷6 000立方厘米/千克

=266 220立方厘米÷6 000立方厘米/千克=43.37（千克）

（三）计费重量取值规定

计费重量为货物的实际毛重与体积重量比较，取其高者。根据国际航协规定，国际货物的计费重量以0.5千克为最小单位，重量尾数不足0.5千克的，按0.5千克计算；0.5千克以上不足1千克的，按1千克计算。

例如，107.001～107.5千克，108.501～109.0千克。

（四）计费重量方式（Chargeable Way）

（1）重货，是指那些每6 000立方厘米或每366立方英寸重量超过1千克或者每166立方英寸重量超过1磅的货物。重货的计费重量就是它的毛重。

（2）轻货，轻货或者轻泡货物是指那些每 6 000 立方厘米或每 366 立方英寸重量不足 1 千克或者每 166 立方英寸重量不足 1 磅的货物。

（3）多件货物，在集中托运的情况下，同一运单项下会有多件货物，其中有重货也有轻货，此时货物的计费重量就按照该批货物的总毛重或总体积重量中较高的一个计算。首先计算这一整批货物总的实际毛重；其次，计算该批货物的总体积，并求出体积重量；最后比较两个数值，并以高的作为该批货物的计费重量。

三、航空运价

航空运价按照指定的途径可分为双边协议运价和多边协议运价。双边协议运价是指根据两国政府签订的通航协议中有关运价条款，由通航的双方航空公司通过磋商，达成协议并报经双方政府，获得批准的运价。多边协议运价是指在某地区内或地区间各有关航空公司通过多边磋商、取得共识，从而指定并报经各有关国家、政府并获得批准的运价。航空货运运价按照公布的形式可分为公布的直达运价和非公布的直达运价。公布的直达运价包括普通货物运价、等级货物运价和特种货物运价（指定商品运价）等。

（一）公布的直达运价

公布的直达运价是指航空公司在运价本上直接注明货物由始发地机场运至目的地机场的航空运输的价格。

1. 普通货物运价（General Cargo Rates，GCR）

普通货物运价，又称一般货物运价，它是为一般货物制定的，仅适用于计收一般普通货物的运价，是航空货物运输中使用最为广泛的一种运价。任一货物除含有贵重元素之外并按普通货物运价收取运费的货物，称普通货物或一般货物。

通常各航空公司公布的普通货物运价针对所承运货物数量的不同，规定几个计费重量分界点。最常见的是 45 千克分界点，"N"表示标准普通货物运价，是指 45 千克以下的普通货物运价。"45"表示"Q45"，即 45 千克以上（包括 45 千克）普通货物的运价；"100"表示"Q100"，即 100 千克以上（包括 100 千克）普通货物的运价。依次类推，对于 45 千克以上不同重量分界点的普通货物运价均用"Q"表示。运价表中，"M"表示最低收费标准。

航空运费是用在运价表里查出相应费率，与计费重量相乘即得出航空运费。即

$$航空运费=计费重量×适用运价$$

如果计算出的航空运费低于"M"，则按照最低收费标准收取运费。

当货物较高一个计费重量分界点的运费比计得的航空运费低时，则以此分界点的运费作为最后收费依据。反之，则以计得的运费为准。这是航空公司给货主的一项优惠。

📢 **小提示：从上海到巴黎大阪的运价表**

上海—巴黎

重量，千克	运价，元/人民币
M	300
N	52.87
45	30.00
100	21.38

2. 等级货物运价（Class Rates or Commodity Classification Rates，CCR）

等级货物运价适用于指定地区内部或地区之间的少数货物的运输。通常表示为在普通货物运价的基础上增加或减少一定的百分比。适用的等级货物有以下几项。

（1）活动物、活动物的集装箱和笼子。

（2）贵重物品。

（3）尸体或骨灰。

（4）报纸、期刊、书籍、商品目录、盲人和聋哑人专用设备等。

（5）作为货物托运的行李。

其中（1）～（3）项通常在普通货物运价基础上增加一定百分比；（4）～（5）项在普通货物运价的基础上减少一定百分比。

3. 特种货物运价（Specific Commodity Rates，SCR）

特种货物运价通常是承运人应托运人的请求，对在某一航线上经常运输某一类货物，或为促进某地区间某一类货物的运输，经国际航空协会（IATA）同意所提供的优惠运价。IATA 公布特种货物运价时将货物划分为以下类型：0001～0999 食用动物和植物产品；1000～1999 活动物和非食用动物及植物产品；2000～2999 纺织品、纤维及其制品等。其中每一组又细分为 10 小组。每个小组再细分，这样几乎所有的商品都有两个对应的组号，航空公司公布特种货物运价时只要指出适用于哪一组货物即可。

承运人制定此运价的目的主要是使航空运价更具竞争力，所以特种货物运价比普通货物运价要低。此类货物除了要满足航线和货物种类的要求外，还必须达到所规定的起码运量（如 100 千克）。

📢 **小提示**

特种货物运价是一种优惠运价。根据目前我国出口商品的特点，采用此运价的商品主要有纺织品、食品、海产品、药品等。

（二）非公布的直达运价

如果货物的始发地至目的地之间没有公布的直达运价时，可以采用比例运价或分段相加运价的办法，组成最低的全程运价，这些统称为组合非公布直达运价。

（1）比例运价，在运价手册上除公布的直达运价外，还公布一种不能单独使用的附加数。当货物的始发地或目的地无公布的直达运价时，可采用比例运价与已知的公布直达运价相加，构成非公布的直达运价。

🔊 小提示

在利用比例运价时，普通货物运价的比例运价只能与普通货物运价相加，特种货物运价、集装设备的比例运价也只能与同类型的直达运价相加，不能混用。此外，可以用比例运价加直达运价，也可以用直达运价加比例运价，还可以在计算中使用两个比例运价，但这两个比例运价不可连续使用。

（2）分段相加运价，是指在两地间既没有直达运价也无法利用比例运价时，可以在始发地与目的地之间选择合适的计算点，分别找到始发地至该点、该点至目的地的运价，两段运价相加组成全程的最低运价。

🔊 小提示

无论是比例运价还是分段相加运价，中间计算点的选择，也就是不同航线的选择将直接关系到计算出来的两地之间的运价，因此承运人允许发货人在正确使用的前提下，以不同计算结果中最低值作为该货适用的航空运价。

四、航空运费的计算

（一）专业术语

（1）Volume：体积。

（2）Volume Weight：体积重量。

（3）Gross Weight：毛重。

（4）Chargeable Weight：计费重量。

（5）Applicable Rate：适用运价。

（6）Weight Charge：航空运费。

（二）计算航空运费的具体步骤

（1）计算出航空货物的体积（Volume）及体积重量（Volume Weight）。

体积重量的折算，换算标准为每 6 000 立方厘米折合 1 千克。即

$$体积重量（千克）=货物体积/6\,000cm^3$$

（2）计算货物的总重量（Gross Weight）。

$$总重量=单个商品重量×商品总数$$

（3）比较体积重量与总重量，取大者为计费重量（Chargeable Weight）。根据国际航协规定，国际货物的计费重量以 0.5 千克为最小单位，重量尾数不足 0.5 千克的，按 0.5 千克计算；0.5 千克以上不足 1 千克的，按 1 千克计算。

（4）根据公布运价，找出适合计费重量的适用运价（Applicable Rate）。

① 计费重量小于 45 千克时，适用运价为 GCR N 的运价（GCR 为普通货物运价，N 运价表示重量在 45 千克以下的运价）。

② 计费重量大于 45 千克时，适用运价为 GCR Q45、GCR Ql00、GCR Q300 等与不同重量等级分界点相对应的运价（航空货运对于 45 千克以上的不同重量分界点的普通货物运价均用 "Q" 表示）。

（5）计算航空运费（Weight Charge）。

$$航空运费=计费重量×适用运价$$

（6）若采用较高重量分界点的较低运价计算出的运费比第五步计算出的航空运费低时，取低者。

（7）比较第（6）步计算出的航空运费与最低运费 M，取高者。

【例 4-1】

Routing：BEIJING，CHINA(BJS)

to AMSTERDAM，HOLLAND(AMS)

Commodity：TOY

Gross Weight：27.9kgs

Dimensions：80cm×51cm×32cm

计算其航空运费。运价如下：

BEIJING		CN		SHA
Y．REN MINBI		CNY		KG
AMSTERDAM	NL	M		320.00
		N		50.22
		45		41.53
		300		37.52

解：（1）按实际重量计算

Volume：80×51×32=130 560（cm^3）

Volume Weight：130 560÷6 000=21.76（kgs）≈22.0（kgs）

Gross Weight：27.9kgs

Chargeable Weight：28.0kgs

Applicable Rate：GCR N50.22CNY/kg

Weight Charge：28.0×50.22=CNY1 406.16

（2）采用较高重量分界点的较低运价计算。

Chargeable Weight：45.0kgs

Applicable Rate：GCRQ41.53CNY/kg

Weight Charge：45.0×41.53=CNY1 868.85

（1）与（2）比较，取运费较低者。

Weight Charge：28.0×50.22=CNY1 406.16

航空货运单运费计算栏填制如下：

No. of Pieces	Gross Weight	Kg Lb	Rate Class	Chargeable Weight	Rate /Charge	Total	Nature and Quantity of Goods
1	27.9	k	N	28	50.22	1 406.16	TOY 80cm×51cm×32cm

【例4-2】

Routing：BEIJING, CHINA(BJS)

　　to AMSTERDAM, HOLLAND（AMS）

　　　Commodity：Tools

　　　Gross Weight：38.6kgs

　　　Dimensions：101cm × 58cm × 32cm

计算其航空运费。公布运价如下：

BEIJING		CN		BJS
Y.　REN MINBI		CNY		KG
AMSTERDAM	NL	M		320
		N		50.22
		45		41.53
		300		37.52

解答：（1）按实际重量计算。

Volume：101×58×32 = 187 456（cm^3）

Volume Weight：187 456cm^3÷6 000cm^3/kg = 31.24（kgs）= 31.5（kgs）

Gross Weight：38.6kgs

Chargeable　Weight：（毛重大于体积重量）39.0kgs

Applicable Rate：GCR N 50.22 CNY/kg

Weight Charge：39.0×50.22 = CNY 1 958.58

（2）采用较高重量分界点的较低运价计算。

Chargeable Weight：45.0kgs

Applicable Rate：GCR Q 41.53 CNY/kg

Weight Charge：45.0 × 41.53 = CNY 1 868.85。

（1）与（2）比较，取运费较低者。即航空运费应为 CNY 1 868.85。

航空货运单运费计算栏填制如下：

No. of Pieces	Gross Weight	Kg Lb	Rate Class	Chargeable Weight	Rate /Charge	Total	Nature and Quantity of Goods
1	38.6	k	Q	45	41.53	1 868.85	TOOLS 72cm×58cm×22cm×2

【例4-3】

Routing：SHANGHAI, CHINA（BJS）to PARIS, FRANCE（PAR）

Commodity：TOY

Gross Weight：5.6kg

Dimensions：40cm×28cm×22cm

计算其航空运费。公布运价如下：

SHANGHAI		CN		SHA
Y. REN MINBI		CNY		KG
PARIS	FR	M		320.00
		N		50.37
		45		41.43
		300		37.90

解答：Volume：40×28×22 = 28 640（cm^3）

Volume Weight：28 640cm^3÷6 000cm^3/千克= 4.11（kgs）

Gross Weight：5.6kg

Chargeable Weight：5.6 kg =6.0kg

Applicable Rate：50.37 CNY/kg

Weight Charge：6.0×50.37=CNY302.22

Minimum Charge：320.00 CNY

此票货物的航空运费应为 320.00 CNY

航空货运单运费计算栏填制如下：

No. of Pieces	Gross Weight	Kg Lb	Rate Class	Chargeable Weight	Rate/Charge	Total	Nature and Quantity of Goods
1	5.6	k	M	6.0	320.00	320.00	TOY 40cm×28cm×22cm

五、其他费用

（一）声明价值附加费

《华沙公约》规定，航空承运人赔偿责任限额为每千克 20 美元。如果货物的价值超过了上述值，承运人要收取声明价值费。货物的声明价值针对整票货物而言，按货物的实际毛重计算：

声明价值费=（货物价值-货物毛重×20 美元/千克）×声明价值费费率

声明价值费费率通常为 0.5%。并规定声明价值费最低收费标准。

（二）航空运输中的其他费用

1．货运单费

货运单费（Documentation Charges）又称航空货运单工本费，为填制航空货运单的费用。货运单费应填制在货运单的"其他费用 OTHER CHARGES"一栏中，用两字代码"AW"表示（AW－Air Waybill）。

（1）由航空公司填制航空货运单，此项费用归出票航空公司（Issuing Carrier）所有，表示为 AWC。

（2）由航空公司的代理人填制货运单，此项费用归销售代理人所有，表示为 AWA。

2．危险品处理费

对于危险品，在国际航空运输中，除了按危险品规则收运并收取航空运费外，还应收取危险货物收运手续费，该费用必须填制在货运单"其他费用"栏内，用"RA"表示。该费用归出票航空公司，在货运单中表示为"RAC"。自中国至 IATA 业务一区、二区、三区，每票货物的最低收费标准均为 400 元人民币。危险品处理费归出票航空公司所有。

3．运费到付货物手续费

在货物的航空运费和其他费用到付时，在目的地的收货人除支付货物的航空运费和其他费用外，还应支付到付货物手续费。此项费用由最后一个承运航空公司收取，并归其所有。运费到付货物手续费用"CC Fee"表示。

4．垫付款和垫付费

（1）垫付款（Disbursements）。垫付款是指在始发地机场收运一票货物时发生的其他费用到付。这部分费用仅限于货物地面运输费、清关处理费和货运单费。此项费用需填入货运单的"其他费用"一栏。例如：

● "AWA"表示代理人填制的货运单。

- "CHA"表示代理人代替办理始发地清关业务。
- "SUA"表示代理人将货物运输到始发地机场的地面运输费。

（2）垫付费（Disbursements Fees）。垫付费是相对于垫付款的数额而确定的费用。垫付费归出票航空公司所有，此项费用应表示为"DBC"。垫付费的计算公式：垫付费=垫付款×10%。但每一票货物的垫付费不得低于20USD或等值货币。

案例分析

一票从澳大利亚墨尔本空运到北京的奶酪，货运单号999—89783444，1件500千克，货物价值20 000美元，飞机于2010年8月9日到达北京机场，当天上午9点航空公司发出到货通知，收货人当天办理完海关手续后到机场提货时，发现货物并没有放在冷库保存，奶酪解冻后受损，收货人当时便提出异议，因为在货运单的操作注意事项栏中明显注明"KEEPCOOL"字样，但工作人员在分拣时疏忽没有看到，最后经过挑选，损失达60%左右。

（资料来源：货运代理考试网）

请问：

（1）收货人能否向承运人索赔，为什么？

（2）承运人如果赔偿，能否享受责任限额？为什么？

（3）赔偿总金额是多少？

【分析】

（1）收货人能够向承运人索赔。因为双方当事人存在运输合同关系，由于承运人的疏忽未按照货运单要求对货物冷藏处理造成损失，依据合同，收货人有权向承运人航空公司提出索赔。

（2）承运人可以享受责任限额。

（3）本案例中货物60%受损，因此赔偿金额为20×500×60%，为6 000美元。

本章小结

本章介绍了国际物流中航空货物运输的方式及各自特点、承运人的性质及航空器等；详细介绍了航空货物运输的运费的构成、计算步骤及方法；总结了航空运输组织管理及设施设备。

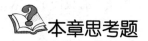延伸阅读

吉祥航空备降事件5公司受罚

南都讯 2014年3月10日上海飞北京的吉祥航班HO1253途中因货舱烟雾警告紧急备降。经调查,引发事故的货物是含有禁运品"二乙胺基三氟化硫"的申通快件。中国航空运输协会近日对申通等3家公司处以注销货运代理资质的重罚,另有两家公司被停业整顿3个月。

知情人士称,事发后,民航相关单位连夜展开了对HO1253的一系列调查。复查发现,申通快递一票快件出现问题。该货运单上填写的货物品为"标书、鞋子、连接线和轴承"。但检查中发现,这票货物实际上含有危险品"二乙胺基三氟化硫"。该物品的运输专用名称是"腐蚀性液体,易燃",主要危险性腐蚀性,次要危险性易燃液体。

实际上,这票危险的货物在登上飞机的过程中,还历经了两次转手。中航协的调查结果显示,申通快递为揽货方,因与航空公司无销售代理协议,交由上海秉信物流有限公司运送;上海秉信将货物转交持有航空货运单的上海申海杰国际物流有限公司进行托运。

中航协认为,负责快件交寄转运的三家公司超出经营范围承揽危险品,采取隐瞒手法将危险品谎报为普通货物运输,性质十分恶劣,严重危及民航安全。因此,决定注销三家公司的货运销售代理资质。

调查中还发现,上海申海杰与"上海利腾货运代理有限公司""上海翔鹰航空服务有限公司"的实际控制人相同。因此,中航协同时对上述两家公司停业整顿3个月。

(资料来源:新闻网)

本章思考题

一、选择题

1. 航空运价代号 M 表示（　　）。

    A. 最低运费　　　　　　　　　　B. 普通货物运价

    C. 等级货物运价　　　　　　　　D. 指定商品运价

2. 航空货物体积重量的折算标准为每（　　）立方厘米折合1千克。

    A. 3 000　　　　　　　　　　　　B. 4 000

    C. 5 000　　　　　　　　　　　　D. 6 000

3．航空货运中"N"表示标准普通货物运价，是指（ ）千克以下的普通货物运价。

A．45   B．50

C．55   D．60

4．航空货运中对于 45 千克以上的不同重量分界点的普通货物运价均用（ ）表示。

A．S   B．C

C．Q   D．M

二、简答题

1．航空运输方式有哪些？

2．航空货运的特点是什么？

3．集中托运业务局限性体现在哪里？

4．计算航空运费的步骤是什么？

三、完成下列航空运费的计算，并将航空运单运费栏的内容填制完整

1．Routing：BEIJING，CHINA(BJS) to TOKYO，JAPAN(TYO)

Commodity：Sample

Gross Weight：37.4kgs

Dimensions：90cm×60cm×42cm

公布运价如下：

BEIJING	CN		BJS
Y.RENMINBI	CNY		KG
Tokyo	J.P	M	230.00
		N	37.51
		45	28.13

航空运单的运费栏目：

No. of Pieces	Gross Weight	Kg Lb	Rate Class	Chargeable Weight	Rate /Charge	Total	Nature and Quantity of Goods

2．Routing：SHA—PAR

Commodity：Tools

Gross Weight：280kgs

Dimensions：10boxs×40cm×40cm×40cm

公布运价如下：

SHANGHAI		CN		SHA
Y.RENMINBI		CNY		KG
PARIS	FR		M	320.00
			N	68.34
			45	51.29
			500	44.21
			1 000	41.03

航空运单的运费栏目：

No. of Pieces	Gross Weight	Kg Lb	Rate Class	Chargeable Weight	Rate /Charge	Total	Nature and Quantity of Goods

第六章

国际集装箱及多联式运输

学习目标

■ 了解集装箱概念及分类；

■ 了解集装箱配载；

■ 熟悉国际多式联运的业务流程；

■ 掌握国际多式联运单证的内容及其效力；

■ 了解大陆桥运输，能够有效利用大陆桥运输的便利。

引导案例

2000 年 9 月，B 公路运输公司（以下简称"B 公司"）将一份载明特别保证提箱后及时将空箱归还到贵公司指定的堆场，且在 10 天内结清所有费用的进出口集装箱放箱申请（保函），交给 A 船舶代理有限公司（以下简称"A 公司"），并在向 A 公司提交了 3 张进口集装箱发放申请单和 3 张限万元押箱支票后，分 3 次从 A 公司处共提走了 55 只集装箱（这些箱已堆存一段时间）。B 公司在提箱后 10 天内将空箱归还给 A 公司并结清了修箱费。但 A 公司认为上述 55 只集装箱在 B 公司归还空箱时已共计产生集装箱超期使用费人民币 200 余万元，而 B 公司尚未履行其在保函中主动承诺的支付"所有费用"的义务，请求 B 公司支付集装箱超期使用费人民币 200 余万元及其利息损失。

（资料来源：豆丁网）

问题讨论：你认为是 B 公司还是收货人负责支付集装箱超期使用费？为什么？

答：B 公司或收货人均不须负责支付集装箱超期使用费。

【分析】

从放箱申请（保函）的内容上看，"所有费用"应当是在 B 公司责任期间以内所产

生的一切费用，不应包括 B 公司提箱前已产生的超期使用费，B 公司的行为不构成主动承诺，不应承担提箱前超期使用费的支付责任。

第一节 集装箱运输

一、集装箱概述

（一）集装箱的起源

1. 运输货物的简单分类

运输对象按物理形态划分，可分为散货、液体货和杂货三大类。为了提高装卸效率，物流公司开始着眼于"件杂货"的标准化与扩大"装卸单元"，于是出现了"成组运输"，件杂货开始用"网兜"和"托盘"来实现。

2. 件杂货在托盘运输中存在一些不足之处

（1）托盘中只能装载尺寸相同的货物。

（2）托盘尺寸有限。

（3）货物的外包装要具有较大的强度。

（4）运输过程中容易被盗。

（5）托盘货物点数比较困难。

为了解决上述问题，集装箱开始问世。

（二）集装箱的定义、结构

1. 集装箱的定义

所谓集装箱是指具有一定的规格、强度和刚度，专供周转使用的大型装货容器，它是一种运输设备。

2. 集装箱的结构

通用的干货集装箱是一个六面长方体，它是由一个框架结构，两个侧壁，一个端面，一个箱顶，一个箱底和一对箱门组成的，如图 6-1 所示。

（三）集装箱的分类

（1）按用途分：杂（干）货集装箱、散货集装箱、液体货集装箱、冷藏箱集装箱、挂衣集装箱和罐式集装箱。

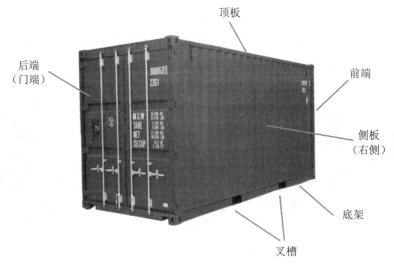

图 6-1 集装箱的结构

（2）按结构分：整体式集装箱，包括通用集装箱、封闭集装箱、保温集装箱和干散货集装箱；框架式集装箱，包括台架式集装箱和汽车集装箱；罐体式集装箱；软式集装箱；折叠式集装箱，如图 6-2 所示。

图 6-2 折叠式集装箱

（3）按总重分：大型集装箱，总重在 20 吨及以上；中型集装箱，总重在 5～20 吨；小型集装箱，总重小于 5 吨。

（4）按尺寸规格分：20 英尺（20'c）、40 英尺、40 英尺高柜（40HC）和 45 英尺。

（5）按归属分：货主自备集装箱（SOC）10%，承运人船公司自有集装箱（COC）60%，租箱公司集装箱 30%，他们把箱子租给船公司或者货主赢取租金。

（6）按使用材料分：钢质集装箱、铝质集装箱、玻璃集装箱和其他材料集装箱。

🔊 **小提示**

干货集装箱（Dry Container）：最具代表性而且数量最多的箱型。无须控制温度，通常为封闭式的，在一端或侧面设有箱门，如图 6-3 所示。

（a）　　　　　　　　　　　（b）

图 6-3　干货集装箱

通风集装箱（Ventilated Container）：箱壁有通风孔，内壁涂塑料层，适宜装新鲜蔬菜和水果等怕热怕闷的货物。如果将通风窗口关闭，可作为杂货集装箱使用，如图 6-4 所示。

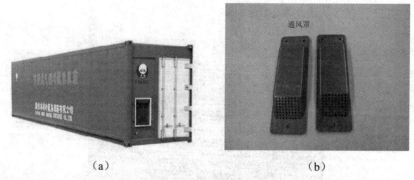

（a）　　　　　　　　　　　（b）

图 6-4　通风集装箱

开顶集装箱（Open Top Container）：这种集装箱没有刚性箱顶，但有可折式顶梁支撑的帆布、塑料布或涂塑布制成的顶篷，装运时用防水布覆盖顶部，其水密要求和干货箱一样，可用起重机从箱顶上面装卸货物，如图 6-5 所示。适合于装载体积高大的大型物和需吊装的重物，如玻璃板等。

冷藏集装箱（Refigerated Container）：分为带有冷冻机的内藏式机械冷藏集装箱和没有冷冻机的外置式机械冷藏集装箱。专为运输要求保持一定温度的冷冻货或低温货而设计的集装箱，造价较高，营运费用较高，使用中应注意冷冻装置的技术状态及箱内货物所需的温度，如图 6-6 所示。

图 6-5　开顶集装箱

图 6-6　冷藏集装箱

液体货集装箱：这是一种专供装运液体货而设置的集装箱，如酒类、油类及液状化工品等货物。它由罐体和箱体框架两部分组成，装货时货物由罐顶部装货孔进入，卸货时，则由排货孔流出或从顶部装货孔吸出，如图 6-7 所示。

动物集装箱（Pet Container）：这是一种专供装运牲畜的集装箱。为了实现良好的通风，箱壁用金属丝网制造，侧壁下方设有清扫口和排水口，并设有喂食装置，如图 6-8 所示。

图 6-7　液体货集装箱

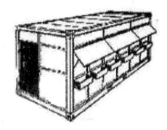

图 6-8　动物集装箱

服装集装箱（Garment Container）：这种集装箱在箱内上侧梁上装有许多根横杆，每根横杆上垂下若干条皮带扣、尼龙带扣或绳索，成衣利用衣架上的钩，直接挂在带扣或绳索上。

这种服装装载法属于无包装运输，它不仅节约了包装材料和包装费用，而且减少了人工劳动，提高了服装的运输质量，如图 6-9 所示。

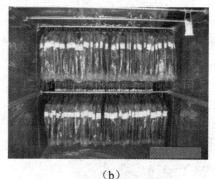

（a）　　　　　　　　　　　　　　　　　　（b）

图 6-9　服装集装箱

二、集装箱船舶配载

（一）集装箱船舶配载介绍

（1）含义：是指把预定装载出口的集装箱，按船舶的运输要求和码头的作业要求制定具体装载计划，此装载计划称为配载图或预配图。

（2）作用：满足船舶技术规范，保证船舶安全航行；满足船舶运输能力，保证箱位利用率；满足货物转运要求，保证货物安全质量；满足码头作业要求，保证生产效率；指导码头船舶作业，保证合理有序装船。

（3）基本原则：要考虑港序，避免中途港的翻捣箱；重箱在下轻箱在上，空箱尽量装在甲板上；考虑到冷藏箱的位置和电源插头数量；超高箱尽量装在最上层；危险品箱要配在指定区域。

（4）集装箱船舶配载所需的资料：船舶资料、堆场集装箱资料、入港单、各种清单及船图。

（5）船图的表示方法：船图通常有三种表示形式，即由船公司或船代制作的预配图、由码头制作的配置图和由外制作的积载图。这三种船图的表示方法基本相同，通常由行箱位总图和 BAY 位图两部分组成。

（二）船舶箱位的表示方法

图 6-10 所示为船舶箱位图。

1. 行号 Bay No.表示箱位的纵向位置，自船首向船尾排列。

● 自首向尾以 01，02，03，…表示。

● 自首向尾 20' 以 01，03，05…奇数表示。

● 40' 以 02，06，10…偶数表示。

● 40' 以 04，08，12…偶数表示。

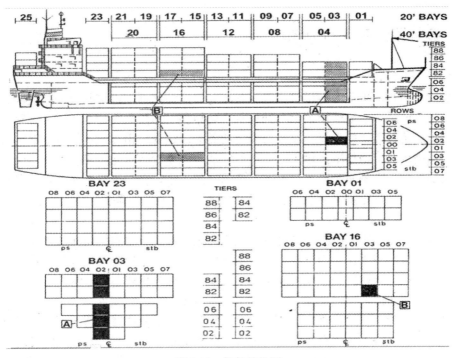

图 6-10　船舶箱位图

2．列号 Row No. or Slot No.表示集装箱箱位的横向位置

● 自右舷向左舷，以 01，02，03，…表示。

● 以中纵剖面为基准，从中间向两舷。

● 右舷以 01，03，05，…奇数表示。

● 左舷以 02，04，06，…偶数表示。

● 若船舶箱位总列数为奇数，则中纵剖面上存在一列，编号为 00。

3．层号 Tier No.表示集装箱箱位的垂线位置

● 舱内从最底层起，以 H1，H2，H3，…表示。

● 甲板从舱面起算，以 D1，D2，D3，…表示。

● 舱内从最底层起，以 02，04，06，…偶数表示。

● 甲板从舱面起算，以 82，84，86，…偶数表示。

🔊 小提示

　　如在船图上标明某箱的箱位号为 330682，则表示该箱为 20′，位于船舶的 33bay，06 列，装在甲板上第一层。如在船图上标明某箱的箱位号为 340004，则表示该箱为 40′，位于船舶的 33、35bay，00 列，装在船舱内第二层。

三、集装箱运输工作组织

1. 集装箱货物

最佳装箱货：价值大、运价高、易损坏、易盗窃的商品，这些货物其尺寸、容积与质量等方面适合于装载集装箱，并还具有装箱利用率较高的特点。适合装箱货：价值较大，运价较高，较易损坏和较易被盗的商品。边缘装箱货：从技术上看是可以装箱的，但由于其价格低廉、运价便宜，所以从经济上看装箱并不是有利的，而且这些货物在其包装方面都是难以进行集装箱化的商品。不适合装箱货：从技术上看装箱是有困难的，或是货运量大、不宜于直接用运输工具装运的货物。

2. 集装箱货物的装载

集装箱货运站工作的主要内容就是完成对集装箱的装箱和拆箱作业，而搞好集装箱货物的积极配载工作尤为重要。集装箱运输基本上可以杜绝货差现象，是否能减少或者消除货损现象，很大程度上取决于集装箱内货物的积载情况，这是由集装箱运输的特点所决定的。

集装箱是一个容器，它装载货物的数量较多，而且是在封闭情况下进行运送的，一旦箱内货物装载不良或变质而危及运输安全和货物完好时，不易被及时发现，即使发现了，可能为时已晚，且要纠正的积载也比较困难。集装箱适于装运多种类的货物，但这些适箱货物并非都能够互相配载的，装箱前如没能根据货物的性质、特点、规格等加以合理挑选组合，运输过程中就容易发生货运事故。集装箱的出现和应用，促进不同运输方式间的联合运输。集装箱运输过程中，由于跨越不同的国家和地区，经受多种自然的、地理的条件影响，不仅会因气候不同导致箱内气压、温湿度方面的变化，而且由于换装、搬运，受到很大震动、冲击、颠簸和摇晃，最终箱内货物容易损坏，甚至发生严重事故。为确保集装箱货运质量，必须注意集装箱货物的合理装载和固定，集装箱货物的装载应力求满足以下两个基本要求：（1）确保货物的完好和运输安全，不断提高运输服务质量；（2）集装箱的载重量和容积应得到充分利用，不断提高集装箱的利用率。为防止发生货物事故，需要采用与该包装相适应的装载方法，利用集装箱的典型货物：箱装货、波纹纸板货、捆包货、袋装货、货板（托盘）货和危险货等。

3. 集装箱运输工作

集装箱运输是成组运输的主要代表，也是成组运输中应用最广泛的一种形式。集装箱运输即利用集装箱为媒介，组成一个集装箱货物单位，借助于一种或一种以上的运输方式载运的一种现代货运组织方式。

集装箱货运根据其发货人或收货人是否单独需要使用一个集装箱，可分为整箱货（FCL）和拼箱货（LCL）。

从集装箱货运过程可以发现，采用整箱货还是拼箱货来完成集装箱货物运输，主要取决于集装箱货流，它是组织车（船）流和箱流的关键。

整箱货的接取送大作业是以箱为单位，其装箱与拆箱作业由货主负责自理。装箱之前，发货人对空箱技术状态应作认真检查，确认是否适于货物的运输要求，并在货单上注明，如发现有不适用者，应及时向承运方提出更换。

整箱货物质量由发货人确定，货物装载质量应以不超过所使用集装箱规定的最大允许载重为限；如发现超重，除应补收逾重部分运费外，还将对货主要求罚款，如因逾重所引起的责任及损失，由发货人负责。

货物在箱内装载时，必须稳固、均衡，且不妨碍箱门开关，箱内货物装好之后，发货人应自行施封，并在箱门把手上拴挂货物标记。集装箱运输过程中，凭铅封进行交接。铅封完整、箱体完好，拆封时发现货物残损、短少或内货不符，应由发货人负责。铅封上应标明发货人、发货地点以及施封日期等。

拼箱货的接取送大作业仍以普通货物形态完成，其作业方式与整车或零担相仿，拼箱货的装箱货拆箱作业应在集装箱货运站内完成。

第二节　国际多式联运概述

一、国际多式联运的含义及构成条件

（一）国际多式联运的含义

国际多式联运（International Multimodal/Combined Transportation）是在集装箱运输的基础上产生和发展起来的一种综合性的连贯运输方式。它一般是以集装箱为媒介，把海、陆、空各种单一运输方式有机地结合起来，组成一种国际间的连贯运输。

《联合国国际货物多式联运公约》对国际多式联运所下的定义是："按照多式联运合同，以至少两种不同的运输方式，由多式联运经营人把货物从一国境内接运货物的地点运至另一国境内指定交付货物的地点。"

（二）国际多式联运的构成条件

根据以上描述，构成多式联运应具备以下几个条件。

（1）要有一个多式联运合同，明确规定多式联运经营人（承运人）和托运之间的权利、义务、责任及其豁免的合同关系和多式联运的性质。

（2）必须使用一份全程多式联运单据，即证明多式联运合同已生效以及证明多式联运经营人已接管货物并负责按照合同条款交付货物所签发的单据。

（3）必须是至少两种不同运输方式的连贯。这是确定一票货运是否属于多式联运

的重要特征。为了履行单一方式运输合同而进行的该合同所规定的货物接送业务则不应视为多式联运，如航空运输中从仓库到机场的这种陆空组合则不属于多式联运。

（4）必须是国际间的货物运输，这是区别于国内运输和是否符合国际法规的限制条件。

（5）必须由一个多式联运经营人对全程运输负责。由多式联运经营人去寻找分承运人，实现分段的运输。

（6）必须是全程单一运费费率。多式联运经营人在对货主负全程责任的基础上，制定一个货物发运地至目的地的全程单一费率，并以包干形式一次向货主收取。

二、国际多式联运的优越性

1．统一化、简单化

所谓统一化、简单化，主要表现为：在国际多式联运下，不管货物运程有多远，无论使用几种运输方式完成对货物的运输，也不论运输途中经多少次转换，所有一切运输事宜均由多式联运经营人负责办理。当货物发生货损、货差时，多式联运经营人对全程运输负责，每一运输区段的承运人对本区段的货物运输负责。但这丝毫不会影响多式联运经营人对每个运输区段实际承运人的任何追偿权利。

2．减少中间环节，缩短货运时间，降低货损、货差，提高货运质量

多式联运通过集装箱进行直达运输，货物在发货人工厂或仓库装箱后，可直接运至收货人门或仓库，运输途中无须拆箱、装箱，减少了很多中间环节。货物虽经多次换装，但由于都使用机械装卸，且不涉及箱内货物，因此，货损、货差和货物被窃事故大为减少，从而在一定程度上提高了货运质量。此外，在各个运输环节和各种运输工具之间，配合密切，衔接紧凑，货物所到之处，中转迅速及时，减少了停留时间，因此，保证了货物安全、迅速、准确、及时地运抵目的地。

3．降低运输成本，节省运杂费用

多式联运可实现货物门到门运输。因此，对货主来说，货物在交由第一承运人后即可取得货运单据进行结汇，结汇时间提早，有利于加速货物资金的周转，并减少利息的支出；又由于货物装载集装箱，从某种意义上讲，可节省货物的包装费用和保险费用；此外，多式联运可采用一张单据，统一费率，因而也就简化了制单和结算手续，节省了人力、物力。

4．提高运输组织水平，实现合理运输

国际多式联运可提高运输组织水平，实现合理运输，改善不同运输方式间的衔接协作。在国际多式联运开展之前，各种运输方式经营人各自为政、自成体系，因而经营的范围受到限制，货运量相应也有限。一旦由不同的运输业者参与国际多式联运，其经营范围可大大扩大，并且可以最大限度地发挥其现有设备的作用，选择最佳运输

路线，组织合理运输。

三、国际多式联运的业务特点

国际多式联运业务与一般的国际货物运输要求不同，它们在业务上有很大区别，具体如下。

1. 货运单证的内容与制作方法不同

国际多式联运大都为"门到门"运输，故货物于装船或装车或装机后应同时由实际承运人签发提单或运单，多式联运经营人签发多式联运提单。这是多式联运与任何一种单一的国际货运方式的根本不同之处。在此情况下，海运提单或运单上的发货人应为多式联运经营人，收货人及通知方一般应为多式联运经营人的国外分支机构或其代理；多式联运提单上的收货人和发货人则是真正的、实际的收货人和发货人，通知方则是目的港或最终交货地点的收货人或该收货人的代理人。

多式联运提单上除列明装货港、卸货港外，还要列明收货地、交货地或最终目的地的名称以及第一程运输工具的名称、航次或车次等。

2. 提单的适用性与可转让性不同

一般海运提单只适用于海运，从这个意义上说多式联运提单只有在海运与其他运输方式结合时才适用，但现在也适用于海运以外的其他两种或两种以上的不同运输方式的连贯性跨国运输（国外采用"国际多式联运单据"就可避免概念上的混淆）。

多式联运提单把海运提单的可转让性与其他运输方式下的运单不可转让性合并在一起，因此多式联运经营人根据托运人的要求既可签发可转让的多式联运提单，也可签发不可转让的多式联运提单。如属前者收货人一栏应采用指示抬头，如属后者收货人一栏应具体列明收货人名称，并在提单上注明不可转让。

3. 信用证上的条款不同

根据多式联运的需要，信用证上的条款应有以下三点变动。

（1）向银行议付时不能使用船公司签发的已装船清洁提单，而应凭多式联运经营人签发的多式联运提单，同时还应注明该提单的抬头如何制作，以明确可否转让。

（2）多式联运一般采用集装箱运输（特殊情况除外，如对外工程承包运出的机械设备不一定采用集装箱），因此，应在信用证上增加指定采用集装箱运输条款。

（3）如不由银行转单，改由托运人或发货人或多式联运经营人直接寄单，以便收货人或代理能尽早取得货运单证，加快在目的港（地）提货的速度，则应在信用证上加列"装船单据由发货人或由多式联运经营人直接寄收货人或其代理"之条款；如由多式联运经营人寄单，发货人出于议付结汇的需要应由多式联运经营人出具一份"收到货运单据并已寄出"的证明。

4．海关验放的手续不同

一般国际货物运输交货地点大都在装货港，目的地大都在卸货港，因而办理报关和通关的手续都是在货物进出境的港口。而国际多式联运货物的起运地大都在内陆城市，因此，内陆海关只对货物办理转关监管手续，由出境地的海关进行查验放行。进口货物的最终目的地如为内陆城市，进境港口的海关一般不进行查验，只办理转关监管手续，待货物到达最终目的地时由当地海关查验放行。

四、国际多式联运的运输组织形式

国际多式联运是采用两种或两种以上不同运输方式进行联运的运输组织形式。这里所指的至少两种运输方式可以是海陆、陆空、海空等。这与一般的海海、陆陆、空空等形式的联运有着本质的区别。后者虽也是联运，但仍是同一种运输工具之间的运输方式。众所周知，各种运输方式均有自身的优点与不足。一般来说，水路运输具有运量大、成本低的优点；公路运输则具有机动灵活，便于实现货物门到门运输的特点；铁路运输的主要优点是不受气候影响，可深入内陆和横贯内陆，实现货物长距离的准时运输；而航空运输的主要优点是可实现货物的快速运输。由于国际多式联运严格规定必须采用两种或两种以上的运输方式进行联运，因此这种运输组织形式可综合利用各种运输方式的优点，充分体现社会化大生产、大交通的特点。

由于国际多式联运具有其他运输组织形式无可比拟的优越性，因而这种国际运输新技术已在世界各主要国家和地区得到广泛的推广应用。目前，有代表性的国际多式联运主要有远东—欧洲、远东—北美等海陆空联运，其组织形式如下。

1．海陆联运

海陆联运是国际多式联运的主要组织形式，也是远东—欧洲多式联运的主要组织形式之一。这种组织形式以航运公司为主体，签发联运提单，与航线两端的内陆运输部门开展联运业务，与大陆桥运输展开竞争。

2．陆桥运输

在国际多式联运中，陆桥运输起着非常重要的作用，也是远东—欧洲国际多式联运的主要形式。所谓陆桥运输是指采用集装箱专用列车或卡车，将横贯大陆的铁路或公路作为中间"桥梁"，使大陆两端的集装箱海运航线与专用列车或卡车连接起来的一种连贯运输方式。严格地讲，陆桥运输也是一种海陆联运形式，因其在国际多式联运中的独特地位，将在后面章节具体介绍。

3．海空联运

海空联运又被称为空桥运输。在运输组织方式上，空桥运输与陆桥运输有所不同：陆桥运输在整个货运过程中使用的是同一个集装箱，不用换装，而空桥运输的货物通常要在航空港换入航空集装箱，不过，两者的目标是一致的，即以低费率提供快捷、可靠的运输服务。

目前，国际海空联运线主要有以下几条。

（1）远东—欧洲。目前，远东与欧洲间的航线有以温哥华、西雅图和洛杉矶为中转地，也有以中国香港、曼谷和符拉迪沃斯托克（海参崴）为中转地。此外还有以旧金山和新加坡为中转地。

（2）远东—中南美。近年来，远东至中南美的海空联运发展较快，因为此处港口和内陆运输不稳定，所以对海空运输的需求很大。该联运线以迈阿密、洛杉矶、温哥华为中转地。

（3）远东—中近东、非洲、澳洲。这是以中国香港、曼谷为中转地至中近东、非洲的运输线。

在特殊情况下，还有经马赛至非洲、经曼谷至印度、经中国香港至澳洲等联运线，但这些线路货运量较小。

总的来讲，运输距离越远，采用海空联运的优越性就越大，因为同完全采用海运相比，其运输时间更短；同直接采用空运相比，其费率更低。因此，将从远东出发至欧洲、中南美以及非洲的运输服务作为海空联运的主要市场是合适的。

4．陆空联运

陆空联运包括空陆空联运、陆空陆联运和陆空联运，其特点是费用适中、到货迅速、安全性强、手续简便等。目前陆空联运广泛采用"卡车航班"的运输形式，即卡车内陆运输与空运进出境航班相结合，作为飞机航班运输的补充方式。陆空联运普遍被工业发达以及高速公路较多的国际和地区采用，如欧洲、美洲和澳大利亚。

5．公铁联运

公铁联运集公路与铁路于一体，发挥了铁路运输准时、安全、低成本以及公路运输快速、灵活、门到门的优势，避免了铁路运输速度慢、网点少以及公路运输费用高、交通拥堵的劣势，适合现代物流发展的要求。驼背运输是一种特殊的公铁联运方式，指将载运货物的公路拖车置于铁路平车上运输，其特点是有助于实现铁路货运与汽车货运之间的直接转移而无须换装。

第三节　国际多式联运的业务流程及单证

一、国际多式联运的业务流程

1．接受托运申请，订立多式联运合同

多式联运经营人根据货主提出的托运申请和自己的运输线路等情况，判决是否接

受该托运申请，发货人或其代理人根据双方就货物的交接方式、时间、地点和付费方式等达成协议并填写场站收据，并把其送至多式联运经营人进行编号，多式联运经营人编号后留下货物托运联，将其他联交还给发货人或其代理人。

2．空箱的发放、提取及运送

多式联运中使用的集装箱一般由多式联运经营人提供这些集装箱的来源，可能有三种情况：一是多式联运经营人自己购置使用的集装箱；二是向借箱公司租用的集装箱；三是由全程运输中的某一分运人提供。如果双方协议由发货人自行装箱，则多式联运经营人应签发提箱单或租箱公司或分运人签发提箱单交给发货人或其代理人，由他们在规定日期到指定的堆场提箱并自行将空箱拖运到货物装箱地点，准备装货。

3．出口报关

若多式联运从港口开始，则在港口报关；若从内陆地区开始，则应在附近内陆地海关办理报关。出口报关事宜一般由发货人或其代理人办理，也可委托多式联运经营人代为办理，报关时应提供场站收据、装箱单、出口许可证等有关单据和文件。

4．货物装箱及接受货物

若是发货人自行装箱，发货人或其代理人提取空箱后在自己的工厂和仓库组织装箱，装箱工作一般要在报关后进行，并请海关派员到装箱地点监装和办理加封事宜，如需理货，还应请理货人员现场理货并与其共同制作装箱单。

对于由货主自行装箱的整箱货物，发货人应负责将货物运至双方协议规定的地点，多式联运经营人或其代表在指定地点接收货物，如果是拼箱货，则由多式联运经营人在指定的货运站接收货物，验收货物后，代表多式联运经营人接收货物的人应在场站收据正本上签章，并将其交给发货人或其代理人。

5．订舱及安排货物运送

多式联运经营人在合同订立后，应立即制定该合同涉及的集装箱货物的运输计划，该计划应包括货物的运输路线，区段的划分，各区段实际承运人的选择及确定各区间衔接地点的到达，起运时间等内容。

这里所说的订舱泛指多式联运经营人要按照运输计划安排洽定各区段的运输工具，与选定的各实际承运人订立各区段的分运合同，这些合同的订立由多式联运经营人本人或委托的代理人办理，也可请前一区段的实际承运人作为后一区段的实际承运人订舱。

货物运输计划的安排必须科学并留有余地，工作中应相互联系，根据实际情况调整计划，避免彼此脱节。

6．办理保险

在发货人方面，应投保货物运输保险，该保险由发货人自行办理，或由发货人承担费用而由多式联运经营人代为办理，货物运输保险可以是全程投保，也可以分段投保，在多式联运经营人方面，应投保货物责任险和集装箱保险，由多式联运经营人或其代理人向保险公司或以其他形式办理。

7．签发多式联运提单，组织完成货物的全程运输

多式联运经营人的代表收取货物后，多式联运经营人应向发货人签发多式联运提单，在把提单交给发货人之前，应注意按双方议定的付费方式及内容、数量向发货人收取全部应付费用。

多式联运经营人有完成和组织完成全程运输的责任和义务，在接收货物后，要组织各区段实际承运人，各派出机构及代表人共同协调工作，完成全程中各区段的运输和各区段之间的衔接工作，并做好运输过程中所涉及的各种服务性工作和运输单据，文件及有关信息等组织和协调工作。

8．运输过程中的海关业务

按惯例，国际多式联运的全程运输均应视为国际货物运输，因此，该环节工作主要包括货物及集装箱进口国的通关手续、进口国内陆段保税运输手续及结关等内容，如果陆上运输要通过其他国家海关和内陆运输线路时，还应包括这些海关的通关及保税运输手续。

如果货物在目的的港交付，则结关应在港口所在地海关进行，如果在内陆地交货，则应在口岸办理保税运输手续，海关加封后方可运往内陆目的地，然后在内陆海关办理结关手续。

9．货物支付

当货物运往目的地后，由目的地代理通知收货人提货，收货人需凭多式联运提单提货，多式联运经营人或其代理人需按合同规定，收取收货人应付的全部费用，收回提单签发提货单，提货人凭提货单到指定堆场和地点提取货物。

如果是整箱提货，则收货人要负责至掏箱地点的运输，并在货物掏出后将集装箱运回指定的堆场，此时，运输合同终止。

10．货运事故处理

如果全程运输中发生了货物灭失、损害和运输延误，无论能否确定损害发生的区段，发（收）货人均可向多式联运经营人提出索赔，多式联运经营人根据提单条款及双方协议确定责任并做出赔偿，如能确定事故发生的区段和实际责任者，可向其进一步索赔，如不能确定事故发生的区段，一般按在海运段发生事故处理，如果已对货物及责任投保，则存在要求保险公司赔偿和向保险公司进一步追索问题，如果受损人和责任人之间不能取得一致，则需要通过在诉讼时效内提起诉讼和仲裁来解决。

二、国际多式联运单证的定义

在国际货物多式联运过程中，虽然一票货物由多种运输方式和几个承运人共同完成运输，但使用的却是同一张货运单证，即多式联运单证。而且，货物在由一种运输

方式转换至另一种运输方式时，不必再经过重新分类、核对、检查、开箱和装箱等过程，起到了统一化、简单化和方便货主的作用。

已通过的《国际多式联运公约》对多式联运单证的定义是：多式联运单证是指证明多式联运合同，以及证明多式联运经营人接管货物并负责按照多式联运合同条款交付货物的单证。因此，多式联运单证不是运输合同，而是运输合同的证明；是多式联运经营人收到货物的收据和凭此交付货物的凭证。

小提示：多式联运单证与联运提单的区别

多式联运与联运是两个不同的概念，前者是指两种或两种以上的运输方式的联合运输，该种运输方式可以是海陆、陆空、海空中任何一种，而后者是指同一种运输工具间的联运。

多式联运单证与联运提单的区别有以下几方面。

1. 责任形式不同

联运提单对承运人的责任形式规定为"网状责任制"或"单一责任制"，这种规定有时在实际业务中极易引起纠纷，如发货人与第二承运人产生有关货损争议，则出现该承运人与发货人之间是否是合同当事人的问题。而多式联运单证则不同，签发多式联运单证的多式联运经营人对全程运输统一责任，货物受损人只需向多式联运经营人索赔即可。

2. 单证或提单签发人不同

通常，联运提单由运输工具的海上承运人或其代理人签发，而多式联运单证的签发人不一定是运输工具的所有人，凡有权控制国际多式联运，并对其运输负有责任的人都可签发。

3. 单证或提单签发地点、时间不同

习惯上联运提单在收到货物的装船港，并在货物实际装船后签发。而国际多式联运货物的交接地点有时在内陆集装货运站、发货人工厂或仓库，在收到货物后即签发货物收据，因此，多式联运单证的签发有时不在装船港；而且，从收到货物至实际装船有一待装期，因而签发的时间也并不一定是在货物实际装船后。

三、多式联运单证的主要内容

多式联运单证是各当事人之间进行国际多式联运业务活动的凭证。因此，要求单据的内容必须正确、清楚、完整，该单证的主要内容包括以下几方面。

（1）货物的外表状况、数量、名称、包装和标志等。

（2）多式联运经营人的名称和主要营业所。

（3）发货人、收货人的名称、地址。

（4）多式联运经营人接管货物的日期、地点。

（5）经双方明确议定的交付货物的时间、地点。

（6）表示多式联运单证可转让或不可转让的声明。

（7）多式联运单证的签发时间、地点。

（8）多式联运经营人或经其授权人的签字。

（9）有关运费支付的说明。

（10）有关运输方式、运输路线、运输要求的说明等。

同时，多式联运单证除按规定的内容要求填写外，还可根据双方的实际需要，在不违背单证签发国法律的情况下，可加注其他项目，如：关于特种货物运输的说明；对所运输货物批注的说明；不同运输方式下承运人之间的临时洽商批注等。

多式联运单证所记载的内容，通常由货物托运人填写或由多式联运经营人或其代表根据托运人提供的有关托运文件制成。在多式联运经营人接管货物时，可认为货物托运人或发货人已向多式联运经营人保证其在多式联运单证中所提供的货物品类、标志、件数、尺码等情况准确无误。

如果货物的灭失、损坏是由于发货人或货物托运人在单证中所提供的内容不准确或不当所造成，发货人应对多式联运经营人负责，即使在多式联运单证已转让的情况下也不例外。当然，如果货物的灭失、损坏是由于多式联运经营人在多式联运单证中列入不实资料，或漏列有关内容所致，该多式联运经营人则无权享受赔偿责任限制，而应按货物的实际损害负责赔偿。

四、多式联运单证的签发

多式联运经营人在接收托运的货物时，必须与接货单位（集装箱货运站或码头堆场）出具的货物收据进行核对无误后，即签发多式联运单证。多式联运单证由多式联运经营人或其授权人签字，在不违背多式联运单证签发国法律规定的情况下，多式联运单证可以是手签的、手签笔迹复印的、打透花字的、盖章或用任何其他机械或电子仪器打印的。

基于国际多式联运而签发的国际多式联运单证本质上借鉴和吸收了海运提单和运单各自独特的功能，集两者所长以适应国际货物多式联运的实际需要。

（一）多式联运单证的签发形式

1．可转让的多式联运单证

可转让的多式联运单证类似提单，即可转让的、多式联运单证具有三种功能：多式联运合同的证明、货物收据与物权凭证功能。

2. 不可转让的多式联运单证

不可转让的多式联运单证类似于运单（如海运单、空运单），即不可转让的多式联运单证具有两种功能：多式联运合同的证明和货物收据。但它不具有物权凭证功能，如果多式联运单证以不可转让方式签发，多式联运经营人交付货物时，应凭单证上记名的收货人的身份证明向其交付货物。

（二）多式联运单证签发的时间、地点

在集装箱货物的国际多式联运中，多式联运经营人接收货物的地点有时不在装船港，而在某一内陆集装箱货运站、装船港的集装箱码头堆场，甚至在发货人的工厂或仓库。因此，在很多场合下，从接收货物到实际装船之间有一待装期，在实际业务中，即使货物尚未装船，托运人也可凭场站收据要求多式联运经营人签发多式联运提单，这种提单属收货待运提单。

五、多式联运单据的证据效力与保留

除非多式联运经营人已在多式联运单证上作了保留，否则，多式联运单证一经签发，即具有如下效力。

（1）多式联运经营人收到货物的初步证据；

（2）多式联运经营人对所接收的货物开始负有责任；

（3）可转让的多式联运单证如已转让给善意的第三方，该单证在多式联运经营人与善意的第三方之间构成了最终证据，多式联运经营人必须按单证中的记载事项向单证持有人交付货物，任何提出的相反证据均无效。

多式联运单证中的保留是指多式联运经营人或其代表在接收货物时，对于货物的实际状况与证中所注明的有关货物的种类、标志、包装、件数和重量等事项有怀疑，而又无适当方法进行核对、核查时，多式联运经营人或其代表可在多式联运单证明中提出保留，注明不符的地方和怀疑的依据等。与此相反，如多式联运经营人或其代表在接收货物时未在多式联运单证中做出任何批注，则表明他接受的货物外表状况良好。货物在运抵目的港以后，多式联运经营人或其代表也应交付外表状况良好的货物，任何有关货物的灭失或损害均由多式联运经营人负责赔偿。否则，应举证说明货物的灭失或损害并不是由于他或他的代理人的过失所致。

因此，多式联运单证的证据效力如何，取决于该单证中所记载的事项是否准确。这是因为单证中所记载的事项是法定的，而且单证要求具备一定格式，如在这些方面有遗漏，则单证的效力将在判例中无效，除非该种遗漏不危害货物运输或影响运输合同的执行。

第四节　大陆桥运输

一、大陆桥运输的含义

　　大陆桥运输是以横贯大陆的铁路或公路为中间桥梁，把大陆两端的海洋运输连接起来，形成一种"海—陆—海"的运输方式。世界上的大陆桥有北美大陆桥（指美国陆桥和加拿大陆桥）、亚欧大陆桥（指西伯利亚陆桥和中荷陆桥）。自集装箱运输发展起来后，大陆桥运输实质上也属于国际多式联运范畴。

二、大陆桥运输的种类

　　大陆桥运输产生于 20 世纪 50 年代，始于日本货运公司将货箱装船运至美国太平洋港口，再利用美国横贯东西的铁路将货箱运抵美国东海岸港口（大西洋沿岸），再装船运往欧洲。这条大陆桥运输线路由于经济效益差，逐渐停运，但却开始了海、陆运之间的竞争，带动了其后大陆桥的发展。

　　大陆桥运输在现阶段，主要有以下几种陆桥。

　　1. 西伯利亚大陆桥（Siberian Land Bridge，SLB）

　　西伯利亚大陆桥是指货物以国际标准规格集装箱为容器，由远东或日本海运至苏联东部港口，跨越西伯利亚铁路，运至波罗的海沿岸港口，再以铁路、公路或海运将集装箱运往欧洲或中东、近东地区或相反方向，如图 6-11 所示。

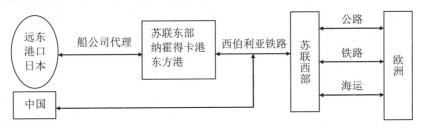

图 6-11　西伯利亚大陆桥图示

　　西伯利亚大陆桥始于 20 世纪 70 年代，1971 年由全苏对外贸易运输公司确立，该公司与国际铁路集装箱运输公司为这条大陆桥的主要经营者。经过多年的发展，这条大陆桥西端发展到了整个欧洲和伊朗、阿富汗等国，东端发展到了中国大陆、中国香港、韩国、中国台湾省等国家和地区，现全年货运量高达 10 万 TEU，承担了日本出口欧洲杂货的 1/3、欧洲出口亚洲杂货的 1/5 的运输量。货物种类主要有电器、化纤、服

装、瓷器、医药、玩具、工具、劳保用品及塑料制品等。西伯利亚大陆桥往返欧亚之间的线路有以下三条。

（1）西伯利亚铁路转到伊朗或东西欧铁路，再抵中、近东各地或欧洲各地以及相反方向的运输线路，我国惯称铁—铁线。

（2）西伯利亚铁路转苏联公路，使用汽车运到欧洲各国目的地及相反方向的运输路线，我国惯称铁—海线。

（3）西伯利亚铁路运至爱沙尼亚或拉脱维亚港口，转船运往西、北欧或巴尔干地区主要港口及相反方向的运输路线，我国惯称铁—卡线。

2．北美大陆桥（North American Land Bridge）

北美大陆桥是指从日本港口以海运运至美国或加拿大西部（太平洋沿岸）港口卸货，再用铁路将集装箱运至美、加东海岸（大西洋沿岸）港口，经海运运往欧洲或相反方向的运输线路。

3．新亚欧大陆桥（New Eurasian Land Bridge）

中荷大陆桥是指从中国连云港和日照经新疆阿拉山口西至荷兰鹿特丹及相反方向的运输线路。

4．小陆桥运输（Mini Land Bridge，MLB）

小陆桥运输是指货物以国际标准规格集装箱为容器，从日本港口海运至美国、加拿大西部港口，再由铁路集装箱专列或汽车运至北美东海岸、美国南部或内地以及相反方向的运输。如日本横滨到美国纽约的货物，从日本横滨装船后，越过太平洋，运到美国奥克兰，在奥克兰再用铁路运到纽约。

5．微型陆桥（Microbridge 或 Micro Land Bridge，它不可简写为 MLB）

微型陆桥是指以国际标准规格集装箱为容器，从日本港口运至美国西海岸港口，利用铁路或汽车从美国西海岸运至美国内陆城市的运输方式。它是从小陆桥派生出来的一种运输方式，部分使用了小陆桥运输线路。因此，又称半陆桥运输。

6．美国内陆公共点（Overland Common Points，OCP）运输

OCP 是美国内陆运输方式，"内陆地区"意指享受优惠费率、通过陆运可抵达的地区，在地理位置上看，指落基山脉以东地区，约占美国面积的 2/3。按照 OCP 运输条款规定，凡是使用美国西海岸航运公司的船舶，经过西海岸港口转往上述内陆地区的货物，均可享受比一般直达西海岸港口更为低廉的海运优惠费率和内陆运输优惠费率。条件是成交的贸易合同须订明采用 OCP 运输方式，并使用集装箱运输；目的港应为美国西海岸港口，并在提单的目的港栏注明"OCP"字样，在物品各栏和包装上标明 OCP 内陆地区名称。

采用 OCP 运输方式，出口商把货物运到指定的港口后，就被认为完成合同交货义务。以后则由进口商委托港口转运代理人持提单向船公司提货，并由其自行按 OCP 费

率把货物运到美国西海岸港口，但可以享受较低的优惠费率，节省运费支出；而对进口商来说，在内陆运输中也可享受 OCP 优惠费率。

7. 美国内陆点多式联运（Interior Point of Intermodal，IPI）运输

一种运输方式、运输途径、运输经营人的责任和风险完全与小陆桥运输相同，小陆桥运输下的集装箱货物，其抵达区域是美国东海岸和加勒比海区域，而 IPI 运输方式则是将集装箱货物运抵内陆主要城市。

小提示：表6-1 所示为 SLB、OCP、MLB、IPI 四种运输组织方式的区别

表6-1　SLB、OCP、MLB、IPI 四种运输组织方式的区别

比 较 项 目	SLB	OCP	MLB	IPI
货物成交价	采用 FCA 或 CIP 应视为合同中约定	卖方承担的责任、费用终止于美国西海岸港口	卖方承担的责任、费用终止于最终交货地	与 MLB 相同
提单的适用	全程运输	海上区段	全程运输	全程运输
运费计收	全程	海、陆分段计收	全程	全程
保险区段	全程投保	海、陆段分别投保	全程投保	全程投保
货物运抵区域	不受限制	OCP 内陆公共点	美东和美国湾港口	IPI 内陆点
多式联运	是	不是	是	是

三、我国大陆桥运输

我国从1980年起由中国外运为内外客户办理中国经蒙古或苏联到伊朗和往返西北欧各国的大陆桥集装箱运输业务，现每年货运量已达 10 000 标准箱以上，全国除西藏、台湾、海南、广西外，其余各省均已开办了大陆桥运输业务，并且在上海、天津、北京、江苏、辽宁等省、市开办了拼箱货运业务。我国最大的货运代理企业——中国外运，在一些口岸和城市建立了铁路集装箱中转点（见表 6-2），办理集装箱的装卸、发运、装箱和拆箱业务。

表6-2　我国大陆桥运输铁路集装箱中转点一览表

省　　份	中　转　点	省　　份	中　转　点
上海	何家湾	北京	丰台
天津	塘沽南	黑龙江	滨江西、玉岗
辽宁	沈阳、辽阳、大连西	内蒙古	呼和浩特、二连、集宁、满洲里
河北	石家庄、唐山、秦皇岛	河南	海棠寺
山东	青岛、济南、青州、潍坊西、烟台、淄博、石臼所	山西	太原东

续表

省 份	中 转 点	省 份	中 转 点
陕西	西安西、窑村	甘肃	兰州西
青海	西宁	安徽	合肥北、芜湖西
浙江	南星桥	江苏	镇江南、中华门、南京西、无锡、连云港
湖南	醴陵、长沙西	湖北	汉西、汉阳
四川	成都东、伏牛溪	贵州	贵阳东
新疆	乌鲁木齐北	吉林	孟家屯
福建	福州东	广东	黄埔

（资料来源：陈洋. 国际物流实务[M]. 北京：高等教育出版社，2003. ）

我国的 SLB 运输线路如下。

1. 铁—铁路线（见图 6-12）

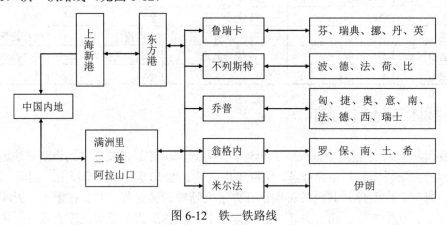

图 6-12　铁—铁路线

2. 铁—海路线（见图 6-13）

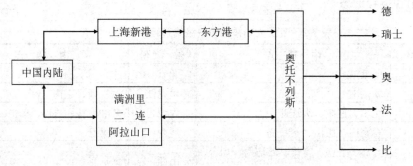

图 6-13　铁—海路线

3．铁—卡路线（见图6-14）

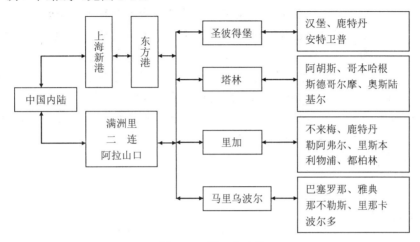

图6-14　铁—卡路线

 案例分析

对OWC的认识

2000年11月8日。南京某塑料厂（简称收货方）通过江苏省某进口公司（简称订货公司）从奥地利进口拉丝机设备一套，分装四只集装箱，箱号为4012758、6073642、2330820、2337639。上述集装箱由S远洋运输公司（简称船公司）所属"顺驰"轮于2001年8月6日运抵上海港Z集装箱装卸公司码头（简称港区）卸货，该轮的舱单及提单均载明集装箱是货主箱（OWC）。收货方通过订货公司委托S外贸运输公司（简称货代）办理进口申报和提货手续。同年9月18、19日，货代前往港区堆场提货，但未将集装箱随货提走，而在堆场拆箱，拉丝机组主件处于裸装状态，通过公路运输至南京，四只空箱连同箱中附有的过滤网等配件均遗留在港区。运输途中，因部分设备遭雨淋，个别部件损坏生锈。

2001年9月23、24日，港区为四只箱子分别加上前缀，并在所属船公司的"天通""紫荆"两轮制作的集装箱单上载明。上海海关对此审查后全部放行，同年9月30日，四只箱子被运往国外。收货方因部分进口设备损坏，部分缺件，遂与奥地利客商驻京办事处交涉，得知拉丝机包装用集装箱为货主所有，就派人到货代处查询。2001年10月18日，收货方持船代出具的"工作联系单"往港区提领空箱未果，查无着落。收货方与货代协议不成，诉诸海事法院。

海事法院以为：被告S外贸运输公司（货代）作为原告收货方代理，自行办理货

物的进口申报和提货手续，理应按提单所列内容，将货物连集装箱全部提走。由于 S 外贸运输公司失职，未将应提的四只集装箱空箱及箱中附件提走，是空箱及附件灭失的主要的、直接的原因，故应负 80% 的责任；又由于 S 外贸运输的过错行为造成了进口设备的裸装运回，途中受损，加上耽误机器调试，应负由此引起的全部经济赔偿责任。另外，S 外运代理公司（船代）没有负审核责任，被告上海 Z 集装箱装卸公司（港区）对空箱添加前缀，两被告对四只空箱灭失应各负 30% 的责任。

海事法院判决如下：被告 S 外贸运输公司承担主要责任；被告 S 外运代理公司和被告上海 Z 集装箱装卸公司承担相应责任。

（资料来源：百度文库）

本章小结

本章介绍了集装箱的起源、概述，集装箱的结构，摆放位置，集装箱吞吐量计算等；还介绍了国际多式联运的含义、特征、优越性及其运输组织形式；国际多式联运业务流程及其单证的内容、签发及效力，以及大陆桥运输。学生需要重点掌握集装箱的分类、计算，国际多式联运的含义，国际多式联运经营人的责任类别，熟悉国际多式联运业务流程，了解陆桥运输。

延伸阅读

多式联运如何避免"脱节"

近年来，多式联运已被国家提升到战略层面。自国家发布《物流业发展中长期规划》以来，各地高度重视多式联运的发展。加速推进物流大通道建设、完善综合交通运输体系已成为首要任务。

与会嘉宾表示，多式联运是物流运输的高级发展阶段，它将两种以上的运输方式组合成复合型一体化运输方式，是提高物流效率和行业生态的有效手段。但多式联运要求实现多种交通方式的无缝衔接，我国多式联运占总运量的比例非常小，其中难点在于铁路。

建设三维逻辑多式联运系统

"过去我们对多式联运的认识是片面的，单纯从运输组织这个层面上看问题，聚焦在一个节点建一个多式联运的基础设施系统，没有考虑各种运输方式相互融合和渗透。"国家发改委综合运输研究所所长汪鸣坦言，我国多式联运还存在很多问题，需要顶层设计对多式联运总体效益的统筹，需要与产业同步联动，支撑和引领产业布局。

汪鸣认为，发展全程组织多式联运系统，需要建立在经济逻辑、物流视角和运输视角三维逻辑基础上。他说："经济逻辑的重塑。作为着眼我国之所以实施'一带一路'建设，很重要的一个原因就是希望形成中国现代化背景下的物流布局。中国既是全球最大的卖家，未来也将是最大买家，能够形成一个由我们主导的空间布局。"

物流视角是建立在供应链延长和价值链提升的层面上，来构筑现代物流高效融合的多式联运系统。"今年国务院办公厅 43 号文《关于转发国家发展改革委营造良好市场环境推动交通物流融合发展实施方案的通知》就是强调运输和物流的融合，从资源共享的角度和提高整合的角度来打造物流大平台。"

中国每一种货物都有庞大的消费群体，物流需要按照市场细分。运输视角是建立在各种运输方式的合理分工的基础上，在运输市场细分的情况下进行衔接，来构建多式联运系统。

铁路改革促进多式联运发展

多式联运要求实现多种交通方式的无缝衔接，由于我国铁路、公路、水路等运输方式管理体制相互割裂，不同的运输方式脱节在所难免，很多业界人士将其归咎于铁路。

"铁路改革可为中国物流整合带来机遇，也将推动多式联运的发展。"中国铁路物流联盟专家委员会主任、中外运经营管理部原总经理肖星介绍说，2015 年全国铁路累计完成货运量 33.6 亿吨，同比下降 11.9%，货物周转量同比下降 13.7%。业绩下滑使铁路系统自 2015 年开始加大改革力度，提出 3 年建成铁路现代物流企业。

肖星分析说，铁路总公司向现代物流企业转型，一定要去抢"白货"运输市场。"抢'白货'是铁路必须进行的选择。多式联运是铁路竞争的唯一手段。这一过程孕育出铁路与物流企业合作的三大机遇，即共同建设集装箱多式联运合作体系、开行时效性更强的集装箱多式联运班列，以及合作建设集装箱多式联运物流中心。"

物流服务第一个关键要素是时效性，第二是服务，第三才是价格。铁路只有开行时效性更强的集装箱班列才有竞争力，如果速度和价格很好，企业从成本角度考虑一定选择铁路集装箱，未来铁路一定会将 70%的货物通过班列运输。

"未来多式联运的模式应该平台+铁路局+车站，这是国内运输的发展方向之一。"肖星认为，合作建设集装箱多式联运物流中心是公路、铁路、港口三种运输方式以及物流融合的方式，只有这样才能进一步降低物流成本，增强物流效能。

（资料来源：国际商报 2016 年 11 月 11 日）

本章思考题

一、选择题

1. 以下哪种说法是按集装箱尺寸规格分（　　　）。

A．挂衣集装箱　　　　　　　　B．固定式集装箱

C．30吨集装箱　　　　　　　　D．20英尺集装箱

2．以下不属于按集装箱归属划分的是（　　　）。

A．货主自备集装箱　　　　　　B．承运人自有集装箱

C．租箱公司集装箱　　　　　　D．散货集装箱

3．国际多式联运应具有的特点不包括（　　　）。

A．签订一个运输合同　　　　　B．采用一种运输方式

C．采用一次托运　　　　　　　D．一次付费

4．内陆点多式联运又称为（　　　）。

A．OCP运输　　　B．MLB运输　　　C．IPI运输　　　D．SLB运输

二、判断题

1．陆桥运输的成功营运，促进了超巴拿马型集装箱船的建造。（　　　）

2．铁路集装箱的交接，均在铁路集装箱办理站的堆场进行。（　　　）

3．一般将货物密度大于集装箱单位容重的货，称为"重货"。（　　　）

4．运输成本是制定货运运价的依据。（　　　）

5．分段运输就是多式联运。（　　　）

三、填空题

1．在集装箱业务中，40'超高干货箱用＿＿＿＿＿＿表示，40'普通框架箱用＿＿＿＿＿＿表示，40'超高冷藏箱用＿＿＿＿＿＿表示。

2．最常见的集装箱长度为＿＿＿＿＿＿和＿＿＿＿＿＿两种。

3．集装箱运输货物的交货类型有＿＿＿＿＿＿和＿＿＿＿＿＿两种。

4．集装箱运输进出口业务中，最常见的交付方式为＿＿＿＿＿＿，最具优越性的交付方式为＿＿＿＿＿＿。

5．FCL由＿＿＿＿＿＿负责施封，LCL由＿＿＿＿＿＿负责施封。

四、简答题

1．国际多式联运的特征及发展趋势有哪些？

2．集装箱运输的优点是什么？

五、案例题

在现有的班轮航线上，绝大多数的冷藏货物的流向是单向的，而干货箱也普遍存在着双向的数量差异。以中国—澳大利亚航线为例，南行（中国至澳大利亚）承运的

货物以汽车、日用百货、服装和粮食等为主，轻工业产品居多；而北行（澳大利亚至中国）则以肉类等冷藏货物为主，从而形成了南北向的两个不平衡，即相对于澳大利亚而言，干货箱进口大于出口，而冷藏箱出口大于进口。为解决这两个不平衡，船公司必须依靠调运空箱解决，即南行调运冷藏空箱至澳大利亚，北行调运普通空箱至中国。调运空箱是不得已而为之的，所有的船公司都试图利用有限的舱位装满重箱，取得运费收入，而非"运送空气"。

资料来源：豆丁网

问题讨论：

冷箱干用（Non-Operating Reefer，NOR），是指利用正常适货的冷箱，装运非冷藏货物出口的一种特殊业务操作。请问冷箱干用能否有效解决中国—澳大利亚航线空箱调运问题？

第七章

国际物流中海关实务

学习目标

■ 了解国际物流管制机构及其功能；

■ 了解并熟悉国际物流管制的相关制度政策；

■ 掌握国际物流通关流程；

■ 认识海关检验检疫作业对国家安全的保障作用；

■ 了解并学习国际物流通关的方式。

引导案例

利用海关特殊监管区域实现通关便利，你了解吗

贵安综合保税区日前（2015 年 1 月 12 日）批复设立，至此海关特殊监管区域达120 个。

2014 年海关特殊监管区域复制推广上海自贸试验区海关监管创新,加快整合优化。昆明等 7 个出口加工区转型升级为综合保税区，北京、南京、成都等 8 个海关先行试点了区区、区港间保税货物流转"分送集报、自行运输"，企业自产产品返区维修等改革工作。

2014 年 1 月 19 日，舟山港综合保税区内，一辆满载"冻鲣鱼"的海关监管车缓缓驶过卡口，通过智能化卡口验放仅用时 15 秒。同日，舟山外轮代理有限公司向海关申报了 1 票"船用配件"出口复进口业务，仅用时 1 分钟。这就是上海自贸区海关监管创新制度带来的便利通关。

2013 年 9 月，杭州海关在舟山综保区复制推广了"智能化卡口验放""简化通关作业随附单证""简化统一进出境备案清单"三项上海自贸区海关监管创新制度。这三项

新政让企业可在家门口享受到和上海自贸区一样的优惠政策，通关效率大幅提升。

小李是舟山港综合保税区里的一名货车驾驶员："原来车辆过卡口需要我们两上两下敲四次章，现在实行了智能化验放，车辆过卡平均时间从以往的 5 分钟缩短到了 15 秒。"据舟山海关介绍，智能化卡口验放是依托电子地磅、条码自动扫描比对等功能，实现智能审核、自动抬杆，省去了原来人工比对、人工抬杆的程序。

舟山海关同期推出的"简化通关作业随附单证"和"简化统一进出境备案清单"制度则是企业的"减负"大帮手。简化了通关作业随附单证后，企业申报时可以省去电子随附单证的扫描及上报流程，省时又省力。舟山中外运报关有限公司负责人周晓华说："'简化统一进出境备案清单'制度的实施，将备案清单申报要素由原来的最高40 项统一简化为 30 项，每票申报工作的工作量仅为原来的一半。"

"将销售至国内的货物运回综保区内进行维修，一直列在我们公司发展规划当中。"昆山综保区内的柏泰电子公司关务经理许胜雄说。

现如今，海关借鉴上海自贸区海关监管创新经验，柏泰电子成了昆山综保区第一家尝鲜的企业。"返区维修的国内市场很大，自从政策实施后，我们订单不断，为此我们又新开设一个部门，专门负责这块业务。"许胜雄补充道。

昆山海关核销二科科长吴晓萍介绍说，返区维修业务试点已在全国海关常态运作，有力地支持了生产型服务业发展，是实现海关特殊监管区域转型升级的重要力量，直接推动昆山综保区探索全球维修中心建设向前迈进了一大步。

海关总署新闻发言人张广志说，2014 年上半年海关在上海自贸区陆续实施了先进区后报关、保税展示交易、期货保税交割、融资租赁、内销选择性征税和集中汇总纳税等 14 项制度创新。下半年又分批次推出企业注册登记改革、企业信用信息公开和账册一次备案多次使用等 9 项制度创新。区内企业反映，货物通关时间从 2～3 天缩短至半天，节约物流成本 10%左右。

他表示，今年海关将支持广东、天津和福建自贸试验区建设，先行先试各项改革措施，打造海关改革创新高地。

（资料来源：中华人民共和国海关总署官网）

【分析】

通过上述资料及分析可以明白一个道理，国际物流在国家之前的流通是受到管制的，但是国家从宏观上制定制度的时候已经为微观经济主体的企业提供了多种通关方式、多种关税计算方法可供选择，那么作为微观的货物流通企业来说，有必要对这些管制政策制度、多种便宜方式方法进行了解并运用，避免较大的风险与损失，以获取更多的应得经济利益。

本章将对国际物流的管制机构、管制制度、通过流程以及通关创新方式（如保税

物流、联运与转运物流的通关创新）进行详细的分析介绍。

第一节　国际物流管制机构及其功能

一、国际物流管制的经济功能

（一）国际物流管制的内涵

一国政府为了国家的宏观经济利益、国内外政策需要以及履行所缔结或加入国际条约的义务，确立实行各种管制制度、设立相应管制机构，开展规范对外贸易的活动。

那么对于有形商品的对外贸易活动来说，国际物流是其中重要的贸易环节，涉及较多的国家安全内容，因此一国政府在国际贸易的规范活动中，尤其重视对国际物流的规范管制。

可以说，国际物流与国际贸易是一脉相承的，对国际物流的规范管制也不仅仅局限于海关这一环节，国际贸易的管制制度也成为国际物流管制制度的基础与补充。

在世界经济贸易战争中，都是看不见的硝烟与炮火，历史已经告诉了我们闭关锁国的弊端，如果仅仅依靠海关强行拒绝，可能使得一国经济无法融入世界经济发展的大潮之中，进而可能造成本国经济的衰退与落后。因此，我们必须学会国际贸易与国际物流活动的游戏规则，采取符合国际理念的、强有力的国际物流管制制度，实现在国际物流未发生之前的告之与警示、在国际物流发生之后拒绝通关的有理有据。这就需要做好大量的前期实际调查、制度制定、修改完善等工作。

在现如今的国际竞争中，除了军事竞备之外，最重要的就是经济竞争，俗称"经济战"。因此海关成了重要的国门，此处上演的无硝烟的战争，其激烈程度毫不亚于军事战场，竞备的不仅仅是海关这一道门的技术，更多地体现为大后方所做的前期准备工作，即管制制度的制定是否存在漏洞，稍不留神，国家和企业都损失巨大的经济、社会利益。

因此学习国际物流海关实务的内容，绝不仅仅局限于海关这一机构内部。

（二）国际物流管制的目的

1. 为了保护本国经济利益、发展本国经济

不同国家的企业之间存在着激烈的竞争，由于技术、成本等方面存在的差异，可能使得一些国家的企业处于劣势，一国为了保护本国的企业，会采取相应的国际贸易与国际物流管制制度。如中国加入 WTO 之后，需要逐步放开一些产业，但是存在一定

的缓冲期，物流产业即使如此，在 2015 年之前，纯外资物流企业不许进驻中国，因此外资物流企业纷纷采取与中国本土企业合资合作的方式进驻中国市场。

同时中国为了保护一些珍贵稀有产品，采取限制出口政策。

2．推行本国的外交政策

既然全球都在大力发展经济，经济也是判断一个国家实力的重要指标，因此较多国家采用经济外交对政治、军事外交等方面施加影响。

3．为了实现其国家职能

除了经济、政治、军事等方面，一个国家最重要的涉及民生的社会稳定、环境保护等方面，也是制定国际物流管制制度的基础。如一个地区的生态平衡，尤其特别之处，一旦通过国际物流的方式引入新的生物物种，即便此生物物种在其他地区毫无影响，但由于缺乏相应的遏制天敌，也可能对引入国造成不可限量的危害。后面章节中在海关检验检疫技术内容中将重点讲解此方面。

二、国际物流管制机构

因为国际贸易的管制制度也是国际物流管制制度的基础与补充，因此涉及对国际物流管制的机构其实比较多，绝不仅仅局限于海关。海关仅仅是一道国门，我们其实需要依靠管制制度，打造起一个无形的"金钟罩"。因此国际物流的管制机构包括国家发展改革委员会、财政部、国土资源部、交通运输部、商务部、税务总局、工商总局、质检总局、外汇局和海关总署 10 个机构，每个机构在各个省市还均设有下属地方机构。这些机构需要针对各个机构所管辖的业务领域进行相关的国际物流管制制度的制定与执行，以确保国家利益得到保障。

如进出口所需的许可证，由相应的机构出具，如表 7-1 所示。

表 7-1　许可证件及相应的管理部门

涉 及 类 别	许可证件名称	管理及发证部门
国家进口许可证目录	《进口许可证》	商务部配额许可证事务局及其各特派员办事处、授权各省级发证机构
濒危物种进口	《非公约证明》《公约证明》	中华人民共和国濒危物种进出口管理办公室
可利用废物进口	《进口废物批准证书》	国家环境保护总局
进口药品	《精神药品进口准许证》《麻醉药品进口准许证》《进口药品通关单》	国家食品药品管理局及其授权单位
进口音像制品	《文化部进口音像制品批准单》	文化部
黄金及其制品进口	《中国人民银行授权书》	中国人民银行

📢 **小提示：进出口许可证管理部门**

主管部门：商务部

发证机关：

（1）商务部配额许可证事务局

（2）商务部驻各地特派员办事处

（3）各省、自治区、直辖市、计划单列市以及商务部授权的其他省会城市商务厅（局）、外经贸委（厅、局）

同学们若需要查询相关的管制政策法规，可以到相关的机构的官网进行查询。如查询"商务部 海关总署公告 2015 年第 76 号公布《2016 年出口许可证管理货物目录》"，可以到中华人民共和国商务部—内设机构—对外贸易司—政策发布—贸易管理查询即可。

表 7-2 中华人民共和国商务部内设机构

办公厅（国际贸易谈判代表秘书局）	人事司	政策研究室
综合司	条约法律司	财务司
市场秩序司	市场体系建设司	流通业发展司
市场运行和消费促进司（国家茧丝绸协调办公室）	反垄断局（国务院反垄断委员会办公室）	对外贸易司（国家机电产品进出口办公室）
服务贸易和商贸服务业司	产业安全与进出口管制局	外国投资管理司
对外援助司	对外投资和经济合作司	贸易救济调查局
国际经贸关系司	世界贸易组织司（中国政府世界贸易组织通报咨询局）	亚洲司
西亚非洲司	欧亚司	欧洲司
美洲大洋洲司	台港澳司	电子商务和信息化司
外事司	机关党委（工会团委）	机关纪委
离退休干部局		
派驻机构		
中纪委驻商务部纪检组	监察部驻商务部监察局	
其他机构		
全国打击侵犯知识产权和制售假冒伪劣商品工作领导小组办公室	商务部经贸政策咨询委	

（摘自：中华人民共和国商务部官网）

除了上述机构之外，国际物流管制机构还包括涉及一国不同经济产业的管理机构，如卫生局卫计委、林业局、农业部、国家食品药品管理局、中华人民共和国濒危物种进出口管理办公室、环保部、文化部和中国人民银行等。这些机构主要负责对本业务领域内国际态势发展的监控、技术研究等，以及为国际物流管制提供相应的建议与检验检疫技术等。

第二节 国际物流贸易壁垒与管制制度

目前几乎大部分国家的货物、技术进出口都实行管制制度。我国的货物、技术进出口也实行管制制度。我国对外贸易管制制度是一种综合管理制度。主要包括以下五个方面：（1）货物、技术进出口许可证制度；（2）对外贸易经营者管理制度；（3）出入境检验检疫制度；（4）进出口货物收付汇管理制度；（5）贸易救济制度。

一、货物进出口管制制度

其中进出口许可证制度是我国进出口许可管理制度的主体，是国家对外贸易管制中极其重要的管理制度。许可证制度是基于禁止进出口货物、限制进出口货物和自由进出口货物三个层面进行设置的，在限制进口方面主要设置关税配额和许可证两个制度关卡，在限制出口方面主要设置配额许可证、配额招标、出口非配额限制三个制度关卡。参见图7-1。

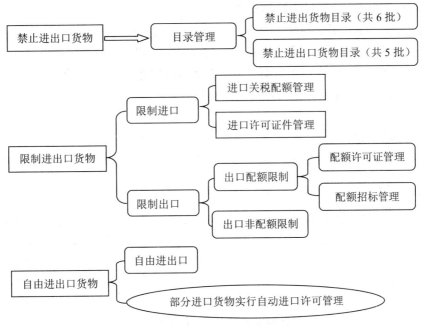

图 7-1 进出口货物的管制制度图示

（一）进口货物管制制度

关税配额管制是指一定时期内，国家对部分商品的进口制定关税配额税率并规定该商品进口数量总额，在限额内，经国家批准后允许按照关税配额税率征税进口。如超出限额则按照配额外税率征税进口的措施。关税配额管理是一种相对管理的限制。

这里需要提到的是，有一些禁止或限制进出口的货物并不是以一种一眼就可以看出来的形式存在的，可能以不同的形式十分隐蔽地掺杂于其他货物之中，因此海关检验检疫的工作就显得尤为必要，其技术要求之高可以媲美军事技术。

（二）出口货物管制制度

国家规定有数量限制的出口货物，实行配额管理；其他限制出口货物，实行许可证件管理。

1．出口配额限制

（1）出口配额许可证管理。出口配额许可证管理是国家对部分商品的出口，在一定时期内（一般是 1 年）规定数量总额，经国家批准获得配额的允许出口，否则不准出口的配额管理措施。出口配额许可证管理是国家通过行政管理手段对一些重要商品以规定绝对数量的方式来实现限制出口的目的。

（2）配额招标管理。配额招标管理是国家对部分商品的出口，在一定时期内（一般是 1 年）规定数量总额，采取招标分配的原则，经招标获得配额的允许出口，否则不准出口的管理配额措施。出口配额招标管理是国家通过行政管理手段对一些重要商品以规定绝对数量的方式来实现限制出口的目的。

2．出口非配额限制

非配额限制是国家对外经济贸易活动管理的一种手段，国际间根据惯例和协定对一些商品在进出口种类上进行一定限制的管理。非配额限制一般采取许可证制度。

（三）货物自动进口许可管理

自动进口许可管理是在任何情况下对进口申请一律予以批准的进口许可制度。在进口前向有关主管部门提交自动进口许可申请，凭相关部门发放的"自动进口许可证"向海关办理报关手续。

📢 **制度了解**

表 7-3 所示为中华人民共和国禁止、限制进出境物品表。

表 7-3 中华人民共和国禁止、限制进出境物品表

海关总署令第 43 号（中华人民共和国禁止、限制进出境物品表）

2005-09-29

【法规类型】海关规章　　　　　　　　　【内容类别】进出境物品监管类

【文　　号】海关总署令第 43 号　　　　　【发文机关】海关总署

【发布日期】1993-03-01　　　　　　　　【生效日期】1993-03-01

【效　　力】[有效]

【效力说明】

中华人民共和国海关总署令

第 43 号

现发布修订的《中华人民共和国禁止进出境物品表》和《中华人民共和国限制进出境物品表》，自一九九三年三月一日起施行。我署一九八七年十一月一日发布的《中华人民共和国海关总署关于发布禁止、限制进出境物品表的公告》同时废止。

中华人民共和国禁止进出境物品表

一、禁止进境物品

1. 各种武器、仿真武器、弹药及爆炸物品。

2. 伪造的货币及伪造的有价证券。

3. 对中国政治、经济、文化、道德有害的印刷品、胶卷、照片、唱片、影片、录音带、录像带、激光视盘、计算机存储介质及其他物品。

4. 各种烈性毒药。

5. 鸦片、吗啡、海洛因、大麻以及其他能使人成瘾的麻醉品、精神药物。

6. 带有危险性病菌、害虫及其他有害生物的动物、植物及其产品。

7. 有碍人畜健康的、来自疫区的以及其他能传播疾病的食品、药品或其他物品。

二、禁止出境物品

1. 列入禁止进境范围的所有物品。

2. 内容涉及国家秘密的手稿、印刷品、胶卷、照片、唱片、影片、录音带、录像带、激光视盘、计算机存储介质及其他物品。

3. 珍贵文物及其他禁止出境的文体。

4. 濒危的和珍贵的动物、植物（均含标本）及其种子和繁殖材料。

中华人民共和国限制进出境物品表

一、限制进境物品

1. 无线电收发信机、通信保密机。

2. 烟、酒。

3. 濒危的和珍贵的动物、植物（均含标本）及其种子和繁殖材料。

4. 国家货币。

5. 海关限制进境的其他物品。

二、限制出境物品

1. 金银等贵重金属及其制品。

2. 国家货币。

3. 外币及其有价证券。

4. 无线电收发信机、通信保密机。

5. 贵重中药材。

6. 一般文物。

7. 海关限制出境的其他物品。

（摘自：中华人民共和国海关总署）

表 7-4 所示为禁止进出口商品的 HS 编码。

表 7-4 禁止进出口商品的 HS 编码

序号	HS 编码	商品名称
禁止进口商品		
1	0501000000	未经加工的人发；废人发（不论是否洗涤）
2	0502103000	猪鬃或猪毛的废料
3	0502902010	濒危獾毛及其他制刷濒危兽毛废料
4	0502902090	其他獾毛及其他制刷用兽毛的废料
5	0511994010	废马毛（不论是否制成有或无衬垫的毛片）
6	1302110000	鸦片液汁及浸膏（也称阿片）
7	3102300000	硝酸铵（不论是否水溶液）
8	2620190000	其他主要含锌的矿渣、矿灰及残渣（冶炼钢铁所产生灰、渣的除外）
9	2620999020	含铜大于 10% 的铜冶炼转炉渣及火法精炼渣、其他铜冶炼渣
禁止出口商品		
10	0510001010	牛黄
11	0510003000	麝香
12	1211903920	药料用麻黄草
13	1211909920	其他用麻黄草
14	1212212000	适合供人食用的鲜、冷、冻或干的发菜（不论是否碾磨）
15	4403100010	油漆、着色剂等处理的红豆杉原木（包括用杂酚油或其他防腐剂处理）

序号	HS 编码	商品名称
16	4403100020	油漆、着色剂等处理的濒危树种原木（包括用杂酚油或其他防腐剂处理）
17	4403100090	其他油漆、着色剂等处理的原木（包括用杂酚油或其他防腐剂处理）
18	4403201010	其他红松原木（用油漆着色剂、杂酚油或其他防腐剂处理的除外）
19	4403202010	濒危白松、云杉和冷杉原木
20	4403202090	其他白松、云杉和冷杉原木
21	4403201090	其他樟子松原木（用油漆着色剂、杂酚油或其他防腐剂处理的除外）
22	4403203000	其他辐射松原木
23	4403204000	其他落叶松原木
24	4403205000	其他花旗松原木
25	4403209010	其他红豆杉原木
26	4403209020	其他濒危针叶木原木
27	4403209090	其他针叶木原木
28	4403410000	其他红柳桉木原木（指深红色红柳桉木、浅红色红柳桉木及巴栲红色红柳桉木）
29	4403491000	其他柚木原木（用油漆、着色剂、杂酚油或其他防腐剂处理的除外）
30	4403492000	其他奥克曼 OKOUME 原木（奥克榄 Aukoumed Klaineana）
31	4403493000	其他龙脑香木、克隆原木（龙脑香木 Dipterocarpus spp. 克隆 Keruing）
32	4403494000	其他山樟 Kapur 原木（香木 Dryobalanops spp.）
33	4403495000	其他印加木 Intsia spp.原木（波罗格 Mengaris）
34	4403496000	其他大干巴豆 Koompassia spp.（门格里斯 Mengaris 或康派斯 Kempas）
35	4403497000	其他异翅香木 Anisopter spp.
36	4403499010	其他本章子目注释二濒危热带原木（用油漆、着色剂、杂酚油或其他防腐剂处理的除外）
37	4403499090	其他本章子目注释二所列热带原木（用油漆、着色剂、杂酚油或其他防腐剂处理的除外）
38	4403910010	蒙古栎原木（用油漆、着色剂、杂酚油或其他防腐剂处理的除外）
39	4403910090	其他栎木（橡木）原木（用油漆、着色剂、杂酚油或其他防腐剂处理的除外）
40	4403920000	山毛榉木原木（用油漆、着色剂、杂酚油或其他防腐剂处理的除外）
41	4403991000	楠木原木（用油漆、着色剂、杂酚油或其他防腐剂处理的除外）
42	4403992000	樟木原木（用油漆、着色剂、杂酚油或其他防腐剂处理的除外）
43	4403993010	濒危红木原木（用油漆、着色剂、杂酚油或其他防腐剂处理的除外）
44	4403993090	其他红木原木（用油漆、着色剂、杂酚油或其他防腐剂处理的除外）
45	4403994000	泡桐木原木（用油漆、着色剂、杂酚油或其他防腐剂处理的除外）
46	4403995000	水曲柳原木（用油漆、着色剂、杂酚油或其他防腐剂处理的除外）
47	4403996000	北美硬阔叶木原木（包括樱桃木、枫木、黑胡桃木）

续表

序号	HS 编码	商品名称
48	4403998010	其他未列名温带濒危非针叶木原木（用油漆、着色剂、杂酚油或其他防腐剂处理的除外）
49	4403998090	其他未列名温带非针叶木原木（用油漆、着色剂、杂酚油或其他防腐剂处理的除外）
50	4403999011	南美蒺藜木（玉檀木）原木（用油漆、着色剂、杂酚油或其他防腐剂处理的除外）
51	4403999012	沉香木及拟沉香木原木（用油漆、着色剂、杂酚油或其他防腐剂处理的除外）
52	4403999019	其他未列名濒危非针叶原木（用油漆、着色剂、杂酚油或其他防腐剂处理的除外）
53	4403999090	其他未列名非针叶原木（用油漆、着色剂、杂酚油或其他防腐剂处理的除外）
禁止进出口商品		
54	0506909011	已脱胶的虎骨（指未经加工或经脱脂等加工的）
55	0506909019	未脱胶的虎骨（指未经加工或经脱脂等加工的）
56	0507100010	犀牛角

（摘自：高明出入境检验检疫局）

二、技术进出口管制制度

（一）技术进口限制制度

我国对限制进口的技术实行目录管理，并实行许可证管制。

对于某些货物是否携带了限制进口的技术，需要海关检验检疫机构进行鉴定。因此，对于携带了限制进口技术的货物，在开展国际物流之前就需要做好准备工作，否则会出现货到海关无法通关，耗费大量人力、物力、财力的情况。具体准备工作如图 7-2 所示的流程。

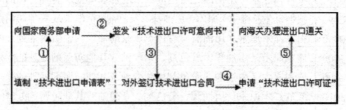

图 7-2　限制进出口的技术通关及准备流程图

（二）技术出口限制制度

我国目前限制出口技术目录主要有《敏感物项和技术出口许可证管理目录》以及

《中国禁止出口限制出口技术目录》，主要是依据《核出口管制清单》《生物两用品及相关设备和技术出口管制清单》《导弹及相关物项和技术出口管制清单》等制定的。

出口属于上述限制出口的技术以及包含相关技术的货物，都应当向国务院对外贸易主管部门提出技术出口申请，国务院对外贸易主管部门经审核批准向申请者发放各类技术出口许可证件凭以向海关办理出口通关手续。

（三）技术自由进出口合同登记管理

属于自由进出口的技术，应当向国务院商务主管部门办理合同备案登记，国务院外经贸主管部门应当自收到规定的文件之日起3个工作日内对技术进口合同进行登记，颁发技术进出口合同登记证，申请人凭技术进出口合同登记证，办理外汇、银行、税务和海关等相关的手续。

三、对外贸易经营者管理制度

对外贸易经营者管理制度的基本原则是实行备案登记制，主要核心内容是对进出口经营权和进出口范围进行管制，是我国对外贸易管理制度之一，是我国为了鼓励对外经济贸易的发展，发挥各方面的积极性，保障对外贸易经营者的对外自主权，由商务部和相关部门制定的一系列法律、行政法规、部门规章的总和。对外贸易经营者管理制度对对外贸易经营活动中涉及的相应内容做出了规范，对外贸易经营者在进出口经营活动中必须遵守。

我国对对外贸易经营者的管理，实行备案登记制。法人、其他组织或者个人在从事对外贸易经营前，必须按照国家的有关规定，依法定程序在商务部备案登记，取得对外贸易经营的资格，在国家允许的范围内从事对外贸易经营活动。对外贸易经营者未按规定办理备案登记的，海关不予办理进出口货物的通关验放手续，对外贸易经营者可以接受他人的委托，在经营范围内代为办理对外贸易业务。

对外贸易经营者备案登记工作实行全国联网和属地化管理，对外贸易经营者在本地区备案登记机关办理备案登记。对外贸易经营者备案登记程序如下。

（1）领取《对外贸易经营者备案登记表》（简称《登记表》）。

① 商务部政府网站下载。

② 到所在地备案登记机关领取。

（2）填写《登记表》。

（3）向备案登记机关提交备案登记材料。

办理周期一般为5个工作日。

国务院商务主管部门可以对部分进出口商品实施国有贸易管理，一般为关系国计

民生的重要进出口商品。实行国有贸易管理的进出口货物目录由国务院外经贸主管部门会同国务院有关经济管理部门制定、调整并公布，对未批准擅自进出口实行国有贸易管理的货物的，海关不予放行。

四、出入境检验检疫制度——国门安全

（一）出入境检验检疫制度

出入境检验检疫制度是指由国家进出境检验检疫部门依据我国有关法律和行政法规以及我国政府所缔结或者参加的国际条约、协定，对进出境的货物、物品及其包装物、交通运输工具、运输设备和进出境人员实施检验检疫监督管理的法律依据和行政手段的总和，其国家主管部门是国家质量监督检验检疫总局。

我国出入境检验检疫制度实行目录管理，即国家质检总局根据对外贸易需要，公布并调整《出入境检验检疫机构实施检验检疫的进出境商品目录》（又称《法检目录》）。《法检目录》所列名的商品称为法定检验商品，即国家规定实施强制性检验的进出境商品。

我国进出境检验检疫制度内容包括进出口商品检验制度、进出境动植物检疫制度以及国境卫生监督制度。

1. 进出口商品检验制度

国家质量监督检验检疫总局及其口岸进出境检验检疫机构对进出口商品依法进行品质、质量检验和监督管理。

进出口商品检验检疫的内容包括商品的质量、规格、数量、重量、包装以及是否符合安全、卫生的要求。我国商品检验的种类分为四种，即法定检验、合同检验、公证鉴定和委托检验。

2. 进出境动植物检疫制度

根据《中华人民共和国进出境动植物检疫法》及其实施条例的规定，国家质量监督检验检疫总局及其口岸进出境检验检疫机构对进出境动植物、动植物产品生产、加工、存放过程实行动植物检疫。主要目的是为了防止动物传染病、寄生虫病和植物危险性病、虫、杂草以及其他有害生物传入、传出国境，保护农、林、牧、渔业生产和人体健康，促进对外经济贸易的发展。

动植物检疫监督管理的方式有：实行注册登记、疫情调查、检测和防疫指导等。其管理流程主要包括：进境检疫、出境检疫、过境检疫、进出境携带和邮寄检疫以及进出境运输工具检疫等。

3. 国境卫生监督制度

进出境检验检疫机构根据《中华人民共和国国境卫生检疫法》及其实施细则，以及国家其他的卫生法律、法规和卫生标准，在进出口口岸，对进出境的交通工具、货物、运输容器以及口岸辖区的公共场所、环境、生活设施、生产设备进行卫生检查、鉴定、评价和采样检验。主要目的是为了防止传染病由国外传入或者由国内传出，实施国境卫生检疫，保护人体健康。其监督职能主要包括：进出境检疫、国境传染病检测、进出境卫生监督等。

（二）出入境检验检疫的职责

出入境检验检疫的职责范围主要包括以下三方面。

（1）对《法检目录》所列名的进出境商品，进行强制性检验。

（2）对于法定检验以外的进出境商品是否需要检验，由对外贸易当事人决定。对外贸易合同约定或者进出口商品的收发货人申请检验检疫时，检验检疫机构可以接受委托，实施检验检疫并制发证书。此外，检验检疫机构对法检以外的进出口商品，可以以抽查的方式予以监督管理。

（3）对关系国计民生、价值较高、技术复杂或涉及环境及卫生、疫情标准的重要进出口商品，收货人应当在对外贸易合同中约定，在出口国装运前进行预检验、监造或监装，以及保留到货后最终检验和索赔的条款。

出入境检验检疫制度是我国贸易管制制度的重要组成部分，其目的是为了维护国家声誉和对外贸易有关当事人的合法权益，保证国内的生产、促进对外贸易健康发展，保护我国的公共安全和人民生命财产安全等，是国家主权的具体体现。

现实状况介绍

国际物流造成外来生物种入侵

外来种是指不属于一定的生态系统的物种。外来入侵种特指有害的外来种。

生物入侵方式有自然方式和人为方式两种。

自然方式是逐步蔓延和扩散，人类很难控制，如由于风、雨、鸟兽等原因造成的。

一般人为方式使得外来生物扩散到某一地方，然后自然扩散。

人为方式有主动和被动两种。

主动方式是指人类有意地一种引入外来生物，如饲养逃逸。

人为被动方式引入外来生物物种的方式可能来源于以下的物流过程。

1. 贸易产品的携带：木包装，垫舱板。

2. 运输工具：轮船（压舱水）。

3. 旅客携带：水果——禁止携带物。

4. 野外放生……

外来物种的危害主要是破坏生态平衡、毁灭农林业生产，进而破坏经济社会的发展。

目前中国有数十种入侵生物猖獗危害，数百种入侵生物敲击国门，数千种生物翘首以待进入中华大地。国际贸易与国际物流加速了入侵物种的形成、扩散和蔓延。美国由于外来物种入侵而导致的直接经济损失高达 1 370 亿美元/年。

美国于 20 世纪 70 年代从中国引进亚洲鲤鱼以改善生态，但随着数量的增加，亚洲鲤鱼已经向美国五大湖繁殖，危害当地的生态环境。为保护当地的生态，美国政府于 2009 年底开始大规模捕杀亚洲鲤鱼。2014 年 1 月，奥巴马政府宣布将斥资 180 亿美元耗时 25 年建堤坝防止五大湖遭到亚洲鲤鱼入侵。2014 年 9 月，美国专家到中国寻找解决亚洲鲤在美国泛滥的方法。

小麦矮腥黑穗病是导致小麦成为中美贸易谈判主要对象的原因。小麦矮腥黑穗病危害巨大，一旦传入，中国小麦产量有可能下降 50% 以上。中国应对美国小麦进口的管制措施为：指定口岸入境，入关后加工成面粉，再销售。

（资料来源：作者根据马占新培训资料整理而得）

五、进出口货物收付汇管理制度

进出口货物收付汇管理是我国实施外汇管理的主要手段，进出口货物收付汇管理制度是我国外汇管理制度的重要组成部分，也是国际物流管制的重要组成部分。

进出口货物的付汇与收汇均是采取外汇核销形式。

1. 出口货物收汇管理

我国对出口收汇管理采取的是外汇核销形式。国家为了制止出口企业外汇截留境外，提高收汇率，1991 年由中国人民银行、国家外汇管理局、对外贸易经济合作部、海关总署及中国银行联合制定了《出口收汇核销管理办法》。该《办法》采用《出口外汇核销单》的方式，对出口货物实施直接收汇控制。《出口外汇核销单》是跟踪、监督出口单位出口后收汇核销和出口单位办理货物出口手续的重要凭证之一。

该控制方式的具体内容是：国家外汇管理局制发出口外汇核销单[①]，报关单位在出口报关时向海关提交。出口货物海关放行运输出境后，报关单位向海关申请签发由海关签注盖章的"出口货物外汇核销单"和海关打印的"出口货物外汇核销单"出口收汇核销证明联。（见图 7-3）外汇管理部门凭海关签注的出口外汇核销单和出口货物报关单出口收汇核销联，以及银行出具的收汇凭证，办理收汇核销手续实行备案登记制。

[①] 出口货物外汇核销单，是一种通俗叫法，同样的叫法还有"出口核销单""核销单"，而真正其证明作用的应该是"出口收汇核销单"，是一个证明联，在海关打印这个证明联之前，会让出口企业先填一份单据——出口货物外汇核销单，这其实是一个办理过程。

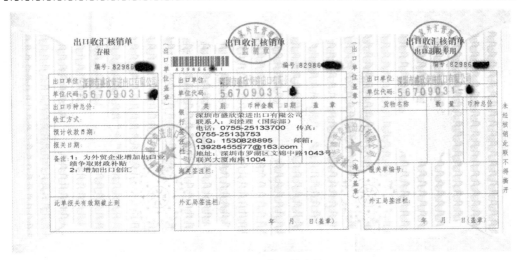

图 7-3　出口收汇核销单

2．进口货物付汇管理

国家为了防止汇出外汇而实际不进口商品的逃汇行为的发生，通过海关对进口货物的实际监管来监督进口付汇情况。

其具体程序为：进口企业在进口付汇前，需向付汇银行申请国家外汇管理局统一制发的"贸易进口付汇核销单"凭以办理付汇。货物进口后，报关单位在报关时向海关提交"贸易进口付汇核销单"，进口货物海关放行后，报关单位向海关申请签发经海关签注的"贸易进口付汇核销单"和海关打印的"进口货物报关单"进口付汇核销证明联（见图 7-4 和图 7-5）。进口单位或其代理人凭"贸易进口付汇核销单"和海关出具的"进口货物报关单"付汇证明联向国家外汇管理局指定银行办理付汇核销。

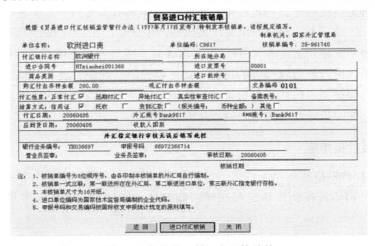

图 7-4　贸易进口付汇电子核销单

年　月贸易进口付汇到货核销表

进口单位名称：东莞市立盛精密模具有限公司　　组织机构代码：770188281　　　　　　　　　　第（　）页　共（　）页

付汇情况									到货报关情况							备注
序号	申报号码	进口付汇备案表号	付汇币种	其中		付汇日期	结算方式	付汇银行	应到货日期	报关单预录入编号	到货企业名称	报关币种	报关金额	进口日期	与付汇差额	
				购汇金额	现汇金额										退汇	其它
1	4419000000150 100721D027		EUR		52000	2010-7-21	预付款	中国银行东莞分行	2010-10-10	736097438	东莞市立盛精密模具有限公司	EUR	260000	2010-11-04		第一次
2	4419000000414 101015A001		EUR		208000	2010-10-15	预付款	中国建设银行长安支行	2010-12-15	736097438	东莞市立盛精密模具有限公司	EUR	260000	2010-11-04		第二次
3	4419000000150 101104D043		EUR		16600	2010-11-04	预付款	中国银行东莞分行	2011-01-04	746661081	东莞市立盛精密模具有限公司	EUR	83000	2011-01-18		第一次

本次付汇合计	笔数　3　笔	其中	购汇金额合计　USD	信用证合计　笔　USD	本次到货报关合计	报关单份数　2　份	本月退汇合计金额	备注
				托收合计　笔　USD				
	金额 USD367429.34		现汇金额合计 USD367429.34	预付合计　3　笔　USD367429.34		合计金额 USD473782.8	USD	
			USD367429.34	货到付款合计　笔　USD				
今年付汇累计	笔数　3　笔	其中	购汇金额合计　USD	信用证合计　笔　USD	今年到货报关合计	报关单份数　2　份	今年退汇累计金额	
				托收合计　笔　USD				
	金额 USD367429.34		现汇金额合计 USD367429.34	预付合计　3　笔　USD367429.34		累计金额 USD473782.8	USD	
			USD367429.34	货到付款合计　笔　USD				

核销员：方炜祺　　　负责人：　　　填报日期：2011年10月25日　　联系电话：13650393666

1、本表应于到货最后三十天内报送到外汇局。
2、一份报关单多次付汇的，在"付汇情况"栏只填写本次实际付汇情况；"到货情况栏"的"报关单各种金额"的报数应填关单的最终金额，并在备注栏注明该份报关单为第几次收款；该份报关单在"报关单各种金额"栏只统计一次，不能多次统计。
3、报关单数量较多的，可另纸填。

本核销表内容无误。（进口单位盖章）

图 7-5　进口付汇核销证明联

六、贸易救济制度

贸易救济是指在对外贸易过程中，一国产业如果由于受到不公平进口行为或过量进口的冲击，造成了不同程度的损害，该国政府所采取的帮助或救助活动。

为维护公平贸易和正常的竞争秩序，WTO 允许成员方在进口产品倾销、补贴和过激增长等给其国内产业造成损害的情况下，可以使用反倾销、反补贴和保障措施等贸易救济措施，保护国内产业不受损害。反倾销和反补贴措施针对的是价格歧视的不公平贸易行为，保障措施针对的是进口产品激增的情况。

（一）反倾销措施

1. 临时反倾销措施

临时反倾销措施在初步认定存在倾销倾向并调查结束前实施。主要措施有以下两种。

（1）提供现金保证金、保函或者其他形式的担保（商务部决定、公告，海关执行）。

（2）征收临时反倾销税（商务部建议，税则委员会决定，商务部公告，海关执行），临时反倾销措施开展的期限为 4（+5）月，即此期间不低于 4 个月，可延至 9 个月。

2．最终反倾销措施

征收反倾销税，程序同临时反倾销税。

案例介绍

美国更正对中国复合木地板反倾销行政复审终裁结果

2016 年 8 月 11 日，美国商务部发布公告更正于 2016 年 7 月 19 日对进口自中国的复合木地板（Multilayered Wood Flooring）反倾销行政复审终裁结果。更正后裁定：以下 16 家中国涉案企业亦适用中国普遍税率。

2016 年 7 月 19 日，美国商务部公布对中国复合木地板反倾销行政复审（2013—2014）终裁结果。本次行政复审的调查期为 2013 年 12 月 1 日—2014 年 11 月 30 日，涉案产品的美国协调关税号为：4412.31.0520、4412.31.0540 和 4412.31.0560 等。

16 家中国涉案企业名单如下表 7-5 所示。

表 7-5　16 家中国涉案企业名单

序　号	中国出口商/制造商英文名
1	Anhui Suzhou Dongda Wood Co., Ltd.
2	Baiying Furniture Manufacturer Co., Ltd.
3	Cheng Hang Wood Co., Ltd.
4	Dalian Jiuyuan Wood Industry Co., Ltd.
5	Fu Lik Timber (HK) Co., Ltd.
6	Guangzhou Homebon Timber Manufacturing Co., Ltd.
7	HaiLin XinCheng Wooden Products, Ltd.
8	Hangzhou Dazhuang Floor Co., Ltd (dba Dasso Industrial Group Co., Ltd)
9	Linyi Anying Wood Co., Ltd.
10	Qingdao Barry Flooring Co., Ltd.
11	Shanghai Anxin (Weiguang) Timber Co., Ltd.
12	Vicwood Industry (Suzhou) Co., Ltd.
13	Zhejiang AnJi XinFeng Bamboo & Wood Industry Co., Ltd.
14	Zhejiang Desheng Wood Industry Co., Ltd.
15	Zhejiang Haoyun Wooden Co., Ltd.
16	Zhejiang Shiyou Timber Co., Ltd.

（摘自：中国贸易救济信息网）

（二）反补贴措施

1．临时反补贴措施

一般持续时间为 4 个月（初裁补贴成立即实施）。

措施包括：担保形式（现金或者保函）或者征收临时反补贴税。

2．最终反补贴措施

征收反补贴税。（终裁补贴成立起实施，终裁前要磋商）（商务部建议，税则委员会决定，商务部公告，海关执行。）

案例介绍

　　中国就中美热敏纸、柠檬酸、铝合金型材等产品反补贴措施案向 WTO 申请成立专家组。

　　2016 年 7 月 14 日，WTO 发布公告称，中国于 2016 年 7 月 8 日根据《争端解决规则和程序备忘录》第 6 条和第 21.5 条、《1994 年关贸总协定》（GATT 1994）第 XXIII 条和《补贴与反补贴措施协定》第 30 条的规定就美国未有效履行 WTO 争端解决机构关于中国诉美国对其包括热敏纸、柠檬酸、铝合金型材、不锈钢管和太阳能板在内的部分产品反补贴措施案的裁决一事向 WTO 争端解决机构（DSB）申请成立专家组。详细内容，请参阅 WT/DS437/21。

　　2012 年 5 月 25 日，中国就该案向 WTO 争端解决机构申请与美国进行磋商。2012 年 8 月 20 日，中国就该案向 WTO 争端解决机构申请成立专家组。2012 年 9 月 28 日，WTO 争端解决机构就该案正式成立专家组。2014 年 7 月 14 日，专家组就该案完成其报告并发送给利益相关方。中国和美国分别于 2014 年 8 月 22 日、2014 年 8 月 27 日就该案专家组报告向 WTO 上诉机构提起上诉。2014 年 12 月 18 日，WTO 上诉机构就该案完成其报告并发送给利益相关方。2015 年 1 月 16 日，WTO 争端解决机构通过上诉机构修正后的专家组报告和上诉机构报告。2015 年 5 月 13 日，中国就美国未有效履行 WTO 争端解决机构裁决一事向 WTO 争端解决机构申请与美国进行磋商。

（资料来源：中国贸易救济信息网）

（三）保障措施

1．临时保障措施

增加关税（惩罚性）。不超过 200 天，计入保障总期限。　可不经磋商实施，如事后调查不能确认进口对国内产业形成损害或损害威胁，应退还所征税。

2．最终保障措施

可提高关税、纯粹数量限制和关税配额等形式。期限：4（+6）年，即此期间不超过4年，可延至10年。

表7-6所示为国际贸易救济制度。

表7-6　国际贸易救济制度

	反 倾 销	反 补 贴	保 障 措 施
适用对象	1．出口商的个人行为造成低于正常价格的低价 2．对国内同类产业造成损害	1．出口国的政府补贴造成低于正常价格的低价 2．对国内同类产业造成损害	1．进口产品数量激增 2．对国内产业造成难以补救的损害
临时阶段	1．征收临时反倾销税 2．要求提供保证金、保函或者其他形式的担保（4+5原则）	采取以保证金或者保函作为担保的征收临时反补贴税的形式（此期间不超过4个月，不能延长）	采取提高关税的形式（此期间不超过200天）
最终阶段	征收反倾销税	征收反补贴税	采取提高关税、数量限制和关税配额等形式4+6原则（不超过200天）

相关新闻

李克强：反对针对中国产品的不正当贸易救济措施

中国入世后，WTO的其他成员的国内产业针对中国产品的进口又多了一种贸易救济手段，即特别保障措施。贸易摩擦的发生是世界经济运行中的常态，然而从WTO成员在对华贸易中频频使用贸易救济措施和制造贸易摩擦来看，中国已成为世界贸易摩擦的最大受害国。

国务院副总理李克强2011年1月12日上午在伦敦会见了英国商务大臣凯布尔，部分英知名跨国公司负责人在座。李克强表示，中英都是经济大国，两国经贸合作基础良好、前景广阔。双方应建立更加富有战略性、长期性和全球性的经贸关系，共同促进经济增长。应进一步扩大相互投资，深化基础设施建设、高端制造业、服务贸易、能源开发和创新科技等领域合作，共同开发第三方市场。以更加开放的态度，促进相互投资与贸易。

李克强鼓励英国企业继续在华投资兴业，并表示鼓励中国企业到英投资创业。他说，中国将继续改善投资环境，为英国企业提供方便条件。也希望英方为中方商务人员往来提供更多方便，在欧盟内继续坚持自由贸易原则，反对针对中国产品的不正当贸易救济措施。

（摘自：百度百科，http://baike.baidu.com/link?url=lrbcDrsFMaDv8hlEVHULw80PM55aKHBv_ooF6lX1mbAi7Zm6A5_pFBn__3fJWEN7k3D820J-uyvZE5LJc7d6oa）

第三节　通关方式及流程

国际物流目前是国际贸易不可分割的重要组成部分，与国际贸易一样，都受到各个国家的管制。海关即物流管制的国门。通关作业是国际物流管制制度在实体上的执行形式，不可小觑，否则货物无法通关，会给货物收发方造成不可估量的经济损失。通关对国际物流的重要影响作用如图7-6所示。

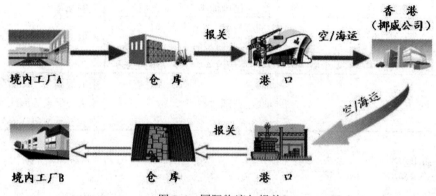

图7-6　国际物流与报关

通关作业分别在海关通关现场和直属海关审单中心两个层级上进行，包括物流监控、报关单电子数据申报、集中审单、接单审核/征收税费、查验和放行等各项作业环节。

一、基本通关方式及流程

一般进出口货物通关基本环节为申报—查验—征税—放行。加工贸易进出口货物通关基本环节为申报—查验—放行—结关—后期核销。

1. 企业申报

进出口企业可以采用委托报关单位制发电子数据报关单或自行制发的方式，以EDI方式或者通过中国电子口岸平台，向海关办理进出境货物的申报。

2. 海关审单

海关收到电子数据后，首先由计算机对数据进行检查，其完整性、逻辑性符合报关单填制规范要求的，转入审单中心人工审核，如不符合，则退回申报人要求重新填报。审核主要是申报的正确性、真实性的审核，主要集中于归类、价格、原产地、贸易性质及进出口管理条件，并计算相应税费；审核中如发现存在不符合要求时，海关可以要求申报人重新申报或者做出补充说明。

3．现场交单

经人工审单合格通过后，海关发出电子通知，申报人持打印出的纸质报关单到口岸现场办理交验报关单、海关要求的随附单证以及进出口的许可证件，并缴纳关税、进出口环节增值税或其他费用，方式可以采用银行交付、网上支付等。如海关确定查验的，申报人应按海关要求搬移、开拆货物，查验结束后，双方共同在查验记录上签字，如海关认为必要，也可径行查验。

4．海关放行，提取货物

海关收到税、费缴纳完毕的证明后，签发货物放行单交给申报人，申报人可以到码头或仓库提取货物，安排运输。

5．转关运输

如申报人希望在内地或者企业所在地的海关就近办理海关手续，可以在申报时提出转关申报（填制转关运输申报单），经海关审核同意，办理转关运输的手续，口岸海关将有关运输、货物等数据通过计算机网络传至主管地海关，待货物运至指运地后再办理审单、交单、征税等手续。

图 7-7 所示为一般贸易进口货物的通关作业流程图。

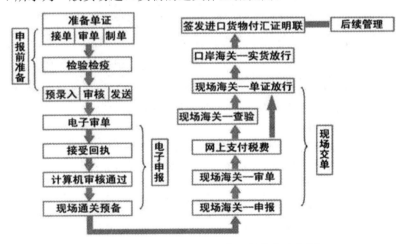

图 7-7　一般贸易进口货物的通关作业流程图

二、大通关

大通关是提高口岸工作效率工程的简称。所谓大通关，指的是口岸各部门、单位

和企业等，采取有效的手段，使口岸物流、单证流、资金流、信息流高效、顺畅地运转，同时实现口岸管理部门有效监管和高效服务的结合。它是涉及海关、外经贸主管部门、运输、仓储、海事、银行和保险等数个国家执法机关和商业机构的系统。

实施大通关，最直接的目的就是提高效率，减少审批程序和办事环节，口岸各方建立快捷有效的协调机制，实现资源共享，通过实施科学、高效的监管，以达到口岸通关效率的大幅度提高，真正实现"快进快出"。

"大通关"可以界定为三个环节：货物或交通工具代理人服务环节（货物代理人有浙江外运等，船舶代理人有宁波外轮公司等）；查验环节（查验单位有宁波海关、宁波出入检验检疫局等）；港区、航站的装卸作业环节（宁波港务集团公司、宁波民航站等）。

相关新闻

中国开展大通关现状介绍

以前，宁波出口企业产品的检验检疫都是手工检验，大通关后改为"电子监管"，这一变化使得奥克斯空调的仓储周期从 15 天减为 7 天，该企业有关负责人表示，按年出口 100 万台计，单仓储费用每年可节省 333 万元。据了解，它使全市 4 361 家企业的出口产品全部实现了电子监管。过去，为了在北仑港出口货物，象山企业人员必须赶到北仑来报检报关，否则无法验货放行，大通关用"多点报关报检，口岸放行"模式解决了这一难题。在这种通关模式下，企业可自主选择宁波任何区域报检报关并提交相关单证。为适应 IT 产品周转期短、交货期紧、批次多、零库存的生产特点，大通关为保税区 IT 企业量身定制了"集中报关"新模式，允许他们先备案后报关，多次报关手续集中为一次，使得全区 IT 企业节约了成本，竞争能力迅速增强。

口岸大通关不仅惠及本地企业，而且辐射到了周边城市。2006 年，适用宁波本地企业的便利通关措施对绍兴企业开放后，有 44.5%的绍兴货物在宁波口岸出口。宁波口岸通过大力改善通关环境等实在的措施，以往通过上海口岸的温州、义乌、台州、金华等地的货物，有 90%以上通过宁波口岸出口。宁波舟山港已经在绍兴、义乌、衢州等地建立了"无水港"。

2006 年 9 月 1 日，长三角区域大通关建设协作机制形成，"属地申报，口岸验放"新模式在上海、南京、杭州、合肥、武汉、南昌、长沙、成都、重庆、宁波 10 个城市推开。新模式将原来的"两次申报、两次查验、两次放行"变成"一次申报、一次查验、一次放行"。此后，宁波口岸专设了通关窗口，这意味着宁波舟山港已将其港口腹地延伸到长江沿线的内地区域。

（资料来源：大通关，http://baike.baidu.com/link?url=6hSP9W23WKF501q1vjPpmWWnSUdqBgAe2eFFntDhPCUFfySiNlTto6e7kOw61lx4R-F2-Vp0TpGMXIrb7SQt7K）

三、电子通关

采用网络信息技术，将检验检疫机构签发的出入境通关单的电子数据传输到海关计算机业务系统，海关将报检报关数据比对确认相符合，予以放行，这种通关形式叫电子通关。

"通关单联网核查"的基本要求为：一是先报检后报关；二是通关单纸质单证信息与通关单电子数据必须一致。

这里需要注意的电子放行包括两个方面：（1）电子通关主要是商检与海关之间的业务；（2）电子转单主要是产地和口岸商检之间的业务。

📢 **小提示：转单流程及相关规定**

出境转单：（1）产地局通过电子转单中心转送报检信息、签证信息等；（2）产地局需要出具书面商检资料，包括报检单号、转单号及密码；（3）口岸局审核产地局所提交的报检单号、转单号及密码；（4）口岸局出具《出口货物通关单》；（5）海关商检必要的查验。

进境转单：（1）口岸通过电子转单中心向指运地转送报检信息、签证信息等；（2）口岸局需要出具书面商检资料，包括报检单号、转单号及密码；（3）企业向指运地申请商检；（4）指运地商检，出证，发送电子回执给口岸局。

下列情形不转单：（1）出境货物产地预检的；（2）出境口岸不明的；（3）需到口岸并批的。

（资料来源：电子通关，http://baike.baidu.com/link?url=Ltm8NAE-pq8jz4e7KX4n0AuvE3Rb-mgg54u-uD5Mwfuxy7SR02GLJUAYQJo54_r6oR_lGP7eew3LZG1_6XPZm_）

目前一些国家开始利用电子通关手段开展海关通关绿色通道制度，即：电子申报，口岸只验证，不验货快速通关。目前在中国申报海关电子绿色通道的企业或货物，必须具备如下六个条件。

（1）年出口额 500 万美元以上。

（2）ISO9000 质量管理体系认证。

（3）质量稳定，2 年内未发生质量索赔和争议。

（4）1 年内无违规报检，2 年内无商检行政处罚。

（5）一、二类企业。

（6）必要的"原产地标记"注册适用绿色通道制度的要求：外贸经营单位、生产单位、报检单位均必须是绿色通道企业。

案例分析

中美海关 C-TPAT 联合认证开启通关 "绿色通道"

2016 年 3 月 7 日至 9 日，中美海关联合认证组对尚志鞋业（四川）有限公司和成都奥罗拉皮制品有限公司开展 C-TPAT 联合认证，两家企业全部顺利通过，这是四川企业首次通过该项目认证。海关总署新闻发言人张广志对记者表示，2016 年首轮中美海关联合认证已经全部结束，共认证企业 22 家，认证通过 21 家。通过该认证，标志着企业成功拿到了货物在美便利化通关的 "绿卡"。

C-TPAT（Customs-Trade Partnership Against Terrorism）计划是美国政府和商界在 9·11 事件之后共同实施的一项货物安全计划。中国海关总署与美国海关与边境保护局开展了供应链安全合作项目，促进贸易便利化。企业通过中美联合认证后，其货物在美通关速度较以往提高 50% 以上，平均查验率由认证前的 3% 降到 0.7%，其中 32% 的企业货物查验率为零，企业境外物流费用明显减少，70% 的企业在美港口、保险费用平均降幅达 35%，企业守法经营和安全管理意识普遍增强，95% 以上的企业认为参加联合认证有效提升了企业的内部管理、守法自律和贸易安全的意识和能力。

张广志表示，C-TPAT 联合认证合作，是中国海关落实国家 "走出去" 战略，促进贸易便利化的重要举措之一，旨在推动中国守法安全进出口企业资质获得美国海关认可，享受在美进口通关 VIP 待遇。自 2008 年以来中美海关先后在中国珠三角、长三角地区、环渤海以及福建、重庆、四川等地区开展了联合认证，截至今年 3 月，中美共开展了 14 批联合认证，认证企业 437 家，认证通过 373 家，通过率为 85.3%。

张广志还表示，中国海关近年来大力实施企业信用管理制度，按照 "诚信守法便利、失信违法惩戒" 的原则，着力强化本国企业守法安全培育和严格管理，使越来越多进出口企业成为诚信、守法、规范、安全的优质企业。通过实施包括 "企业协调员" "信任放行" "适用较低查验率" 等通关便利措施，有效降低包括对美出口企业在内的外贸企业通关成本，全力帮助企业 "走出国门"，提升企业参与国际贸易过程中的竞争力。

（资料来源：中华人民共和国海关总署官网）

电子通关要求所备的纸质单证转化为电子单证，或者备好相关机构出具的电子单证，再行电子通关手续，如图 7-8 所示。对于某些还是需要出具纸质单据的通关货物，为了实现快速通关，电子通关提供了一种模式，就是 "无纸报关、事后交单"。经海关审核准予适用于该通关模式的企业（一般是诚信水平较高的 A 类企业）采取电子数据的方式录入报关单向海关申报，经海关审核满足计算机自动放行条件的，货物可在放行后在规定期限内向海关递交纸质报关单证。

· 180 ·

图 7-8 中国电子口岸

四、区域通关方式

（一）区域通关的内容

所谓区域通关，就是在区域范围内，以跨关区快速通关为基础，利用信息化手段，整合口岸和内地海关管理资源，倡导企业守法便利，简化海关手续，提高通关效率，提升海关通关监管工作整体效能。区域通关流程如图 7-9 所示。

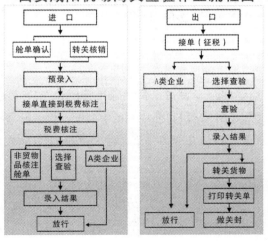

图 7-9 区域通关流程图

目前，区域通关实行"3+1"的新通关模式，具体内容如下。

1．应转尽转

除进口汽车整车以及列入《中华人民共和国海关转关货物的监管办法》（海关总署令第 89 号）"限制转关物品清单"的进出口货物，凡企业提出转关申请，并符合海关监管条件的，海关原则上按照企业自主选择予以转关；如不予转关，必须按规定程序报上级批准，并向企业做出说明。

2．"属地申报、口岸验放"通关方式

即符合海关规定条件的守法水平较高的企业，在其货物进出口时，可以自主选择向其属地海关（比如兰州海关）申报纳税，在货物实际进出境地海关办理货物验放手续的一种通关方式。目前兰州海关与天津、连云港、青岛海关开通这一模式，符合条件的企业可以向海关申报纳税，在口岸海关办理货物验放手续，如图 7-10 所示。

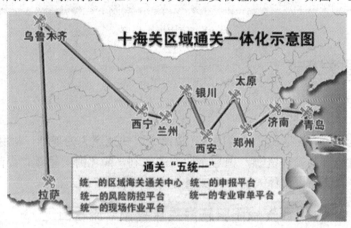

图 7-10　区域通关一体化

现状介绍

长江经济带通关一体化

据介绍，为进一步推动贸易便利化，2014 年以来，海关总署大力推行区域通关一体化改革，而长江经济带区域通关一体化更是整个改革的重头戏。长江沿线涉及 9 个省、2 个直辖市，约 6 亿人口，区内 12 个直属海关报关单占全国海关报关单总量的 48.6%。2014 年 9 月 22 日，长江经济带海关区域通关一体化改革在长三角的上海、南京、杭州、宁波、合肥 5 个海关率先启动。2014 年 12 月 1 日，随着长江中上游的南昌、武汉、长沙、重庆、成都、贵阳、昆明 7 个海关的正式加入，长江经济带"十二城海关如一关"格局正式形成（见图 7-11）。

图7-11　长江经济带海关区域

"简单地说,就是长江经济带12个海关所有通关作业现场通过信息网络互联互通,形成一个虚拟的'区域通关中心',按照1个海关的规则来运作。"重庆海关监管通关处处长韩冀忠介绍,今后,长江经济带9省2市的企业就被视为一个关区的企业,通关效率更高,物流成本更低,更能充分发挥竞争优势,扩大市场,这对远离出海口的重庆等中西部企业是一重大利好。

资料来源:网易新闻"长江经济带海关区域通关一体化改革正式启动",http://news.163.com/14/1202/09/ACEUOF8O00014AED.html

3. "粤港澳快速通关"方式

"加1"是指积极探索区域虚拟审单作业机制。

(二)通关模式的优越性

(1)口岸直接放行,没有转关。

(2)属地海关对企业的长期了解,避免了通关过程中不必要的质疑、磋商、查验环节。

(3)减少了作业环节和作业时间。

(4)避免了企业属地和口岸之间多次往返和函电联系。

五、特殊通关方式

(一)集中申报

集中申报是指经海关备案,进出口货物收发货人(以下简称收发货人)在同一口岸多批次进出口规定范围内货物,可以先以《中华人民共和国海关进口货物集中申报清单》或者《中华人民共和国海关出口货物集中申报清单》申报货物进出口,再以报

关单集中办理海关手续的特殊通关方式。

进出口货物收发货人可以委托 B 类以上管理类别（含 B 类）的报关企业办理集中申报有关手续。

📢 **小常识：适用集中申报通关的货物**

经海关备案，下列进出口货物可以适用集中申报通关方式。

（1）图书、报纸、期刊类出版物等时效性较强的货物。

（2）危险品或者鲜活、易腐、易失效等不宜长期保存的货物。

（3）公路口岸进出境的保税货物。

收发货人应当在货物所在地海关办理集中申报备案手续，加工贸易企业应当在主管地海关办理集中申报备案手续。

（资料来源：《中华人民共和国海关进出口货物集中申报管理办法》）

（二）便捷通关

国家为促进大型高新技术企业的生产，而专门设置的通关优惠措施，包括提前报关、联网报关、加急通关、快速转关、上门验放、担保验放、一地两检和起运港退税等。

提前报关，实货放行，程序如下：进口舱单的电子数据—网络传送—海关—审核报关单证—征收税费—单证放行—进口货物到港—实物查验—放行。此种通关方式，极大加快了口岸物流速度，减少了企业滞箱费用。

适用担保验放措施规定内的企业办理货物的进出口手续时，出现因暂时无法提供某些单证（不包括进出口许可证件）或其他信息或海关无法确定货物的商品归类、估价等结关条件而不能及时验放货物的问题，企业可以根据与海关签订的《责任担保书》填制"进（出）口货物担保验放清单"，先行办理货物验放手续，事后在规定时间内补充提供有关单证或信息，补交税款或补办其他规定手续，而不需提供任何形式的财产担保。国家对进出境货物有限制性规定以及法律、行政法规规定不得担保的除外。注意：担保验放措施仅适用于获得海关审批同意的便捷通关企业，且企业必须获得适用担保验放资格。

一地两检是指双方口岸单位在同一地点，按各自查验标准，共同对出入境人员、交通工具和货物统一实行联合检查，从而简化对出入境旅客及货物车辆的验放手续，提高通关效率。

启运港退税政策是国务院《关于推动上海加快发展现代服务业和先进制造业，建设国际金融中心和国际航运中心的意见》中备受关注的政策之一。所谓启运港退税政策，即从启运港发往洋山保税港区中转至境外的出口货物，一经确认离开启运港口，即被视同出口并可办理退税。

政策了解

海关总署解读《加快海关特殊监管区域整合优化方案》

一、《加快海关特殊监管区域整合优化方案》的出台背景

自1990年上海外高桥保税区设立以来，国务院先后共批准设立了保税区、出口加工区、保税物流园区、保税港区、综合保税区和跨境工业区等6类160个海关特殊监管区域。经过整合，目前全国共有海关特殊监管区域122个，为承接国际产业转移、推进区域经济协调发展、促进对外贸易和扩大就业等做出了积极贡献。

2012年，国务院出台了《国务院关于促进海关特殊监管区域科学发展的指导意见》（国发〔2012〕58号，以下简称国发58号文），首次在国家层面明确提出稳步推进整合优化，促进海关特殊监管区域科学发展。党的十八届三中全会通过的《中共中央关于全面深化改革若干重大问题的决定》，进一步提出了"加快海关特殊监管区域整合优化"的重要举措。

当前，世界经济复苏艰难曲折，全球贸易持续低迷，国际产业转移出现新动向，国内发展处于转型期和换档期，开放型经济面临严峻挑战。我国经济发展进入新常态，正在实施新一轮高水平的对外开放，特别是实施"一带一路"、京津冀协同发展、长江经济带等国家重大战略，推动外贸稳定增长和转型升级，促进经济平稳健康发展，对海关特殊监管区域发展提出了新的更高要求。同时，海关特殊监管区域在发展过程中也面临一些亟待解决的问题。为此，需要在国家层面出台加快海关特殊监管区域整合优化举措。

2014年3月起，海关总署会同国家发展改革委、财政部、国土资源部、住房城乡建设部、交通运输部、商务部、税务总局、工商总局、质检总局和外汇局等10部委，在深入调研、反复论证基础上，形成了《方案》，并于2015年8月28日由国务院办公厅正式印发。

二、《加快海关特殊监管区域整合优化方案》的组织实施

在整合优化举措的进度安排上，《方案》分近期、中期、远期做出了相应部署，将一些相对成熟或可先行先试的措施安排在近期，其他措施根据实施难易程度安排在中期、远期。

2015—2016年，进一步严格海关特殊监管区域新设审批，加快存量整合，落实退出机制，简化整合、新设的审核和验收程序；推进口岸与海关特殊监管区域以及海关特殊监管区域间联动发展；在符合条件的海关特殊监管区域积极开展内销选择性征收关税、货物状态分类监管、贸易多元化等试点；支持区内企业利用剩余产能承接境内

区外委托加工；推广期货保税交割、境内外维修、融资租赁等监管制度；按照公平竞争原则开展并扩大跨境电子商务进口业务；同时，加快信息化系统建设步伐，实现相关管理部门信息互换、监管互认、执法互助，推进国际贸易"单一窗口"建设。

2017—2018年，在总结前期试点的基础上，加快复制推广试点成熟的创新制度措施；修订完成统一的《中华人民共和国海关对综合保税区监管办法》，为整合优化提供法律保障；构建海关特殊监管区域发展绩效评估体系，健全与海关特殊监管区域发展要求相适应、相配套的制度体系。

2019—2020年，制定综合保税区管理条例；完善相关政策；努力将海关特殊监管区域打造为自由贸易试验区的重要载体；服务"一带一路"发展战略，建立与沿线国家海关特殊监管区域的常态化和务实性合作机制。

（资料来源：作者根据"海关总署解读《加快海关特殊监管区域整合优化方案》"整理而得，摘自中华人民共和国海关总署官网）

本章小结

本章分别介绍了国际物流管制机构及其功能、国际物流管制的相关制度政策、国际物流通关流程、海关检验检疫作业对国家安全的保障作用、国际物流通关的方式。学生需要重点掌握国际物流管制的相关制度政策，熟悉国际物流通关流程，善于使用多种国际物流通关的方式。

延伸阅读

海关特殊监管区域

随着经济全球化分工与整合的发展，国际物流的影响越来越重要，快速通关的需求亟待解决。为了促进国际贸易的发展，许多国家都推出了保税区与自由贸易区，在这些地区，海关实行特殊监管政策。

一、海关特殊监管区域

目前，海关特殊监管区域约有八种模式：保税物流中心（A型、B型）、保税区、出口加工区、保税物流园区、保税港区、综合保税区、自由贸易区、跨境工业园区（包括珠海跨境工业园区、霍尔果斯边境合作区）。在这些区域，海关对进出货物实行特殊监管政策，此地区的国际物流也成为保税物流。

保税物流是指在海关特殊监管区域内从事物流相关业务，也泛指与保税货物相关的物流活动。

保税物流的功能主要包括保税仓储、国际物流配送、简单加工、检验检测维修、进出口贸易和转口贸易、商品展示、入物流中心出口退税等。

这里重点介绍一下保税物流中心，分为 A 型、B 型。

（一）A 型

A 型保税物流中心是指经海关批准、由中国境内企业法人经营、专门从事保税仓储物流业务的海关监管场所。

保税物流中心 A 型按照服务范围分为公用型物流中心 A 型和自用型物流中心 A 型。

（1）公用型的物流中心是指专门从事仓储物流业中国境内企业法人经营，向社区提供保税仓储物流综合服务的海关监管场所。

（2）自用型的物流中心是指中国境内法人经营。仅向本企业或者本企业承包集团内部成员提供保税仓储物流服务的海关监管场所。

（二）B 型

B 型保税物流中心由中国境内一家企业法人经营、多家企业进入并从事保税仓储物流业务的海关监管集中场所。

（三）保税物流中心 A、B 型的区别

1. 构成区别

A 型保税物流中心是指由一家法人企业设立的并经营的保税物流服务的海关监管场所，而 B 型保税物流中心是指由多家保税物流企业在空间上集中布局保税物流的海关监管场所。

2. 审批和验收程序

A 型保税物流中心应由企业申请经直属海关审批并由直属海关会同省级国税、外汇管理局等部门验收。

B 型物流中心由直属海关授理审核后报海关总署审批，并由海关总署国家税务总局和国家外汇管理局等部门组成联合验收小组进行验收。

3. 企业资格条件

A 型保税物流中心因主要针对大型生产型的跨国公司和大型物流企业，因而对申请设立企业资格要求较高，要求企业注册资本最低为 3 000 万元人民币。

B 型物流中心经批准设立后，对企业的入驻资格要求较低，以注册资本为例，只需达到 5 万元人民币即可。

4. 出口中心货物管理

无论保税物流中心是 A 型还是 B 型，保税存储货物范围，辐射范围基本相同。可以面向国内外两个市场进行采购、分拨、配送。但在货物存储期限方面存在区别：A 型保税物流中心货物存储期限为 1 年，B 型保税物流中心货物存储期限为 2 年，特殊

情况可予延期。

（四）主要功能

保税物流中心主要有九大功能：保税仓储、国际物流配送、简单加工和增值服务、检验检测、进出口贸易和转口贸易、商品展示、物流信息处理、口岸、入物流中心出口退税。主要从以下四方面为国际贸易企业提供便利。

（1）解决一般贸易出口商品入中心退税问题。

（2）解决一般贸易进口商品保税问题。

（3）解决加工贸易中的深加工和结转货物问题。

（4）是有利于降低物流成本和增加物流服务价值。

二、国际保税物流的发展

中国已经成为全球制造业的主要生产基地，生产的产品以外销为主，同时兼营中国国内市场，这些企业采用的加工形式多数为保税形式的加工，称为加工贸易企业。加工贸易企业的进出口额已经超过中国总进出口额的一半。

（一）加工贸易企业的保税物流内容

加工贸易企业的保税物流包括关务、储运、保税物流策划与管理。其中关务是指实际进行的海关备案、手册管理、报关报备、核销、转厂、进出口等关务工作；储运是指实际货物的仓储、分拣、包装、运输工作；保税物流策划与管理是指针对加工贸易企业的实际经营需要结合实际的国家政策而制订的企业实际保税物流运营模式的策划修改与实施管理。

（二）保税模式

保税模式根据加工贸易的流程可以分为多种。

1. "两头在外"模式

即生产所用原材料全部在海外采购，生产的产品全部销往海外。

2. "两头在内"模式

即生产所用原材料全部在国内其他加工贸易企业处采购，生产的产品全部销售给国内的其他加工贸易企业。

3. "保税内销"模式

即生产所用原材料全部在海外采购，生产的产品全部在中国国内销售。

4. "非保外销"模式

即生产所用原材料全部在中国国内采购，生产的产品全部销往海外。

5. "委托加工"模式

"委托加工"模式包含"接受委托模式"和"委外加工模式"两种。

"接受委托模式"就是接受其他企业的生产所用原材料并生产的产品全部返回给

该企业的模式。

"委外加工模式"就是委托其他企业生产产品并提供全部原材料的模式。

（三）保税物流服务对象

企业在物流运行中如有以下情况皆适合保税物流服务。

（1）加工型企业，跨关区转厂。

（2）国内生产型或外贸企业，但购买方为东莞深圳或珠三角其他地方的加工型企业，贸易方式是FOB香港，或境外交易；俗称"境外一日游"的出口转内销。

（3）机械设备，机电产品，电子产品，大宗原材料类产品，生产企业出口需要提前办理退税手续，或购买方为国内加工型企业。

（4）发往国外货物因品质或包装退运，须返回工厂检测或维修的。

（5）国外批量进口，但生产商VMI管理的，需要分不同时间段供货。

（6）进口设备或原材料，因许可证未办理或购买客户未确认等原因需要在港口滞留。

（7）加工型企业因海关要求需要完成手册核销，但料件与成品需要转结或退港的。

我国自1990年批准设立第一个保税区以来，截至2012年已批准设立了110个海关特殊监管区域。包括12个保税区、47个出口加工区、5个保税物流园区、14个保税港区、30个综合保税区和2个跨境工业园区。其中东部沿海地区78个，内陆及沿边地区32个。截至2016年2月底，国家海关共批复46家保税物流中心。

经过多年探索，我国海关特殊监管区域已形成较大的外贸进出口规模、较强的加工制造能力和较好的社会经济效益，逐步成为我国扩大开放的重要窗口，吸引境内外投资的重要载体，促进加工贸易健康发展的先行先试先导区。

（资料来源：作者根据百度百科"海关特殊监管区域"和"保税物流中心"以及培训资料整理编制而得）

本章思考题

一、选择题

1. 转关运输的进口货物，如属许可证管理商品，其许可证应按下列哪种规定交验？（　　）

A. 应在办理转关运输手续时，直接向指运地海关交验

B. 应在办理进口手续时，直接向指运地海关交验

C. 应事先向指运地海关交验，经审核后由指运地海关核发《进口转关运输货物联系单》封交进境地海关

D. 在办理转关运输和进口手续时，分别向进境地海关和指运地海关交验

2. 根据《中华人民共和国海关法》的规定，进口货物的收货人向海关申报的时限是（　　）。

A. 自运输工具申报进境内之日起 7 日内

B. 自运输工具申报进境内之日起 10 日内

C. 自运输工具申报进境内之日起 14 日内

D. 自运输工具申报进境内之日起 15 日内

3. 一批易腐进口货物通关时因涉嫌走私被海关扣留，在被扣留期间货物发生变质，根据现行规定，对此损失应以下述哪种方式处理？（　　）

A. 因货物发生变质与收货人或其代理人涉嫌走私有关，故该损失由其承担 50%，海关赔偿 50%

B. 因其变质与海关扣留货物有关，故该损失应由海关承担

C. 因其变质是在海关正常工作程序所需时间内发生，海关不予以赔偿

D. 走私行为被确认后损失应由收货人或其代理人自负；对未构成走私，其损失由海关负责赔偿

二、判断题

1. 对属于进口付汇的货物，海关在货物放行时将出具一份盖有海关验讫章的电脑打印报关单，交进口人向税务机关申请退税。（　　）

2. 某进出口公司已申报的货物，在海关查验放行后，部分货物因故未能装上出境运输工具。如果货物不再出口，当事人可向海关申请对该部分货物作退关处理，海关可退还该部分货物的已征出口关税。（　　）

三、名词解释

1. 进出口许可证制度

2. 进出口配额限制制度

3. 集中申报

四、简答题

1. 国际物流管制的目的是什么？

2. 国际物流的管制制度都有哪些？

3. 简述海关通关流程。

4. 便捷通关方式有哪几种？除此之外，还有哪些通关方式可以为国际贸易企业提供通关便利？

五、案例分析

1. 某报关公司安排小孙跟随报关员老刘学习报关知识，小孙进报关大厅面对着各个窗口上的标志片说："老刘，海关对进出口货物监管是否分为预录入、申报、查验、征税、退税五个环节？"老刘说："五个环节你只讲对了 3 个。"你知道小孙讲错了哪两个吗？为什么？

2. 某专业报关公司受境内一企业委托，在向海关办理货物进口申报手续时，按规定交验了报关单及随附的货运和商业单证，海关认为以上单证还不足以证明该批货物的进口经营是合法的。海关的做法对吗？为什么？

六、实训题

1. TIHONG 电器公司是 2003 年 12 月在江苏省××市高新技术区新建的外商投资企业，已注册登记为自理报关单位。现因业务需要，要在宁波市进出口商品，公司安排了小李去办理相关手续，小李应携带哪些材料（证件）到哪里办理何种手续？

2. 江苏某沿海城市为发展农业产业化经营，生产某种牲畜越冬需吃的草料，其不但满足了国内畜牧业的需要，而且大量出口，在国际市场占有率已达 10%。该产品出口时，需到 150 公里以外的海关办理报关手续。为方便报关，提高出口产品的竞争力，该市要求在当地设立海关，你认为可否？

第八章

国际物流关税筹划

学习目标

- 了解并学习进口货物完税价格的关税筹划；
- 了解并学习出口货物完税价格的关税筹划；
- 了解并学习关税税率的关税筹划；
- 了解并学习原产地的关税筹划；
- 了解并学习特别关税的关税筹划。

引导案例

关税筹划可以为企业节省成本

如果您是一家钢铁公司的老板，您的钢厂急需进口一批铁矿石，在可供选择的进货渠道中有两家：一是澳大利亚；二是加拿大。如果进口需求为10万吨，从澳大利亚进口优质高品位铁矿石，其价格为20美元一吨，运费10万美元；若从加拿大进口较低品位的铁矿石，价格为19美元一吨，但由于其航程为从澳洲进口的两倍，又经过巴拿马运河，故运费及杂项费用高达25万美元，且其他费用比前者只高不低，在此种情况下，您作为老板应选择何种进货渠道呢？

这里特别需要注意的一点是，对于买方付给我方的正常事后折扣，应从完税价格中加以扣除。如果您在一笔交易中获取了100万美元的折扣，但因您不了解上项扣除，在关税税率为20%的情况下，您将并不情愿地为国家做出20万美元的贡献。

（资料来源：进口货物完税价格避税筹划[EB/OL]. http://www.chinaacc.com/new/253_255_201110/25ca931299372.shtml）

【分析】

澳大利亚铁矿石完税价格基础=20×10+10+其他=210+其他费用

加拿大铁矿石完税价格基础=19×10+25+其他=215+其他费用

通过上述简单的数学公式，您不难做出选择——从澳大利亚进口铁矿石。若按20%征收进口关税的话，您至少可以避税1万美元。

通过上述资料及分析可以明白一个道理，国际物流在国家之前的流通受到多种管制，其中影响比较大的是关税制度，各个国家提供了多种关税计算方法可供选择，那么作为微观的货物流通企业来说，有必要对这些关税制度进行了解并进行相应的经济筹划，降低国际物流的成本，获取更多的经济利益。

第一节　进口货物完税价格的关税筹划

《商品名称及编码协调制度》（Harmonized System，HS或HS编码，简称《协调制度》）是国际贸易中进出口商品的分类目录，在各国进出口贸易中发挥着无可替代的作用。《协调制度》将国际贸易涉及的各种商品按照生产部类、自然属性和不同功能用途等分为21类、97章。《协调制度》的前6位数是HS国际标准编码，HS有1241个四位数的税目、5113个六位数子目。部分国家根据本国的实际，已分出第七、八、九、十位数码。

世界海关组织对2007版《协调制度》53个章节中的部分章注、子目注释、品目及子目作了修改，新增了164个子目，6位子目总数从5052个增加到5216个。在2012版《协调制度》中，第1~24章是本次修订的重点，其中涉及的动、植物及食品类的部分章节修改数量逾总修订的三分之一。

自2013年1月1日起，我国对进出口税则中部分税目进行调整，增列硒化氢、垃圾焚烧炉、生物杀虫剂、混凝土泵车等税目。调整后，我国2013年进出口税目总数由2012年的8194个增至8238个。

由于关税税目规定明晰、税率的适用对象具体以及税基、减免优惠等方面的规定相当详尽，如我国2002年版进口税则的关税税目数为7316个，其中HS2002年版有5224个六位税目，出口税则税目总数为36个，因此，关税税务筹划不像其他各税那样有较大的弹性空间。

但确定完税价格的依据和方法、同一商品的税率等方面的规定却是不唯一的，有多种方案可供纳税人选择，这就为纳税人在国家税法规定的范围内，选择税收负担最轻的方法来计算和缴纳关税、进行关税的税务筹划提供了条件。

《海关法》规定，进口货物的完税价格，由海关以该货物的成交价格为基础审查确定，成交价格不能确定时，完税价格由海关依法估定。

一、进口货物完税价格的审定方法

根据《海关法》和《关税条例》的规定，进口货物以海关审定的正常成交价格为基础的到岸价格作为完税价格。到岸价格包括货价，加上货物运抵中华人民共和国关境内输入地点起卸前的包装费、运费、保险费和其他劳务费等费用。

到岸价格通常要运用实付或应付价格进行修订。实付或应付价格是指买方为购买进口货物直接或间接支付的总额，即作为卖方销售进口货物的条件，由买方向卖方或为履行卖方义务向第三方已经支付或将要支付的全部款项。

（一）对到岸价格的补充内容

如果下列费用或者价值未包括在进口货物的实付或者应付价格中，应当计入完税价格，例如：

（1）由买方负担的除购货佣金以外的佣金和经纪费。

（2）由买方负担的与该货物视为一体的容器费用。

（3）由买方负担的包装材料和包装劳务费用。

（4）可以按照适当比例分摊的，由买方直接或间接免费提供，或以低于成本价方式销售给卖方，或有关方使用的货物或服务的价值，例如：

① 该货物包含的材料、部件、零件和类似货物。

② 在生产该货物过程中使用的工具、模具和类似货物。

③ 在生产该货物过程中消耗的材料。

④ 在境外进行的为生产该货物所需的工程设计、技术研发、工艺及制图等。

（5）与该货物有关并作为卖方向我国销售该货物的一项条件，应当由买方直接或间接支付的特许权使用费。

（6）卖方直接或间接从买方对该货物进口后转售、处置或使用所得中获得的收益。

（二）对到岸价格的减免内容

如果能与该货物实付或者应付价格区分的费用，不得计入完税价格，例如：

（1）厂房、机械、设备等货物进口后的基建、安装、装配、维修和技术服务的费用。

（2）货物运抵境内输入地点之后的运输费用。

（3）进口关税及其他国内税。

（三）完税价格的审定方法

根据进口货物不同的成交价格，海关对最终完税价格的审定方法，通常有以下三种。

1．成交价格为 CIF 价格

CIF（Cost Insurance and Freight），到岸价格，即货价+运费+保险费。

完税价格=CIF 价格

2．成交价格为 FOB 价格

FOB（Free On Board），即装运港船上交货价，是指卖方在约定的装运港将货物交到买方指定的船上。按此术语成交，卖方负责办理出口手续，买方负责派船接运货物，买卖双方费用和风险的划分，则以装运港船舷为界。

$$完税价格=FOB 价格+运费+保险费$$

$$或完税价格=（FOB 价格+运费）/（1-保险费）$$

3．成交价格为 CFR 价格

CFR（Cost and Freight），即货价+运费价，是指卖方必须负担货物运至约定目的港所需的成本和运费。

$$完税价格=CFR 价格+保险费$$

$$或完税价格=CFR 价格/（1-保险费）$$

（四）进口货物成交价格的规定

按照现行审价制度规定，进口货物成交价格应当符合下列规定。

（1）买方对进口货物的处置或使用不受限制，但国内法律、行政法规规定的限制和对货物转售地域的限制，以及对货物价格无实质影响的限制除外。

（2）货物的价格不得受到使该货物成交价格无法确定的条件或因素的影响。

（3）卖方不得直接或间接获得因买方转售、处置或使用进口货物而产生的任何收益，除非能够按照《完税价格办法》有关规定做出调整。

（4）买卖双方之间没有特殊关系，如果有特殊关系，应当符合《完税价格办法》的有关规定。买卖双方之间如有特殊经济关系或对货物的使用、转让互相订有特殊条件或有特殊安排，应如实向海关申报。海关经调查认定买卖双方的特殊经济关系、特殊条件或特殊安排影响成交价格时，有权不接受申报价格。

在确定进出口货物的完税价格，运用税率并将外币折算成人民币后，海关即填发税款缴纳证，纳税人凭其于开设的次月起 7 日内（星期日和节假日除外），向指定银行缴款，并将回执联送交海关，海关在报关单上盖放行章后，收发货人即可凭其提（装）货。

二、进口货物完税价格的估定方法

进口货物的价格不符合成交价格条件或者成交价格不能确定的，海关应当依次以相同货物成交价格法、类似货物成交价格法、倒扣价格法、计算价格法及其他合理方

法确定的价格为基础，估定完税价格。

如果进口货物的收货人提出要求，并提供相关资料，经海关同意，可以选择倒扣价格方法和计算价格方法的适用次序。

（一）相同或类似货物成交价格方法

采用相同或类似货物成交价格方法估定完税价格，需要满足如下条件。

1．时间接近

参照货物与被估的进口货物同时或大约同时（在海关接受申报进口之日的前后各45天以内）估定完税价格。

2．种类相同或接近

参照货物与被估的进口货物种类相同或类似的货物成交价格为基础，估定完税价格。

"相同货物"是指与进口货物在同一国家或地区生产的，在物理性质、质量和信誉等所有方面都相同的货物，但表面的微小差异允许存在。

"类似货物"是指与进口货物在同一国家或地区生产的，虽然不是在所有方面都相同，但却具有相似的特征，相似的组成材料，同样的功能，并且在商业中可以互换的货物。

3．进口批量相同或类似

应使用与被估的进口货物进口数量基本一致的成交价格，估定完税价格但对因运输距离和运输方式不同，在成本和其他费用方面产生的差异应当进行调整。

4．产地相同或类似

以该方法估定完税价格时，应当首先使用同一生产商生产的相同或类似货物的成交价格，只有在没有这一成交价格的情况下，才可以使用同一生产国或地区生产的相同或类似货物的成交价格。

在没有上述的相同或类似货物的成交价格的情况下，可以使用不同商业水平或不同进口数量的相同或类似货物的成交价格，但对因商业水平、进口数量、运输距离和运输方式不同，在价格、成本和其他费用方面产生的差异应当做出调整。另外，如果有多个相同或类似货物的成交价格，应当以最低的成交价格为基础，估定进口货物的完税价格。

（二）倒扣价格方法

倒扣价格方法是以与被估的进口货物、相同或类似进口货物在境内销售的价格为基础，估定完税价格。

按该价格销售的货物应当同时符合以下五个条件。

（1）在被估货物进口时或大约同时销售。

（2）按照进口时的状态销售。

（3）在境内第一环节销售。

（4）合计的货物销售总量最大。

（5）向境内无特殊关系方的销售。

以该方法估定完税价格时，应当扣除的项目有以下三种。

（1）该货物的同等级或同种类货物，在境内销售时的利润和一般费用及通常支付的佣金。

（2）货物运抵境内输入地点之后的运费、保险费、装卸费及其他相关费用。

（3）进口关税、进口环节税和其他与进口或销售上述货物有关的国内税。

（三）计算价格方法

计算价格方法是以相关项目的总和计算出的价格估定完税价格。相关项目主要包括以下三个方面的内容。

（1）生产该货物所使用的原材料价值和进行装配或其他加工的费用。

（2）与向境内出口销售同等级或同种类货物的利润、一般费用相符的利润和一般费用。

（3）货物运抵境内输入地点起卸前的运输及相关费用、保险费。

（四）其他合理的估价方法

使用其他合理方法时，应当根据《完税价格办法》规定的估价原则，以在境内获得的数据资料为基础估定完税价格。但不得使用以下价格。

（1）境内生产的货物在境内的销售价格。

（2）可供选择的价格中较高的价格。

（3）货物在出口地市场的销售价格。

（4）以计算价格方法规定的有关各项之外的价值或费用计算的价格。

（5）出口到第三国或地区的货物的销售价格。

（6）最低限价或武断虚构的价格。

三、特殊进口货物完税价格的确定

（一）加工贸易进口料件及其制成品

加工贸易进口料件及其制成品需征税或内销补税的，海关按照一般进口货物的完税价格审定完税价格。其中具体规定如下所列。

（1）进口时需征税的进料加工进口料件，以该料件申报进口时的价格估定。

（2）内销的进料加工进口料件或其制成品（包括残次品、副产品），以料件原进口时的价格估定。

（3）内销的来料加工进口料件或其制成品（包括残次品、副产品），以料件申报内销时的价格估定。

（4）出口加工区内的加工企业内销的制成品（包括残次品、副产品），以制成品申报内销时的价格估定。

（5）保税区内的加工企业内销的进口料件或其制成品（包括残次品、副产品），分别以料件或制成品申报内销时的价格估定，如果内销的制成品中含有从境内采购的料件，则以所含从境外购入的料件原进口时的价格估定。

（6）加工贸易加工过程中产生的边角料，以申报内销时的价格估定。

（二）租赁、租借方式进境的货物

租赁、租借方式进境的货物，主要有以下三方面规定。

（1）租赁方式进口的货物中，以租金方式对外支付的租赁货物，在租赁期间以海关审定的租金作为完税价格。

（2）留购的租赁货物，以海关审定的留购价格作为完税价格。

（3）承租人申请一次性缴纳税款的，经海关同意，按照一般进口货物估价办法的规定估定完税价格。

（三）留购的进口货样等

国内单位留购的进口货样、展览品和广告陈列品，以留购价格作为完税价格。但是，买方留购货样、展览品和广告陈列品，除按留购价格付款外，又直接或间接给卖方一定利益的，海关可以另行确定上述货物的完税价格。

（四）运往境外加工的货物

运往境外加工的货物，出境时已向海关报明并在海关规定期限内复运进境的，应当以加工后货物进境时的到岸价格与原出境货物或者相同、类似货物在进境时的到岸价格之间的差额，作为完税价格。如上述原出境货物在进境时的到岸价格无法得到时，可用原出境货物申报出境时的离岸价格替代。如上述两种方法的到岸价格都无法得到时，可用该出境货物在境外加工时支付的工缴费加上运抵我国关境输入地点装卸前的包装费、运费、保险费、其他劳务费等一切费用作为完税价格。

（五）运往境外修理的机器、工具等

运往境外修理的机械器具、运输工具或者其他货物，出境时已向海关报明并在海关规定期限内复运进境的，应当以海关审查确定的正常修理费和料件费，作为完税价格。

（六）予以补税的减免税货物

减税或者免税进口的货物需要予以补税时，应当以海关审定的该货物原进口时的价格，扣除折旧部分价值作为完税价格，其计算公式为

完税价格=海关审定的该货物原进口时的价格×[1-申请补税时实际已使用的时间（月）÷（监督年限×12）]

（七）转让出售的减免税货物

税法规定按照特定减免税办法减税或免税进口的货物需要补税时，其完税价格应仍按该项货物原进口时的成交价格确定。受海关监管的减免税进口货物，在管理年限内，经海关批准出售、转让或移作他用时，按其使用年限折旧的新旧程度，折算确定完税价格。

（八）暂时进境货物

对于经海关批准的暂时进境的货物，应当按照一般进口货物估价的规定，估定完税价格。

（九）从保税区或出口加工区销往区外、从保税仓库出库内销的进口货物

从保税区或出口加工区销往区外、从保税仓库出库内销的进口货物（加工贸易进口料件及其制成品除外），以海关审定的价格估定完税价格。对经审核销售价格不能确定的，海关应当按照一般进口货物估价办法的规定，估定完税价格。如销售价格中未包括在保税区、出口加工区或保税仓库中发生的仓储、运输及其他相关费用的，应当按照客观量化的数据资料予以计入。

（十）以其他方式进口的货物

以易货贸易、寄售、捐赠或赠送等其他方式进口的货物，应当按照一般进口货物估价办法的规定，估定完税价格。

四、审定完税价格的税务筹划

在审定成交价格下，如何缩小进口货物的申报价格而又能为海关审定认可为正常成交价格，就成为筹划的关键所在。

要达到降低税负的目的，纳税人在进口货物时，应当选择同类货物中成交价格比

较低或运输、保险费等相对小的货物进口，才能降低完税价格。

五、估定完税价格的税务筹划

对于目前市场上还没有或很少出现的产品，如高新技术、特种资源、新产品等，由于这些产品进口没有确定的市场价格，而其预期市场价格一般要远远高于市场类似产品的价格，也就为进口完税价格的申报留下了较大的空间。

如某企业欲进口一种刚刚投入市场的高新技术产品，其确切的市场价格尚未形成，卖方实行市场初期渗透价格 20 万美元，但其未来国内市场价格非常可观，预计可以达到 50 万美元，而其类似产品的市场价格仅为 30 万美元。若该企业到海关进行进口货物申报时，可以以成交价 20 万美元申报，若海关估定其完税价格也为 20 万美元时，即可征税放行；若海关认为该产品 20 万美元的申报价格不合理时，海关将会按类似货物（因为市场上目前还没有同种产品）成交价格法进行估价，因此，该新产品的完税价格最多可能被估定为 30 万美元。在此过程中该企业通过关税筹划，可以将该产品的进口完税价格降低 20 万～30 万美元，从而降低关税税负。

第二节　出口货物完税价格的关税筹划

由于世界各国对出口一般都不征税，或很少征税，因而对出口货物的估价方法都很简单。一般是以出口货物物流目的国的进口货物关税制度为基础进行筹划，但是作为卖方不可能以降低货物价格的方式去为买方筹划经济利益，因此出口货物关税筹划的目的与进口货物关税筹划的目的和方法可能有些差别。

（1）出口货物完税价格的审查及估定方法，均与进口货物的相关方法一致。

（2）出口货物的关税筹划目的主要是市场开拓，由于关税会导致商品在目的国的销售价格大幅上涨，因此采取关税筹划措施的目的是：不能让商品输在价格水平上。

（3）出口货物完税价格的税务筹划方法最主要的是在目的国设立子公司。很多大型国际企业经常的做法是在相应国家设立自己的子公司，通过关联企业的交易，进行国际间转让定价的关税筹划。

转让定价具有正常的方面，也有不正常的方面。作为关联企业之间的交易价格，虽然与独立企业之间的交易价格不完全吻合，但符合市场营运常规，即关联企业之间的内部交易价格可以采取与市场正常价格有别的灵活性，对于这类转让定价应理解为正常的，是合理的出口货物完税价格筹划。

需要注意的是，对于不正常的转让定价，如采用欺诈手段虚开购销凭证、设置假账等方式，不属于税务筹划范畴的转让定价，而是属于偷税行为。

 案例分析

原产地与转让定价的出口货物关税筹划

设想，如果您是一位成功的汽车商，您的业务同丰田一样遍布全球，特别是东南亚地区，许多国家的企业为您的汽车提供所需的零部件。中国国内日益扩大发展的汽车市场所可能带来的巨大收益对您无疑是一种无法抗拒的诱惑，但进入中国市场您又不得不面对高额关税。高额的普通税率可能使您在激烈的市场竞争中，在价廉质优的丰田、大众、日产面前毫无竞争优势可言。怎么办？如何避免普通税率的重负，取得优惠税率的护身符呢？

很简单，选择合适的原产地，即选择与中华人民共和国签有关税互惠协议的国家和地区作为您汽车的出产地。关于原产地的确认，海关总署在《关于进口货物原产地的暂行规定》中设定了两种标准：一是全部产地标准。即对于完全在一个国家内生产或制造的进口货物，其生产或制造国就是该货物的原产国。二是实质性加工标准。指经过几个国家加工、制造的进口货物，以最后一个对货物进行经济上可以视为实质性加工的国家作为有关货物原产国。这儿所说的实质性加工是指产品经过加工后，在《海关税则》中已不按原有的税目税率征税，而应归入另外的税目征税，或者其加工增值部分所占新产品总值的比例已经超过 30%以上的。两个条件具备一项，即可视为实质性加工。

此外需指明的是，对机器、仪器或车辆所用零件、部件、配件、备件以及工具，如与主件同时进口而且数量合理，其原产地按全件的原产地予以确定；如果分别进口的，应按其各自的原产地确定；石油产品以购自国为原产国。

由于您是一位跨国经营者，因此第一个标准，即全部产地标准，对您显然不适用。对于第二个标准，实质性加工标准，这其中显然充满了避税的可能。首先我们就"实质性加工标准"的具体规定来看，即"经过几个国家加工、制造的进口货物，以最后一个对货物进行经济上可以视为实质性加工的国家作为该货物的原产国。"何谓"实质性加工"？就其中第一个条件而言，从税收角度来看，重要的是它必须表现为税目税率的改变。如果您在新加坡、韩国、菲律宾、马来西亚或越南设有零部件供应企业；如果新加坡的子公司生产汽车仪表，韩国的生产汽车轴承和发动机，菲律宾的生产阀门，马来西亚的生产轮胎，越南供应玻璃，那么制造汽车整体形象的，表现为完整的

汽车产品的总装配厂设在哪里呢？怎样才能使您的中国销售公司经理不会报怨关税太重、市场价格太高、产品无人问津？这需要您科学地选择和决策。首先了解一下这些国家、地区是否与中国签有关税互惠协议；接着仔细比较一下，在那些与中国签订关税互惠协定的国家和地区中，哪一个更优惠，哪一个在经济成本上更为有利可图，从而做出选择。这其中还要考虑到该国家或地区是否施行外汇管制和出口配额控制、政治经济形势是否稳定以及其他一些影响因素。综上所述，经过一番比较我们把总厂设在×××而有利于避税。

从另外一条件来说，就是"加工增值部分所占新产品总值的比例已经超过30％以上的"，可视为实质性加工。如果您已经选择了一个非常有利于避税的国家和地区，在那里建立了您的最后产品生产厂，即总装厂，可是总厂的加工增值部分在技术和价值含量上仅占产品总值的25％，达不到30％的标准，怎么办？对此您无须扩大生产规模加大技术比重，可以通过转让定价的方法，降低其他地区的零部件生产价格，从而加大总厂增值部分占全部新产品的比重，达到或超过30％，成为实质性加工。这样您的产品仍然可享受到税率的优惠。

因此，由于您正确合理地运用了原产地标准，选择了合适的地点，达到了避税的效果，不久您将会发现，您在中国大陆的销售公司会由于关税负担的减轻和价格的降低，从而在竞争激烈的中国大陆汽车市场上占有一席之地，与丰田、大众、日产共同奔驰在中国大陆的道路上，分享着巨大的利润。

（资料来源：利用关税优惠政策的避税筹划案例[EB/OL]. 中国灯具网，http://www.lampol.cn/trade/1/trade_1406.html）

第三节　关税税率的关税筹划

一、关税税率的种类

关税税率是指国家征收关税的比率，是关税制度的核心要素，可以说整个关税制度的大部分内容都是围绕税率来制定的。进出口税则规定了我国海关征收关税使用的全部税率。

我国的关税税率有以下几种形式。

（一）进口关税税率

我国进口税则对进口货物的关税税率设有最惠国税率、协定税率、特惠税率和普通税率等四栏税率。

（二）出口关税税率

与进口税率不同，我国出口税率没有普通税率和优惠税率之分。为鼓励国内企业出口创汇，提高国内产品在国际市场的竞争能力，我国对绝大部分出口货物不征收出口关税。

仅对具有下述特征的两类商品征收出口关税。

（1）盈利水平高的大宗出口商品，国际市场容量有限、盲目出口会在国外形成削价竞销的商品。

（2）国内紧俏需大量进口的商品，以及为保护国内资源，需要控制出口的商品。现行税则对36种商品计征出口关税，主要是鳗鱼苗、部分有色金属矿砂及其精矿、生锑、磷、苯、山羊板皮、部分铁合金、钢铁废碎料、铜和铝原料及其制品、镍锭、锌锭和锑锭等。

（三）暂定关税税率

为了满足特定时期对关税税率进行临时性变更的需要，进出口关税则规定，国务院关税税则委员会有权负责制定比优惠税率更低的暂定税率。暂定税率一般按照年度制定，并且随时可以根据需要恢复按照法定税率征税。

目前，我国对200多个税目进口商品实行了暂定税率，主要包括部分进口原材料、零部件、农药原药和中间体、乐器及生产设备等。

需要注意的是，暂定税率优先适用于优惠税率或最惠国税率，按普通税率征税的进口货物不适用暂定税率。

（四）配额关税税率

配额税率是将关税与进口配额管理、进口许可证管理结合使用的一种限制进口的管理方法。

我国海关规定，对在进口配额范围内进口的货物可适用于更低的配额税率，对超出进口配额范围内进口的货物按普通税率征收关税。现行税则对小麦、豆油等10种农产品和尿素等3种化肥产品实行关税配额管理。

（五）关税的从量税率、复合税率和滑准税率

除了上述以完税价格为征税依据确定应纳关税税率的从价税率，还有从量税率、复合税率和滑准税率作为补充。

1. 从量税率

即不以货物的完税价格为征税依据，而是以其重量、数量和容量等为征税依据的进口

货物所适用的税率,我国进出口税则规定原油、啤酒和胶卷等进口商品实行从量税率。

2.复合税率

即采用从价税率和从量税率两种征税标准相结合的税率,而且从价税率中的从量税率必须随着完税价格和进口数量的不同等级而变化,我国目前对录像机、放像机、摄像机和摄录一体机实行复合税率。

3.滑准税率

即特殊的从价税率,其特殊性在于税率的大小与完税价格的大小相反,即完税价格越高,滑准税率越低,反之滑准税率越高。采用滑准税率征税的货物,其完税价格是用特殊方法计算出来的。我国目前仅对进口新闻纸采用滑准税率征税。

二、关税税率的税务筹划

(一)零部件与成品关税的税务筹划

虽然关税税率是不可变的,但是通过分析不难发现不同形式的商品税率是不同的。尤其是原材料、零部件与成品的关税税率相比,原材料和零部件的关税税率最低,半成品次之,产成品的税率最高。因此企业可以考虑进口原材料和零部件进行加工生产,从而降低关税税负。

案例分析

关税筹划计算

某外贸进出口企业主要从事进口某国际知名品牌洗衣机的销售,年销售量为 10 000 台,每台国内的销售价格为 5 000 元,进口完税价格为 3 000 元,假定适用进口环节的关税税率为 20%,增值税率为 17%。该企业管理层提出议案:在取得该品牌洗衣机厂商的同意和技术协作的情况下,进口该品牌洗衣机的电路板和发动机,进口完税价格为整机价格的 60%,假定适用进口环节的关税税率为 15%。其他配件委托国内技术先进的企业加工,并完成整机组装,所发生的成本费用为进口完税价格的 50%,购进配件及劳务的增值税税率为 17%。

分析要求:该管理层议案的经济可行性。

1.直接购进整机的税负与收益:

应纳关税额=1×3 000×20%=600(万元)

应纳增值税额=(1×3 000+600)×17%=612(万元)

收益额=1×5 000-1×3 000-600-612=788(万元)

2. 购进部件及其组装的税负与收益：

应纳关税额=1×3 000×60%×15%=270（万元）

应纳增值税额=（1×3 000×60%+270）×17%=351.90（万元）

国内组装的应纳增值税=1×3 000×50%×17%=255（万元）

收益额=1×5 000-1×3 000×60%-270-351.99-1×3 000×50%-255=823.01（万元）

因此，作为管理层应当选择从国外购进部件并在国内组装方式，虽然购进成本比整机方式上升 300 万元，但支付的税额比整机方式下降了 335.01 万元，降低的税负抵减购进成本的上升后，增加收益额 35.01 万元。

（摘自 https://www.douban.com/note/433807376/ ）

（二）保税制度的税务筹划

在国际贸易中，经常会发生货物已进境、未上市的情况，需视货物决定为进口还是复运出口而决定货物缴纳关税与否。如果是后者，可将该货物置于相应的海关特殊监管区域。

出口企业可以向海关申请将其进口货物定为保税货物。如果能够申请成功，从批准日起暂时免征进口关税，而后视货物经储存或加工或装配后是否复运出境，再决定需不需要补缴税款。

（三）"出口"退税筹划

出口货物退税，简称出口退税，其基本含义是指对出口货物退还其在国内生产和流通环节实际缴纳的增值税、消费税。出口货物退税制度，是一个国家税收的重要组成部分。出口退税主要是通过退还出口货物的国内已纳税款来平衡国内产品的税收负担，使本国产品以不含税成本进入国际市场，与国外产品在同等条件下进行竞争，从而增强竞争能力，扩大出口的创汇。

但是需要注意的是，只有符合《中华人民共和国增值税暂行条例》《中华人民共和国增值税暂行条例实施细则》《财政部国家税务总局关于出口货物劳务增值税和消费税的政策》《出口货物劳务增值税和消费税管理办法》等相关法律规定的国际贸易企业和国际贸易货物，才能申请出口退税。

需要注意的是，千万不能进行虚拟出口骗税的活动。

 案例分析

高报价格、循环出口骗取退税 4 200 万余元

2012 年，上海海关与上海市公安局联合办案，破获一起用高报价格、循环出口等

手法骗取退税的特大出口骗退税案件，案值达 2.88 亿余元，涉嫌骗取退税 4 200 万余元，抓获犯罪嫌疑人 10 名。据悉，该案是迄今为止上海海关查获的最大一起出口骗退税案。

2012 年 1 月，上海海关在对某公司出口至香港的电容、二极管和按摩棒等商品进行数据查询比对时，发现其申报价格高于实际同类商品国内零售价数十倍。通过扩大风险分析范围后，发现另有 5 家企业自 2009 年起均以相同的手法申报出口这些出口退税率商品。上海海关与上海市公安局经侦部门开展联合办案。

经查，这 6 家公司具有相同的实际控制人。这些公司以 4.5%～5.5% 的费用购买增值税专用发票，并以高于同类产品数十倍的价格将电容、二极管和按摩棒涉案货物申报出口至中国香港等地，随后雇用"水客"再将出口至香港的电子元器件走私入境，循环往复骗取退税。为获取退税所需的出口收汇核销单，该公司将货款通过地下钱庄非法汇兑至由其操控的香港公司账户内，再以正常付汇方式向代理其出口的外贸公司支付货款。截至案发，该犯罪团伙采用上述高报价格、循环出口等手法出口金额达 2.88 亿余元，涉案退税款约 4 200 万余元。

2012 年 3 月 29 日，在上海海关的全力配合下，上海市公安局经侦部门对上述人员实施抓捕。目前，犯罪团伙主犯顾某、王某及其他 8 名团伙成员（均为中国籍）悉数到案。

（资料来源：中华人民共和国海关总署）

三、报关的度量衡单位

保税物流是一个包含众多环节的过程，如果是来料加工模式的流程，则进口货物最终将复运出境，其基本环节就是原材料/半成品进口和产品成品出口环节，这两个环节，既是进口公司又是出口公司的企业都必须向海关报关。企业填写的报关表中有单耗计量单位一栏，这一栏就是税收筹划的突破口。

这里的"单耗计量单位"，是指生产一个单位成品耗费几个单位原料，通常有以下几种形式。

（1）度量衡单位/度量衡单位，如克/升、吨/立方米等。

（2）度量衡单位/自然单位，如吨/块、米/套等。

（3）自然单位/自然单位，如件/套、匹/件等。

度量衡单位容易测量，而自然单位要具体测量则很困难，所以通常运用自然单位/自然单位做出税收筹划。

案例分析

通过单耗计量单位进行关税筹划

我国某地有一生产出口产品的家具生产公司 A，于 2001 年 1 月从某国进口一批木材，并向当地海关申请保税，其报关表上填写的单耗计量单位为 200 块/套，即做成一套家具需耗用 200 块木材，而该公司由于近期引进先进设备，目前加工一套家具需耗用 150 块木材，由于其准确测量难度较大，海关认为 A 公司诚信良好，给予批准，8 个月后，A 公司将成品复运出口，完成了一个保税过程。现假设 A 公司进口木材 10 万块，每块价格 100 元，海关关税税率为 50%，其关税税负降低额为：

[10-（10÷200）×150]×100×50%=125（万元）

A 公司由于灵活运用单耗计量单位，成功地降低税负 125 万元。

（资料来源：学会计网，http://xuekuaiji.com/s4/42782.htm）

第四节　原产地的关税筹划

原产地规则的核心内容是确定货物原产地的判断标准。

判断进出口货物原产地，以货物是否含有非本国原产的原材料、半成品和零部件为标准，可以分为两种情形：（1）全部产地标准，完全在一个国家（地区）获得的货物，以该国为原产地；（2）实质性加工标准，两个以上国家（地区）参与生产的货物，以最后完成实质性加工的国家（地区）为原产地。

实质性加工标准需要满足以下两个条件之中的一个。

（1）产品经过加工后，在海关税则中已不按原有的税目税率征税，而应纳入其他的税目征税。

（2）其加工增值部分所占新产品总值的比例已经超过 30%。

《关税法》同时也规定对机器、仪器或车辆所用零件、部件、配件、备件以及工具，如与主件同时进口而且数量合理，其原产地按全部的原产地予以确定；如果分别进口的，应按其各自的原产地确定。

可以看出：全部产地标准，进行关税税务筹划的可能性较小；实质性加工标准，显然具有税务筹划的可能。结合参见第二节转让定价的案例。

另外，依据我国《关税法》的规定，进口货物原产地认定基准分为下列三种：（1）一般货物的原产地认定。（2）低度开发国家货物的原产地认定。（3）自由贸易协议缔约国或地区货物的原产地认定。

 案例分析

85.6 亿美元港澳 CEPA 受惠货物进入内地

截至 2014 年年底，内地与香港、澳门关于建立更紧密经贸关系的安排自 2004 年实施以来，已累计有 85.6 亿美元受惠货物进入内地，关税优惠 47.1 亿元人民币。其中，香港、澳门受惠货物分别为 84.7 亿美元和 8 556.1 万美元，关税优惠 46.7 亿元人民币和 4 418.3 万元人民币。

海关统计显示，2014 年香港 CEPA 项下货物进口受惠货值和关税优惠比 2013 年同期分别增长 7.7% 和 8.4%。澳门 CPEA 项下货物进口货值增幅由 2013 年的 2.1% 提高到 2.6%。

海关总署新闻发言人张广志表示，海关认真贯彻中央对港澳工作有关指示精神，着力落实好《内地与香港/澳门关于建立更紧密经贸关系的安排》，积极开展原产地标准磋商工作，并与港澳特区政府有关部门商讨推进原产地证书的电子化，不断便利企业通关，有效推动港澳 CEPA 货物贸易深入发展。

（资料来源：中华人民共和国海关总署官网）

第五节　特别关税的关税筹划

一、进口国家的特别关税筹划

（一）报复性关税

任何国家或者地区对其进口的原产于我国的货物征收歧视性关税或者给予其他歧视性待遇的，我国对原产于该国家或者地区的进口货物征收报复性关税。

（二）反倾销税与反补贴税

根据《中华人民共和国反倾销条例》和《中华人民共和国反补贴条例》规定，进

口产品经初裁确定倾销或者补贴成立，并由此对国内产业造成损害的，可以采取临时反倾销或反补贴措施、由外经贸部提出建议，国务院关税税则委员会根据外经贸部的建议做出决定，由外经贸部予以公告。

采取临时反补贴措施要求提供现金保证金、保函或者其他形式的担保，由外经贸部做出决定并予以公告。

案例分析

海关总署公告 2016 年第 41 号

（关于对进口原产于日本、韩国和土耳其的腈纶征收反倾销税的公告）

2016-07-29

【法规类型】海关规范性文件　　　　【内容类别】关税征收管理类

【文　　号】公告〔2016〕41 号　　　【发文机关】海关总署

【发布日期】2016-07-13　　　　　　 【生效日期】2016-07-14

【效　　力】[有效]

【效力说明】

　　根据《中华人民共和国反倾销条例》的规定，国务院关税税则委员会决定自 2016 年 7 月 14 日起，对进口原产于日本、韩国和土耳其的腈纶（税则号列：55013000、55033000、55063000）征收反倾销税，期限为 5 年。商务部为此发布了 2016 年第 31 号公告（详见附件），并明确了实施反倾销措施产品的具体商品范围。进口收货人在申报进口上述税则号列项下属于反倾销范围内的商品时，商品编号应分别填报 55013000.10、55033000.10 和 55063000.10。

　　特此公告。

　　附件：中华人民共和国商务部公告 2016 年第 31 号.tif

海关总署

2016 年 7 月 13 日

（资料来源：中华人民共和国海关总署官网）

海关总署公告 2016 年第 27 号

（关于对进口原产于美国、欧盟和日本的未漂白纸袋纸征收反倾销税的公告）

2016-04-12

【法规类型】海关规范性文件　　　　　【内容类别】关税征收管理类

【文　　号】总署公告〔2016〕27 号　　【发文机关】海关总署

【发布日期】2016-04-08　　　　　　　【生效日期】2016-04-10

【效　　力】[有效]

【效力说明】

根据《中华人民共和国反倾销条例》的规定，国务院关税税则委员会决定自 2016 年 4 月 10 日起，对进口原产于美国、欧盟和日本的未漂白纸袋纸征收反倾销税，期限为 5 年。商务部为此发布了 2016 年第 8 号公告（详见附件 1）。现将有关事项公告如下：

一、自 2016 年 4 月 10 日起，海关对进口原产于美国、欧盟和日本的未漂白纸袋纸（税则号列：48042100 和 48043100），除按现行规定征收关税外，还将区别不同的供货厂商，按照本公告附件 2 所列的适用税率和下述计算公式征收反倾销税及相应的进口环节增值税：

$$反倾销税税额＝完税价格×反倾销税税率$$

$$进口环节增值税税额＝（完税价格＋关税税额＋反倾销税税额）$$

$$×进口环节增值税税率$$

实施反倾销措施产品的详细描述详见本公告附件 1。

二、进口收货人在申报进口上述税则号列项下属于反倾销范围内的商品时，商品编号应分别填报 4804210000 和 4804310020。

三、凡申报进口原产于美国、欧盟和日本的未漂白纸袋纸的进口收货人，应当向海关如实申报原产地并提交相关原产地证据文件。如果原产地为美国、欧盟和日本的，还需提供原生产厂商发票。对于无法确定原产地的上述货物，海关按照本公告附件 2 所列的最高反倾销税税率征收反倾销税。对于能够确定货物的原产地是美国、欧盟和日本，但进口收货人不能提供原生产厂商发票，且通过其他合法、有效的途径仍无法确定原生产厂商的，海关将按照本公告附件 2 所列的最高反倾销税税率征收反倾销税。

四、有关加工贸易保税进口原产于美国、欧盟和日本的未漂白纸袋纸征收反倾销税等方面的问题，海关按照《中华人民共和国海关关于加工贸易边角料、剩余料件、残次品、副产品和受灾保税货物的管理办法》及海关总署公告 2001 年第 9 号的规定执行。

五、对于自 2015 年 12 月 11 日起至 2016 年 4 月 9 日进口原产于美国、欧盟和日本的未漂白纸袋纸已经缴纳的反倾销保证金，按本公告规定的征收反倾销税的商品范

围和适用税率计征并转为反倾销税，与之同时缴纳的进口环节增值税保证金转为进口环节增值税。上述保证金超出按本公告规定的税率计算的反倾销税及相应的进口环节增值税部分，进口收货人可自 2016 年 4 月 10 起 6 个月内向征收地海关申请退还；不足部分，不再补征。

特此公告。

（三）保障性关税

根据《中华人民共和国保障措施条例》规定，有明确证据表明进口产品数量增加，在不采取临时保障措施将对国内产业造成难以补救的损害的紧急情况下，可以做出初裁决定，并采取临时保障措施。

临时保障措施采取提高关税的形式。保障措施可以提高关税、数量限制等形式，针对正在进口的产品实施，不区分产品来源国家或地区。其中采取提高关税形式的，由对外贸易经济合作部提出建议，国务院关税税则委员会根据建议做出决定，由对外贸易经济合作部予以公告。

二、出口型企业的特别关税筹划

出口型企业应当针对货物目的国的特别关税可能带来的负面影响，采取正确有效的关税筹划，避免不公平的经济损失。

主要筹划方法遵从以下三个方面。

（一）尽量减少被控诉的可能

尽量减少被控诉的可能可以从以下三方面提升企业实力。

（1）提高产品附加值，打破片面的低价策略。

（2）组建出口企业商会，加强内部协调和管理，塑造我国出口型企业的整体战略集团形象。

（3）分散出口市场，降低受控风险。

（二）顺利通过调查，避免被认为倾销

如果企业的出口产品在国际市场上面临反倾销调查，可以选用适当的技术手段灵活地应付，包括如下四种手段。

（1）及时上调价格。欧美商业裁判机构一般于每征满一年反倾销税时会重新调查该倾销商是否仍有倾销行为，若及时上调价格，就能被认为不具倾销行为，从而出口产品所被征的反倾销税也立即取消。

（2）调整产品利润预测，改进企业会计财务核算，以符合国际规范和商业惯例，同时还要密切注意国际外汇市场的浮动状况。

（3）推动国外进口商组织起来，推动其反贸易保护活动。因为一旦我国产品被征收反倾销税，受损失的还有外国进口商，通过加强与当地工商组织的交流，以实际的商业利益为砝码促使其向政府施加压力。

（4）与外方投诉厂商私下进行谈判、协商。

（三）避免出口行为被裁定为损害进口国产业

我国出口企业在国际贸易以及国际营销的过程中，应该注意以下四方面的事项。

（1）不要迫使进口国厂商采取降价促销的营销手段。

（2）全面收集有关资料信息情报，有效地获取进口国市场的商情动态，查证控诉方并未受到损失，以便在应诉中占据主动地位。

（3）在出口目的地设立企业，筹建跨国公司，由此可以使我国产品免受进口配额等歧视性贸易条款的限制。

（4）凭借便利的销售条件、优质的产品、高水平的服务和良好的运输条件等去占取国际市场，提高单位产品的使用价值，降低其替代率，提升国外消费市场的依赖性，获取国外消费者的支持。

案例分析

"关税筹划成为企业关注热点"

某国决定对从中国进口的大葱、鲜蘑等产品采取紧急进口限制措施，即在一定的额度内，保持原关税水平不变，如果超过额度，则将征收高达260%的关税；次日，我国国务院关税税则委员会发出公告：根据《中华人民共和国进出口关税条例》第六条的规定，决定自次日起，对原产于该国的汽车、手持和车载无线电话机、空气调节器加征税率为100%的特别关税，即在原关税的基础上，再加征100%的关税。自从双方采取以上特别关税措施以来，对双方产品的出口产生了很大影响，如中国上述农产品的出口锐减，原来出口到中国的该国汽车纷纷停产，已运往中国的汽车停止报关等。

双方征收特别关税后，该国商用空调最大生产企业宣布，将在中国销售的楼房用大型商用空调由出口改为在中国生产，以此来应对中国为报复该国对中国农产品实施限制进口而采取的对空调进口加征100%特别关税的措施。该空调生产企业为实施战略转移，将投入数亿元人民币引进大型机种的生产设备，准备在中国某地生产由一台室外机带几台室内机的大型机种。毫无疑问，如果该空调企业的战略得以顺利实施，将彻底避免承

担关税和特别关税的税负，这种行为主要是应对特别关税而采取的投资决策，属于典型的特别关税筹划。主要思路是根据关税的性质和纳税环节，由原来在本国生产后再出口到中国，改为在中国直接生产、销售，从而彻底避免了缴纳关税。当然，为应对特别关税的税负，该空调企业采取的方法可能是最有效的方法，同时也是最困难的方法，因其涉及投资战略的转变，需耗费较多的物力、财力和时间，不是任何企业都可以采用的方法。

（资料来源：中国税务教育网，http://www.chinataxedu.net/Article/ShowArticle.asp?ArticleID=1385）

综合来说，关税筹划是国际物流与国际贸易企业所必须关注的一个国际金融内容，对于企业控制成本、控制贸易风险起到十分重要的作用，不容小觑。除此之外，国际物流的期货与期权、外汇制度和国际物流保险三方面也是对国际物流与国际贸易企业的经营起到十分重要作用的国际金融内容，相关内容可以参见相关的金融知识。

本章小结

本章分别介绍了进口货物完税价格的关税筹划、出口货物完税价格的关税筹划、关税税率的关税筹划、原产地的关税筹划和特别关税的关税筹划。学生需要重点掌握进口货物完税价格的审定方法、关税税率的种类，熟悉出口型企业特别关税筹划方法，善于使用关税税率的关税筹划方法。

延伸阅读

国外免费提供的货物能否享受减免税政策

对于"国外免费提供的货物"，可能会有很多种不同情况，接下来需要按照法律层级来一步步分析：首先看《中华人民共和国海关法》中规定了哪些情况可以减免税。

第五十六条　下列进出口货物、进出境物品，减征或者免征关税。

（一）无商业价值的广告品和货样。

（二）外国政府、国际组织无偿赠送的物资。

（三）在海关放行前遭受损坏或者损失的货物。

（四）规定数额以内的物品。

（五）法律规定减征、免征关税的其他货物、物品。

（六）中华人民共和国缔结或者参加的国际条约规定减征、免征关税的货物、物品。

第五十七条　特定地区、特定企业或者有特定用途的进出口货物，可以减征或者免征关税。特定减税或者免税的范围和办法由国务院规定。

对照"国外免费提供的货物"，可能适用的情况包括以下几种。

（1）无商业价值的广告品和货样。

无商业价值的广告品和货样免征关税。按照国际惯例，对于为推销、展示其货物，除了作为广告品、货样以外，一般无其他用途或者价值很低的产品，一般认为其在商业上没有使用价值，称为无商业价值的广告品、货样，对这些货物，都给予免税待遇。例如，单只的鞋、袜、手套，按其大小除展出外无其他用途的原材料及制品，按商业惯例黏附在卡片上或作样品用的非贵重材料制品，其每一尺寸或种类不超过一件者，用切片、打孔、做上不能磨灭的标记或者其他有效方法使之除展出外无其他用途的原料、产品或其制成品，或者每类只有一件且每件单价不超过一定金额的。

（2）规定数额以内的物品。

规定数额是多少呢？要看《中华人民共和国进出口关税条例》：

第四十五条　下列进出口货物，免征关税。

关税税额在人民币 50 元以下的一票货物。

这条其实是无论怎么来的货物，只要货值少，涉税低于 50 元，就直接免征了。

（3）外国政府、国际组织无偿赠送的物资以及中华人民共和国缔结或者参加的国际条约规定减征、免征关税的货物、物品。

对于海关法第五十六条（二）和（六）两款，海关总署制定了《中华人民共和国海关对外国政府、国际组织无偿赠送及我国履行国际条约规定进口物资减免税的审批和管理办法》。

第二条　本办法下列用语的含义如下。

外国政府是指外国国家的中央政府。

国际组织是指联合国各专门机构以及长期与我国有合作关系的其他国际组织。

国际条约是指依据《中华人民共和国缔结条约程序法》以"中华人民共和国""中华人民共和国政府"以及"中华人民共和国政府部门"名义同外国缔结协定或协议以及参加的国际条约。

第三条　外国政府、国际组织无偿赠送及我国履行国际条约规定进口物资的减免税范围包括：

（一）根据中国与外国政府、国际组织间的协定或协议，由外国政府、国际组织直接无偿赠送的物资或由其提供无偿赠款，由我国受赠单位按照协定或协议规定用途自行采购进口的物资。

（二）外国地方政府或民间组织受外国政府委托无偿赠送进口的物资。

（三）国际组织成员受国际组织委托无偿赠送进口的物资。

（四）我国履行国际条约规定减免税进口的物资。

第五条　外国政府、国际组织无偿赠送及我国履行国际条约规定进口物资减免税的办理程序如下：

（一）受赠单位或项目执行单位应于首批物资进口前向所在地直属海关提交外国

政府、国际组织的赠送函或含有减免税条款的协定、协议、国际条约的复印件备案。

（二）外国政府、国际组织临时无偿赠送进口的物资，如不能及时提交外国政府、国际组织的赠送函，也可提交外国驻我国大使馆、国际组织驻中国代表处的证明函。

（三）外国地方政府或民间组织受外国政府委托无偿赠送进口的物资，受赠单位或项目执行单位应向所在地直属海关提交外国政府的委托书，或外国驻我国大使馆的证明函。

（四）国际组织成员受国际组织委托无偿赠送进口的物资，受赠单位或项目执行单位应向所在地直属海关提交国际组织的委托书，或国际组织驻中国代表处的证明函。

（五）受赠单位或项目执行单位应于上述无偿赠送物资进口前，向所在地直属海关提出申请，除提交上述协定、协议和证明函外，应同时提交我国政府主管部委出具的《外国政府、国际组织无偿赠送及我国履行国际条约进口物资证明》和进口物资清单，经所在地直属海关审核无误后出具《进口货物征免税证明》，进口地海关凭以减免税验放。

可以看出，这类货物享受免税主要是其提供方的身份是有限定的，并且需要提供一定的文件来证明。

（4）特定地区、特定企业或者有特定用途的进出口货物，可以减征或者免征关税。

在这一条下，对于"国外免费提供的货物"，主要有以下三种情况可以适用减免税政策：

一是扶贫、慈善性捐赠物资。

按照《中华人民共和国海关关于〈扶贫、慈善性捐赠物资免征进口税收暂行办法〉的实施办法》，捐赠人基本没有限制，但受赠人仅限国务院有关部门和各省、自治区、直辖市人民政府，以及从事人道救助和发展扶贫、慈善事业为宗旨的全国性的社会团体，包括中国红十字会总会、中华全国妇女联合会、中国残疾人联合会、中华慈善总会、中国初级卫生保健基金会和宋庆龄基金会。

该类用于扶贫、慈善公益性事业的物资是指：

（一）新的衣服、被褥、鞋帽、帐篷、手套、睡袋、毛毯及其他维持基本生活的必需用品等。

（二）食品类及饮用水（调味品、水产品、水果、饮料、烟酒等除外）。

（三）医疗类包括直接用于治疗特困患者疾病或贫困地区治疗地方病及基本医疗卫生、公共环境卫生所需的基本医疗药品、基本医疗器械、医疗书籍和资料。

（四）直接用于公共图书馆、公共博物馆、各类职业学校、高中、初中、小学、幼儿园教育的教学仪器、器材、图书、资料和一般学习用品。

（五）直接用于环境保护的专用仪器。

（六）经国务院批准的其他直接用于扶贫、慈善事业的物资。

捐赠物资不包括国家明令停止减免进口税收的二十种商品、汽车、生产性设备、生产性原材料及半成品等。捐赠物资应为新品，在捐赠物资内不得夹带有害环境、公共卫生和社会道德及政治渗透等违禁物品。

二是救灾捐赠物资。

按照《关于救灾捐赠物资免征进口税收的暂行办法》，享受救灾捐赠物资进口免税的区域限于新华社对外发布和民政部《中国灾情信息》公布的受灾地区。救灾捐赠物资统一由民政部、中国红十字会、中华全国妇女联合会分别负责接受。

免税进口的救灾捐赠物资限于：

（一）食品类（不包括调味品、水产品、水果、饮料、酒等）。

（二）新的服装、被褥、鞋帽、帐篷、手套、睡袋、毛毯及其他维持基本生活的必需用品等。

（三）药品类（包括治疗、消毒、抗菌等）、疫苗、白蛋白、急救用医疗器械、消杀灭药械等。

（四）抢救工具（包括担架、橡皮艇、救生衣等）。

（五）经国务院批准的其他直接用于灾区救援的物资。

三是公益收藏物品。

按照《国有公益性收藏单位进口藏品免税暂行规定》，国有公益性收藏单位接受境外捐赠、归还、追索和购买等方式进口的藏品免税。但国有公益性收藏单位的范围是有限制的，名单由财政部会同海关总署、国税总局以公告的形式发布。

（5）无代价抵偿货物。

事实上除了上述四类以外，还有一种情况下，国外免费提供的货物可以免税，就是无代价抵偿货物。

参见《中华人民共和国进出口关税条例》中的规定：

第四十四条　因残损、短少、品质不良或者规格不符原因，由进出口货物的发货人、承运人或者保险公司免费补偿或者更换的相同货物，进出口时不征收关税。被免费更换的原进口货物不退运出境或者原出口货物不退运进境的，海关应当对原进出口货物重新按照规定征收关税。

另外《中华人民共和国海关进出口货物征税管理办法》：

第二十九条　进口无代价抵偿货物，不征收进口关税和进口环节海关代征税；出口无代价抵偿货物，不征收出口关税。

前款所称无代价抵偿货物是指进出口货物在海关放行后，因残损、短少、品质不良或者规格不符原因，由进出口货物的发货人、承运人或者保险公司免费补偿或者更换的与原货物相同或者与合同规定相符的货物。

第三十条 纳税义务人应当在原进出口合同规定的索赔期内且不超过原货物进出口之日起3年，向海关申报办理无代价抵偿货物的进出口手续。

第三十一条 纳税义务人申报进口无代价抵偿货物，应当提交下列单证。

（一）原进口货物报关单。

（二）原进口货物退运出境的出口报关单或者原进口货物交由海关处理的货物放弃处理证明。

（三）原进口货物税款缴款书或者《征免税证明》。

（四）买卖双方签订的索赔协议。

因原进口货物短少而进口无代价抵偿货物，不需要提交前款第（二）项所列单证。

海关认为需要时，纳税义务人还应当提交具有资质的商品检验机构出具的原进口货物残损、短少、品质不良或者规格不符的检验证明书或者其他有关证明文件。

综上，国外免费提供的货物，要不就是货值低或者无商业价值，要不就是分别对捐赠人、受赠人和（或）货物内容有限制的捐赠物资才可以免税（无代价抵偿是一种避免重复征税的规定），其余情况是要征税的。

（资料来源：知乎，http://www.zhihu.com/question/20601699/answer/37201369）

本章思考题

一、选择题

1. 在下列出口货物或产品中，请指出符合出口退税条件的一项。（　　）

    A．援外出口货物

    B．没有出口经营权的出口货物

    C．工业企业委托有出口经营权的企业出口自产产品

    D．保税仓库储存的复出口货物

2. 某进出口贸易公司从美国进口了一台电梯，发票列明如下：成交价格为CIF珠海USD100 000，电梯进口后的安装、调试费USD4 000。经海关审查上述成交价格属实，且安装、调试费已包含在成交价格中，则海关审定该台电梯的完税价格为（　　）。

    A．USD100 000　　　　　　　B．USD104 000

    C．USD96 000　　　　　　　 D．USD98 000

3. 某外资企业出口一批男式全羊毛西服，该批西服分别用约85%的进料加工料件和15%的国产原料加工而成，请问该企业在向海关办理出口申报手续时应填写哪种报关单？（　　）

    A．进料加工专用出口货物报关单

    B．一般贸易用出口货物报关单

    C．外商投资企业专用出口货物报关单

    D．来料加工和补偿贸易专用出口货物报关单

二、判断题

1．全部产地标准，进行关税税务筹划的可能性较小；实质性加工标准，显然具有税务筹划的可能。（   ）

2．对于不正常的转让定价，如采用欺诈手段虚开购销凭证、设置假账等方式，不属于税务筹划范畴的转让定价，而是属于偷税行为。（   ）

三、名词解释

1．报复性关税

2．反倾销与反补贴

3．保障性关税

4．完税价格

5．转让定价

四、简答题

1．进口货物完税价格的关税筹划方法有哪些？

2．出口货物完税价格的关税筹划方法有哪些？

3．简述进口货物完税价格的审定方法。

4．简述关税税率的种类。

五、案例分析

某传输设备生产企业需进口工业皮革 50 吨，国际市场上主要有两个国家生产的工业皮革符合该企业的质量要求：一是澳大利亚，进口工业皮革的 FOB 价格为 5 000 美元/吨，运费 6 000 美元，保险费率 3‰；二是加拿大，进口工业皮革的 FOB 价格为 4 800 美元/吨，运费 15 000 美元，保险费率 3‰。进口工业皮革的关税税率为 14%，外汇折合率为 US$100=￥880，该企业从关税角度考虑应当选择哪一个国家的产品？

六、实训计算题

1．国外某汽车生产企业 A 向中国汽车销售企业 B 进口 100 辆小轿车，每辆小轿车的完税价格为 8 万元，假定适用进口环节的关税税率为 60%，消费税税率为 5%，增值税税率为 17%。

后来该国外 A 企业经过税务筹划决定在中国设立自己的汽车组装兼销售公司 C，并且将原来进口整装汽车的方式改为进口散装汽车零部件，一辆汽车的全套零部件以 6 万元的价格转让给公司 C，这样，散装零部件进口环节关税税率将为 30%，而且进口环节不用缴纳消费税，则 A 企业应纳税额：

　　（1）如果整车进口，则 A 企业应纳关税税额是多少？

　　（2）如果散装零部件进口，则 A 企业应纳关税税额是多少？

　　（3）哪种进口方式更为经济？

　　2. 到当地的一家国际贸易或国际物流企业实习，了解并体会关税对国际物流业务的影响作用。

第九章

国际物流单证实务

学习目标

■ 理解国际物流单证的含义，掌握信用证的相关知识；
■ 掌握进出口货物各种单证的法律效力，掌握进出口货物报关单的法律责任；
■ 理解填写报关单的一些注意事项，熟悉各相关单证的作用；
■ 掌握各单证相关栏目的填制要求。

引导案例

国际物流单证的归类依据

　　从发达国家，如美国和日本的商业流通公司的运营结构来看，一般都由两大部门支撑——商务部和物流部。商务部签订合同后，一切剩余工作均由物流部来完成，包括：进口的开证、报关接货、配送和对外支付；出口的审证、备货、储运、清关及结算等。这些作业活动都靠单证系统来指挥，单证操作无时无刻都伴随着"四流"——商流、物流、资金流和信息流而进行。因此，我们完全有理由将外贸制单体系划归为"国际物流单证体系"。本章将对国际物流单证实务相关知识进行具体介绍。

（资料来源：戴正翔. 国际物流单证实务[M]. 北京：清华大学出版社，北京交通大学出版社，2014）

第一节　国际物流单证概述

一、物流单证的含义及重要性

　　物流单证（Logistics Documents）是物流活动中使用的所有单据、票据和凭证的总称。

单证的种类有很多，其中有些是政府要求的，也有些是企业内部管理的需求，还有一些是商业伙伴、客户、银行或其他单位所需要的。单证并不仅仅是一张纸，其代表着流转和应用的一系列过程。单证工作是一种流转过程而非仅仅是一种结果。单证指明了在贸易的任意环节中正在控制或对货物负责的当事人。单证的使用有符合规章要求、控制风险、达成一致和记录保存的目的。

　　单证通常是作为非关税壁垒的一种形式使用的，用来阻碍进口并且增加货物的进口成本，有时甚至导致贸易不可能获利。WTO 一致致力于取消单证业务，并尝试确定作为非关税壁垒的文件的种类。共同市场和自由贸易协定就是为此提出的。在共同市场和自由贸易协定中，非关税壁垒基本取消了，需要的单证也较少了，取而代之的是使用独立的行政管理法规。

　　单证所扮演的另外一个角色就是控制风险。其中包括货物安全的问题。单证的合理使用可以有效地防止货物的丢失以及走私。相应地，单证处理过程也包括一些鉴定程序。单证需要前后相互对照，以防止走私者伪造单证，除非其能制造一份假单证并将这份单证输入到政府的数据库中。

　　交通运输方式的不同影响单证的使用，也影响单证的处理程序。海洋运输需要几天或数周的时间，这就给当事人一定的时间去处理单证。相对应的，航空运输货物速度很快，这时单证就需要与货物同步。

　　单证的保密性也是极其重要的。如果公众可以得到发货商的发货记录，公司间就可以相互收集对方有价值的信息，这就会导致发货商在单证上作假。单证在私人企业内部流转时也可能会泄露机密。单证在私营部门间流转与在公共系统中流转的一个重要区别就是，公共机构通常有责任来保护私人信息，而私人机构却没有这个义务。

🔊 小提示

　　在国际上，联合国的国际商事合同通则（CISG）建立了现在使用的绝大多数单证的标准。CISG 适用于两个不同国家的实体之间发生货物贸易的情况。买者和卖者发生交易的地点必须是 CISG 认可的地方。对合约地点的要求也指如果一国的两个企业签订的合同在国外施行，CISG 也可发挥效力。但这种约定并不涵盖所有交易，如从拍卖中买到的货物等。联合国国际贸易法（UNCITRAL）最早致力于统一贸易法规，其中就包括单证。例如，国际商会（ICC）颁布新的提单指导说明后，联合国国际贸易法就会将其采纳，然后推广成为全球贸易的标准。

二、信用证概述

（一）信用证的概念及性质

　　信用证（Letter of Credit）是银行做出的有条件的付款承诺，即银行根据开证申请

人的请求和指示，向受益人开具的有一定金额，并在一定期限内凭规定的单据承诺付款的书面文件；或者是银行在规定金额、日期和单据的条件下，原代开证申请人承购受益人汇票的保证书。信用证属于银行信用，采用的是逆汇法。信用证广泛应用于国际流通领域。信用证有以下三点重要性质。

1．信用证是一项自足文件

信用证虽然以贸易合同为基础，但一经开立，并被双方所接受，就成为独立于贸易合同之外的一种契约。《跟单信用证统一惯例（2007 年修订本）》（UCP600）明确规定："信用证与其可能依据的销售合约或其他合约是性质上不同的业务。即使信用证中包含有关于该合约的任何援引，银行也与该合约完全无关，并不受其约束。"

2．信用证是银行信用

信用证支付方式是一种银行信用，由开证行以自己的信用做出付款保证，在符合信用证规定的条件下，首先由开证行承担付款的责任。《跟单信用证统一惯例（2007 年修订本）》（UCP600）规定，开证行依照开证申请人的要求和指示，在规定的单据符合信用证条款的情况下，向受益人或其他指定人进行付款，或支付或承兑受益人开立的汇票；也可授权另一银行进行该项付款，或支付、承兑或议付该汇票。后一种情况并不能改变开证行作为第一付款人的责任。

3．信用证也是单据买卖

《跟单信用证统一惯例（2007 年修订本）》（UCP600）明确规定："在信用证业务中，各有关方面处理的是单据，而不是与单据有关的货物、服务及（或）其他行为。"由此可见，信用证业务是一种纯粹的凭单据付款的业务。只要单据与单据相符、单据与信用证相符，银行就凭单付款。银行只认单据是否与信用证相符，而"对于任何单据的形式、完整性、准确性、真实性、伪造或法律效力，或单据上规定的或附加的一般及（或）特殊条件，概不负责"。对于货物是否存在，品质、包装是否完好，数（量）是否完整等，也不负责。所以，要想在使用信用证支付时安全、及时收到货款，必须做到"单单一致""单证一致"。

（二）信用证的类型

信用证按照不同的分类方式有多种类型，如下文所述。

（1）以信用证项下的汇票是否附有货运单据划分为跟单信用证及光票信用证。在国际贸易的货款结算中，绝大部分使用跟单信用证。

（2）以开证行所负的责任为标准可以分为不可撤销信用证（Irrevocable L/C）及可撤销信用证（Revocable L/C）。最新的《UCP600》规定银行不可开立可撤销信用证。

（3）以有无另一银行加以保证兑付为依据，可以分为保兑信用证（Confirmed L/C）及不保兑信用证（Unconfirmed L/C）。

（4）根据付款时间不同，可以分为即期信用证（Sight L/C）、远期信用证（Usance L/C）及假远期信用证（Usance L/C Payable at Sight）。

（5）根据受益人对信用证的权利可否转让，可分为可转让信用证（Transferable L/C）及不可转让信用证（Non-transferable L/C）。

（6）红条款信用证（Red clause L/C）。此种信用证可让开证行在收到单证之后，向卖家提前预付一部分款项。这种信用证常用于制造业。

（7）循环信用证（Revolving L/C）。它通常在分批均匀交货情况下使用。在按金额循环的信用证条件下，恢复到原金额的具体做法有以下几种。

① 自动式循环。每期用完一定金额，不需等待开证行的通知，即可自动恢复到原金额。

② 非自动循环。每期用完一定金额后，必须等待开证行通知到达，信用证才能恢复到原金额使用。

③ 半自动循环。即每次用完一定金额后若干天内，开证行未提出停止循环使用的通知，自第×天起即可自动恢复至原金额。

（8）对开信用证（Reciprocal L/C）。它多用于易货贸易或来料加工和补偿贸易业务。

（9）背对背信用证（Back to Back L/C），又称转开信用证。背对背信用证的开立通常是中间商转售他人货物，或两国不能直接办理进出口贸易时，通过第三者以此种办法来沟通贸易。原信用证的金额（单价）应高于背对背信用证的金额（单价），背对背信用证的装运期应早于原信用证的规定。

（10）预支信用证/打包信用证（Anticipatory L/C/Packing L/C）。预支信用证凭出口人的光票付款，也有要求受益人附一份负责补交信用证规定单据的说明书，当货运单据交到后，付款行在付给剩余货款时，将扣除预支货款的利息。

（11）备用信用证（Standby L/C）。又称商业票据信用证（Commercial Paper L/C），它是银行信用，对受益人来说是备用于开证人违约时，取得补偿的一种方式。

（三）汇票

汇票是由一人向另一人签发的书面无条件支付命令，要求对方（接受命令的人）即期、定期或在可以确定的将来时间，向某人或指定人或持票人支付一定金额。在商品被发送出去之后，汇票就被送去启动支付程序，它使得出口方所系银行担当货款代收职能机构。

汇票有几种不同的类型。银行汇票是签发人为银行，付款人为其他银行的汇票；商业汇票是签发人为商号或者个人，付款人为其他商号、个人或银行的汇票。即期汇票指见票付款；远期汇票是在出票一定期限后或特定日期付款。在远期汇票中，记载一定的日期为到期日，于到期日付款的，为定期汇票，记载于出票日后一定期间付款

的，为计期汇票；记载于见票后一定期间付款的，为注期汇票；将票面金额划为几份，并分别指定到期日的，为分期付款汇票。远期汇票按承兑人分为商业承兑汇票、银行承兑汇票。光票汇票不负担货运单据，并且绝大多数都是为了支付而直接印刷的，银行汇票多为光票。跟单汇票有票据保证，又称信用汇票、押汇汇票，是需要附带提单、仓单、保险单、装箱单和商业发票等单据，才能进行付款的汇票，商业汇票多为跟单汇票，在国际贸易中经常使用。

第二节　报关报检业务单证

国际物流报关报检，不仅包括对进出口商品的报关报检，而且包括对出入境物流运载工具和设备状况的报关报检。除对进出口商品的报关报检外，还有对船舶、集装箱、托盘和包装材料、包装状况、配载等有关物流货物的报关或报检。

一、报关单

（一）含义

进出口货物报关单是指进出口货物的收发货人或其代理人按照海关规定的格式对进出口货物的实际情况做出书面申明，以此要求海关对其货物按适用的海关制度办理报关手续的法律文书。

（二）类型

按货物的流转状态、贸易性质、海关监管方式的不同，进出口货物报关单可以分为以下几种类型。

1．按进出口状态分

（1）进口货物报关单。

（2）出口货物报关单。

2．按表现形式分

（1）纸质报关单。

（2）电子数据报关单。

3．按使用性质分

（1）进料加工进出口货物报关单（粉红色）。

（2）来料加工及补偿贸易进出口货物报关单（浅绿色）。

（3）外商投资企业进出口货物报关单（浅蓝色）。

（4）一般贸易及其他贸易进出口货物报关单（白色）。

（5）需国内退税的出口贸易报关单（浅黄色）。

4．按用途分

（1）报关单录入凭单。

（2）预录入报关单。

（3）报关单证明联。

（三）出（进）口货物报关单

一切出（进）口货物的发货人或收货人，或者他们委托的代理人都必须在货物进、出口的时候填写《出（进）口货物报关单》向海关申报，同时提供批准货物出（进）口是否合法，确定关税的征收或见面事宜，编制海关统计。

为规范进出口货物收发货人的申报行为，统一进出口货物报关单填制要求，海关总署于 2016 年 3 月 24 日对原《中华人民共和国海关进出口货物报关单填制规范》（海关总署 2008 年第 52 号公告）再次进行了修订。其中特别指出：（1）为解决部分因商品项数限制导致的物流凭证拆分问题，报关单商品项指标组上限由 20 调整为 50。（2）海关特殊监管区域（以下简称特殊区域）企业向海关申报货物进出境、进出区，以及在同一特殊区域内或者不同特殊区域之间流转货物的双方企业，应填制《中华人民共和国海关进（出）境货物备案清单》，特殊区域与境内（区外）之间进出的货物，区外企业应同时填制《中华人民共和国海关进（出）口货物报关单》，向特殊区域主管海关办理进出口报关手续。货物流转应按照"先报进，后报出"的原则，在同一特殊区域企业之间、不同特殊区域企业之间流转的，先办理进境备案手续，后办理出境备案手续，在特殊区域与区外之间流转的，由区内企业、区外企业分别办理备案和报关手续。《中华人民共和国海关进（出）境货物备案清单》原则上按《中华人民共和国海关进出口货物报关单填制规范》的要求填制。

为进一步规范进出口货物收发货人的申报行为，根据《海关总署关于修订〈中华人民共和国海关进出口货物报关单填制规范〉的公告》（海关总署 2016 年第 20 号公告）要求，海关总署于 2016 年 4 月 15 日对进出口货物报关单和进出境货物备案清单格式进行了修改。修改后的进出口货物报关单和进出境货物备案清单格式自 2016 年 5 月 16 日起启用，空白的原格式报关单、备案清单作废，但在此之前已打印并经海关签章的原格式报关单、备案清单继续有效。

图 9-1、图 9-2 为新版货物报关单。

附件 1

仅供核对用

中华人民共和国海关进口货物报关单

预录入编号：　　　　　　　　　　　　　　　　海关编号：

收发货人		进口口岸		进口日期		申报日期	
消费使用单位		运输方式	运输工具名称		提运单号		
申报单位		监管方式		征免性质		备案号	
贸易国(地区)	启运国(地区)		装货港			境内目的地	
许可证号	成交方式	运费		保费		杂费	
合同协议号	件数	包装种类		毛重(千克)		净重(千克)	
集装箱号	随附单证						
标记唛码及备注							

项号	商品编号	商品名称、规格型号	数量及单位	原产国(地区)	单价	总价	币制	征免

录入员　　　录入单位	兹申明对以上内容承担如实申报、依法纳税之法律责任	海关批注及签章
报关人员	申报单位(签章)	

图 9-1　进口货物报关单

仅供核对用

中华人民共和国海关出口货物报关单

预录入编号：　　　　　　　　　　　　海关编号：

收发货人		出口口岸		出口日期		申报日期	
生产销售单位		运输方式	运输工具名称		提运单号		
申报单位		监管方式		征免性质		备案号	
贸易国(地区)		运抵国(地区)		指运港		境内货源地	
许可证号		成交方式	运费		保费		杂费
合同协议号		件数	包装种类		毛重(千克)		净重(千克)
集装箱号		随附单证					
标记唛码及备注							

项号	商品编号	商品名称、规格型号	数量及单位	最终目的国(地区)	单价	总价	币制	征免

录入员　　　录入单位	兹申明对以上内容承担如实申报、依法纳税之法律责任	海关批注及签章
报关人员	申报单位(签章)	

图 9-2　出口货物报关单

报关单各栏目的填制规范如下。

1．预录入编号

本栏目填报预录入报关单的编号，预录入编号规则由接受申报的海关决定。

2．海关编号

本栏目填报海关接受申报时给予报关单的编号，一份报关单对应一个海关编号。

报关单海关编号为18位，其中第1～第4位为接受申报海关的编号（海关规定的《关区代码表》中相应海关代码），第5～第8位为海关接受申报的公历年份，第9位为进出口标志（"1"为进口，"0"为出口；集中申报清单"I"为进口，"E"为出口），后9位为顺序编号。

3．收发货人

本栏目填报在海关注册的对外签订并执行进出口贸易合同的中国境内法人、其他组织或个人的名称及编码。编码可选填18位法人和其他组织统一社会信用代码或10位海关注册编码任一项。

特殊情况下填制要求如下。

（1）进出口货物合同的签订者和执行者非同一企业的，填报执行合同的企业。

（2）外商投资企业委托进出口企业进口投资设备、物品的，填报外商投资企业，并在标记唛码及备注栏注明"委托某进出口企业进口"，同时注明被委托企业的18位法人和其他组织统一社会信用代码。

（3）有代理报关资格的报关企业代理其他进出口企业办理进出口报关手续时，填报委托的进出口企业。

（4）使用海关核发的《中华人民共和国海关加工贸易手册》、电子账册及其分册（以下统称《加工贸易手册》）管理的货物，收发货人应与《加工贸易手册》的"经营企业"一致。

4．进口口岸和出口口岸

本栏目应根据货物实际进出境的口岸海关，填报海关规定的《关区代码表》中相应口岸海关的名称及代码。特殊情况填报要求如下。

进口转关运输货物应填报货物进境地海关名称及代码，出口转关运输货物应填报货物出境地海关名称及代码。按转关运输方式监管的跨关区深加工结转货物，出口报关单填报转出地海关名称及代码，进口报关单填报转入地海关名称及代码。

在不同海关特殊监管区域或保税监管场所之间调拨、转让的货物，填报对方特殊监管区域或保税监管场所所在的海关名称及代码。

其他无实际进出境的货物，填报接受申报的海关名称及代码。

5．进口日期和出口日期

进口日期填报运载进口货物的运输工具申报进境的日期。

出口日期指运载出口货物的运输工具办结出境手续的日期，本栏目供海关签发打印报关单证明联用，在申报时免予填报。

无实际进出境的报关单填报海关接受申报的日期。本栏目为 8 位数字，顺序为年（4 位）、月（2 位）、日（2 位）。

6．申报日期

申报日期指海关接受进出口货物收发货人、受委托的报关企业申报数据的日期。以电子数据报关单方式申报的，申报日期为海关计算机系统接受申报数据时记录的日期。以纸质报关单方式申报的，申报日期为海关接受纸质报关单并对报关单进行登记处理的日期。

申报日期为 8 位数字，顺序为年（4 位）、月（2 位）、日（2 位）。本栏目在申报时免予填报。

7．消费使用单位和生产销售单位

（1）消费使用单位填报已知的进口货物在境内的最终消费、使用单位的名称，包括：

① 自行从境外进口货物的单位。

② 委托进出口企业进口货物的单位。

（2）生产销售单位填报出口货物在境内的生产或销售单位的名称，包括：

① 自行出口货物的单位。

② 委托进出口企业出口货物的单位。

本栏目可选填 18 位法人和其他组织统一社会信用代码或 10 位海关注册编码或 9 位组织机构代码任一项。没有代码的应填报"NO"。

（3）有 10 位海关注册编码或 18 位法人和其他组织统一社会信用代码或加工企业编码的消费使用单位和生产销售单位，本栏目应填报其中文名称及编码；没有编码的应填报其中文名称。

使用《加工贸易手册》管理的货物，消费使用单位和生产销售单位应与《加工贸易手册》的"加工企业"一致；减免税货物报关单的消费使用单位和生产销售单位应与《中华人民共和国海关进出口货物征免税证明》（以下简称《征免税证明》）的"减免税申请人"一致。

8．运输方式

运输方式包括实际运输方式和海关规定的特殊运输方式，前者指货物实际进出境的运输方式，按进出境所使用的运输工具分类；后者指货物无实际进出境的运输方式，按货物在境内的流向分类。

本栏目应根据货物实际进出境的运输方式或货物在境内流向的类别，按照海关规定的《运输方式代码表》选择填报相应的运输方式。

（1）特殊情况填报要求如下。

① 非邮件方式进出境的快递货物，按实际运输方式填报。

② 进出境旅客随身携带的货物，按旅客所乘运输工具填报。

③ 进口转关运输货物，按载运货物抵达进境地的运输工具填报；出口转关运输货物，按载运货物驶离出境地的运输工具填报。

④ 不复运出（入）境而留在境内（外）销售的进出境展览品、留赠转卖物品等，填报"其他运输"（代码 9）。

（2）无实际进出境货物在境内流转时填报要求如下。

① 境内非保税区运入保税区货物和保税区退区货物，填报"非保税区"（代码 0）。

② 保税区运往境内非保税区货物，填报"保税区"（代码 7）。

③ 境内存入出口监管仓库和出口监管仓库退仓货物，填报"监管仓库"（代码 1）。

④ 保税仓库转内销货物，填报"保税仓库"（代码 8）。

⑤ 从境内保税物流中心外运入中心或从中心运往境内中心外的货物，填报"物流中心"（代码 W）。

⑥ 从境内保税物流园区外运入园区或从园区内运往境内园区外的货物，填报"物流园区"（代码 X）。

⑦ 保税港区、综合保税区、出口加工区、珠澳跨境工业区（珠海园区）和中哈霍尔果斯边境合作区（中方配套区）等特殊区域与境内（区外）（非特殊区域、保税监管场所）之间进出的货物，区内、区外企业应根据实际运输方式分别填报"保税港区或综合保税区"（代码 Y）和"出口加工区"（代码 Z）。

⑧ 境内运入深港西部通道港方口岸区的货物，填报"边境特殊海关作业区"（代码 H）。

⑨ 经横琴新区和平潭综合实验区（以下简称综合试验区）二线指定申报通道运往境内区外或从境内经二线制定申报通道进入综合试验区的货物，以及综合试验区内按选择性征收关税申报的货物，填报"综合试验区"（代码 T）。

⑩ 其他境内流转货物，填报"其他运输"（代码 9），包括特殊监管区域内货物之间的流转、调拨货物，特殊监管区域、保税监管场所之间相互流转货物，特殊监管区域外的加工贸易余料结转、深加工结转、内销等货物。

9. 运输工具名称

本栏目填报载运货物进出境的运输工具名称或编号。填报内容应与运输部门向海关申报的舱单（载货清单）所列内容一致。具体填报要求如下。

（1）直接在进出境地或采用区域通关一体化通关模式办理报关手续的报关单填报要求如下。

① 水路运输：填报船舶编号（来往港澳小型船舶为监管簿编号）或者船舶英文名称。

② 公路运输：启用公路舱单前，填报该跨境运输车辆的国内行驶车牌号，深圳提前报关模式的报关单填报国内行驶车牌号+"/"+"提前报关"。启用公路舱单后，免予填报。

③ 铁路运输：填报车厢编号或交接单号。

④ 航空运输：填报航班号。

⑤ 邮件运输：填报邮政包裹单号。

⑥ 其他运输：填报具体运输方式名称，例如：管道、驮畜等。

（2）转关运输货物的报关单填报要求如下。

① 进口

● 水路运输：直转、提前报关填报"@"+16 位转关申报单预录入号（或 13 位载货清单号）；中转填报进境英文船名。

● 铁路运输：直转、提前报关填报"@"+16 位转关申报单预录入号；中转填报车厢编号。

● 航空运输：直转、提前报关填报"@"+16 位转关申报单预录入号（或 13 位载货清单号）；中转填报"@"。

● 公路及其他运输：填报"@"+16 位转关申报单预录入号（或 13 位载货清单号）。

以上各种运输方式使用广东地区载货清单转关的提前报关货物填报"@"+13 位载货清单号。

② 出口

● 水路运输：非中转填报"@"+16 位转关申报单预录入号（或 13 位载货清单号）。如多张报关单需要通过一张转关单转关的，运输工具名称字段填报"@"。中转货物，境内水路运输填报驳船船名；境内铁路运输填报车名（主管海关 4 位关区代码+"TRAIN"）；境内公路运输填报车名（主管海关 4 位关区代码+"TRUCK"）。

● 铁路运输：填报"@"+16 位转关申报单预录入号（或 13 位载货清单号），如多张报关单需要通过一张转关单转关的，填报"@"。

● 航空运输：填报"@"+16 位转关申报单预录入号（或 13 位载货清单号），如多张报关单需要通过一张转关单转关的，填报"@"。

● 其他运输方式：填报"@"+16 位转关申报单预录入号（或 13 位载货清单号）。

（3）采用"集中申报"通关方式办理报关手续的，报关单本栏目填报"集中申报"。

（4）无实际进出境的报关单，本栏目免予填报。

10. 航次号

本栏目填报载运货物进出境的运输工具的航次编号。

具体填报要求如下。

（1）直接在进出境地或采用区域通关一体化通关模式办理报关手续的报关单。

① 水路运输：填报船舶的航次号。

② 公路运输：启用公路舱单前，填报运输车辆的 8 位进出境日期〔顺序为年（4位）、月（2位）、日（2位），下同〕。启用公路舱单后，填报货物运输批次号。

③ 铁路运输：填报列车的进出境日期。

④ 航空运输：免予填报。

⑤ 邮件运输：填报运输工具的进出境日期。

⑥ 其他运输方式：免予填报。

（2）转关运输货物的报关单

① 进口

● 水路运输：中转转关方式填报"@"+进境干线船舶航次。直转、提前报关免予填报。

● 公路运输：免予填报。

● 铁路运输："@"+8 位进境日期。

● 航空运输：免予填报。

● 其他运输方式：免予填报。

② 出口

● 水路运输：非中转货物免予填报。中转货物：境内水路运输填报驳船航次号；境内铁路、公路运输填报 6 位启运日期〔顺序为年（2位）、月（2位）、日（2位）〕。

● 铁路拼车拼箱捆绑出口：免予填报。

● 航空运输：免予填报。

● 其他运输方式：免予填报。

（3）无实际进出境的报关单，本栏目免予填报。

11．提运单号

本栏目填报进出口货物提单或运单的编号。

一份报关单只允许填报一个提单或运单号，一票货物对应多个提单或运单时，应分单填报。

具体填报要求如下。

（1）直接在进出境地或采用区域通关一体化通关模式办理报关手续的。

① 水路运输：填报进出口提单号。如有分提单的，填报进出口提单号+"*"+分提单号。

② 公路运输：启用公路舱单前，免予填报；启用公路舱单后，填报进出口总运单号。

③ 铁路运输：填报运单号。

④ 航空运输：填报总运单号+"—"+分运单号，无分运单的填报总运单号。

⑤ 邮件运输：填报邮运包裹单号。

（2）转关运输货物的报关单。

① 进口

● 水路运输：直转、中转填报提单号。提前报关免予填报。

● 铁路运输：直转、中转填报铁路运单号。提前报关免予填报。

● 航空运输：直转、中转货物填报总运单号+"—"+分运单号。提前报关免予填报。

● 其他运输方式：免予填报。

以上运输方式进境货物，在广东省内用公路运输转关的，填报车牌号。

② 出口

● 水路运输：中转货物填报提单号；非中转货物免予填报；广东省内汽车运输提前报关的转关货物，填报承运车辆的车牌号。

● 其他运输方式：免予填报。广东省内汽车运输提前报关的转关货物，填报承运车辆的车牌号。

（3）采用"集中申报"通关方式办理报关手续的，报关单填报归并的集中申报清单的进出口起止日期〔按年（4位）、月（2位）、日（2位）〕。

（4）无实际进出境的，本栏目免予填报。

12．申报单位

自理报关的，本栏目填报进出口企业的名称及编码；委托代理报关的，本栏目填报报关企业名称及编码。

本栏目可选填18位法人和其他组织统一社会信用代码或10位海关注册编码任一项。

本栏目还包括报关单左下方用于填报申报单位有关情况的相关栏目，包括报关人员、申报单位签章。

13．监管方式

监管方式是以国际贸易中进出口货物的交易方式为基础，结合海关对进出口货物的征税、统计及监管条件综合设定的海关对进出口货物的管理方式。其代码由4位数字构成，前两位是按照海关监管要求和计算机管理需要划分的分类代码，后两位是参照国际标准编制的贸易方式代码。

本栏目应根据实际对外贸易情况按海关规定的《监管方式代码表》选择填报相应的监管方式简称及代码。一份报关单只允许填报一种监管方式。

特殊情况下加工贸易货物监管方式填报要求如下。

（1）进口少量低值辅料（即5 000美元以下，78种以内的低值辅料）按规定不使用《加工贸易手册》的，填报"低值辅料"。使用《加工贸易手册》的，按《加工贸易

《手册》上的监管方式填报。

（2）外商投资企业为加工内销产品而进口的料件，属非保税加工的，填报"一般贸易"。

外商投资企业全部使用国内料件加工的出口成品，填报"一般贸易"。

（3）加工贸易料件结转或深加工结转货物，按批准的监管方式填报。

（4）加工贸易料件转内销货物以及按料件办理进口手续的转内销制成品、残次品、未完成品，应填制进口报关单，填报"来料料件内销"或"进料料件内销"；加工贸易成品凭《征免税证明》转为减免税进口货物的，应分别填制进、出口报关单，出口报关单本栏目填报"来料成品减免"或"进料成品减免"，进口报关单本栏目按照实际监管方式填报。

（5）加工贸易出口成品因故退运进口及复运出口的，填报"来料成品退换"或"进料成品退换"；加工贸易进口料件因换料退运出口及复运进口的，填报"来料料件退换"或"进料料件退换"；加工贸易过程中产生的剩余料件、边角料退运出口，以及进口料件因品质、规格等原因退运出口且不再更换同类货物进口的，分别填报"来料料件复出""来料边角料复出""进料料件复出""进料边角料复出"。

（6）备料《加工贸易手册》中的料件结转转入加工出口《加工贸易手册》的，填报"来料加工"或"进料加工"。

（7）保税工厂的加工贸易进出口货物，根据《加工贸易手册》填报"来料加工"或"进料加工"。

（8）加工贸易边角料内销和副产品内销，应填制进口报关单，填报"来料边角料内销"或"进料边角料内销"。

（9）企业销毁处置加工贸易货物未获得收入，销毁处置货物为料件、残次品的，填报"料件销毁"；销毁处置货物为边角料、副产品的，填报"边角料销毁"。

企业销毁处置加工贸易货物获得收入的，填报为"进料边角料内销"或"来料边角料内销"。

14. 征免性质

本栏目应根据实际情况按海关规定的《征免性质代码表》选择填报相应的征免性质简称及代码，持有海关核发的《征免税证明》的，应按照《征免税证明》中批注的征免性质填报。一份报关单只允许填报一种征免性质。

加工贸易货物报关单应按照海关核发的《加工贸易手册》中批注的征免性质简称及代码填报。特殊情况填报要求如下。

（1）保税工厂经营的加工贸易，根据《加工贸易手册》填报"进料加工"或"来料加工"。

（2）外商投资企业为加工内销产品而进口的料件，属非保税加工的，填报"一般征税"或其他相应征免性质。

（3）加工贸易转内销货物，按实际情况填报（如一般征税、科教用品、其他法定等）。

（4）料件退运出口、成品退运进口货物填报"其他法定"（代码0299）。

（5）加工贸易结转货物，本栏目免予填报。

15．备案号

本栏目填报进出口货物收发货人、消费使用单位、生产销售单位在海关办理加工贸易合同备案或征、减、免税备案审批等手续时，海关核发的《加工贸易手册》《征免税证明》或其他备案审批文件的编号。

一份报关单只允许填报一个备案号。具体填报要求如下。

（1）加工贸易项下货物，除少量低值辅料按规定不使用《加工贸易手册》及以后续补税监管方式办理内销征税外，填报《加工贸易手册》编号。

使用异地直接报关分册和异地深加工结转出口分册在异地口岸报关的，本栏目应填报分册号；本地直接报关分册和本地深加工结转分册限制在本地报关，本栏目应填报总册号。

加工贸易成品凭《征免税证明》转为减免税进口货物的，进口报关单填报《征免税证明》编号，出口报关单填报《加工贸易手册》编号。

对加工贸易设备之间的结转，转入和转出企业分别填制进、出口报关单，在报关单"备案号"栏目填报《加工贸易手册》编号。

（2）涉及征、减、免税备案审批的报关单，填报《征免税证明》编号。

（3）涉及优惠贸易协定项下实行原产地证书联网管理（如香港CEPA、澳门CEPA）的报关单，填报原产地证书代码"Y"和原产地证书编号。

（4）减免税货物退运出口，填报《中华人民共和国海关进口减免税货物准予退运证明》的编号；减免税货物补税进口，填报《减免税货物补税通知书》的编号；减免税货物进口或结转进口（转入），填报《征免税证明》的编号；相应的结转出口（转出），填报《中华人民共和国海关进口减免税货物结转联系函》的编号。

16．贸易国（地区）

本栏目填报对外贸易中与境内企业签订贸易合同的外方所属的国家（地区）。进口填报购自国，出口填报售予国。未发生商业性交易的填报货物所有权拥有者所属的国家（地区）。

本栏目应按海关规定的《国别（地区）代码表》选择填报相应的贸易国（地区）或贸易国（地区）中文名称及代码。

无实际进出境的，填报"中国"（代码142）。

17．启运国（地区）和运抵国（地区）

启运国（地区）填报进口货物起始发出直接运抵我国或者在运输中转国（地）未

发生任何商业性交易的情况下运抵我国（地区）。

运抵国（地区）填报出口货物离开我国关境直接运抵或者在运输中转国（地区）未发生任何商业性交易的情况下最后运抵的国家（地区）。

不经过第三国（地区）转运的直接运输进出口货物，以进口货物的装货港所在国（地区）为启运国（地区），以出口货物的指运港所在国（地区）为运抵国（地区）。

经过第三国（地区）转运的进出口货物，如在中转国（地区）发生商业性交易，则以中转国（地区）作为启运国（地区）或运抵国（地区）。

本栏目应按海关规定的《国别（地区）代码表》选择填报相应的启运国（地区）或运抵国（地区）中文名称及代码。

无实际进出境的，填报"中国"（代码142）。

18．装货港和指运港

装货港填报进口货物在运抵我国关境前的最后一个境外装运港。

指运港填报出口货物运往境外的最终目的港；最终目的港不可预知的，按尽可能预知的目的港填报。

本栏目应根据实际情况按海关规定的《港口代码表》选择填报相应的港口中文名称及代码。装货港和指运港在《港口代码表》中无港口中文名称及代码的，可选择填报相应的国家中文名称或代码。

无实际进出境的，本栏目填报"中国境内"（代码142）。

19．境内目的地和境内货源地

境内目的地填报已知的进口货物在国内的消费、使用地或最终运抵地，其中最终运抵地为最终使用单位所在的地区。最终使用单位难以确定的，填报货物进口时预知的最终收货单位所在地。

境内货源地填报出口货物在国内的产地或原始发货地。出口货物产地难以确定的，填报最早发运该出口货物的单位所在地。

本栏目按海关规定的《国内地区代码表》选择填报相应的国内地区名称及代码。

20．许可证号

本栏目填报以下许可证的编号：进（出）口许可证、两用物项和技术进（出）口许可证、两用物项和技术出口许可证（定向）、纺织品临时出口许可证。

一份报关单只允许填报一个许可证号。

21．成交方式

本栏目应根据进出口货物实际成交价格条款，按海关规定的《成交方式代码表》选择填报相应的成交方式代码。

无实际进出境的报关单，进口填报 CIF，出口填报 FOB。

22．运费

本栏目填报进口货物运抵我国境内输入地点起卸前的运输费用，出口货物运至我国境内输出地点装载后的运输费用。

运费可按运费单价、总价或运费率三种方式之一填报，注明运费标记（运费标记"1"表示运费率，"2"表示每吨货物的运费单价，"3"表示运费总价），并按海关规定的《货币代码表》选择填报相应的币种代码。

23．保费

本栏目填报进口货物运抵我国境内输入地点起卸前的保险费用，出口货物运至我国境内输出地点装载后的保险费用。

保费可按保险费总价或保险费率两种方式之一填报，注明保险费标记（保险费标记"1"表示保险费率，"3"表示保险费总价），并按海关规定的《货币代码表》选择填报相应的币种代码。

24．杂费

本栏目填报成交价格以外的，按照《中华人民共和国进出口关税条例》相关规定应计入完税价格或应从完税价格中扣除的费用。可按杂费总价或杂费率两种方式之一填报，注明杂费标记（杂费标记"1"表示杂费率，"3"表示杂费总价），并按海关规定的《货币代码表》选择填报相应的币种代码。

应计入完税价格的杂费填报为正值或正率，应从完税价格中扣除的杂费填报为负值或负率。

25．合同协议号

本栏目填报进出口货物合同（包括协议或订单）编号。未发生商业性交易的免予填报。

26．件数

本栏目填报有外包装的进出口货物的实际件数。特殊情况填报要求如下。

（1）舱单件数为集装箱的，填报集装箱个数。

（2）舱单件数为托盘的，填报托盘数。

本栏目不得填报为零，裸装货物填报为"1"。

27．包装种类

本栏目应根据进出口货物的实际外包装种类，按海关规定的《包装种类代码表》选择填报相应的包装种类代码。

28．毛重（千克）

本栏目填报进出口货物及其包装材料的重量之和，计量单位为千克，不足一千克的填报为"1"。

29．净重（千克）

本栏目填报进出口货物的毛重减去外包装材料后的重量，即货物本身的实际重量，计量单位为千克，不足一千克的填报为"1"。

30．集装箱号

本栏目填报装载进出口货物（包括拼箱货物）集装箱的箱体信息。一个集装箱填一条记录，分别填报集装箱号（在集装箱箱体上标示的全球唯一编号）、集装箱的规格和集装箱的自重。非集装箱货物填报为"0"。

31．随附单证

本栏目根据海关规定的《监管证件代码表》选择填报除本规范第十八条规定的许可证件以外的其他进出口许可证件或监管证件代码及编号。

本栏目分为随附单证代码和随附单证编号两栏，其中代码栏应按海关规定的《监管证件代码表》选择填报相应证件代码；编号栏应填报证件编号。

（1）加工贸易内销征税报关单，随附单证代码栏填写"c"，随附单证编号栏填写海关审核通过的内销征税联系单号。

（2）优惠贸易协定项下进出口货物。

有关优惠贸易协定项下报关单填制要求将另行公告。

32．标记唛码及备注

本栏目填报要求如下。

（1）标记唛码中除图形以外的文字、数字。

（2）受外商投资企业委托代理其进口投资设备、物品的进出口企业名称。

（3）与本报关单有关联关系的，同时在业务管理规范方面又要求填报的备案号，填报在电子数据报关单中"关联备案"栏。

加工贸易结转货物及凭《征免税证明》转内销货物，其对应的备案号应填报在"关联备案"栏。

减免税货物结转进口（转入），报关单"关联备案"栏应填写本次减免税货物结转所申请的《中华人民共和国海关进口减免税货物结转联系函》的编号。

减免税货物结转出口（转出），报关单"关联备案"栏应填写与其相对应的进口（转入）报关单"备案号"栏中《征免税证明》的编号。

（4）与本报关单有关联关系的，同时在业务管理规范方面又要求填报的报关单号，填报在电子数据报关单中"关联报关单"栏。

加工贸易结转类的报关单，应先办理进口报关，并将进口报关单号填入出口报关单的"关联报关单"栏。

办理进口货物直接退运手续的，除另有规定外，应当先填写出口报关单，再填写进口报关单，并将出口报关单号填入进口报关单的"关联报关单"栏。

减免税货物结转出口（转出），应先办理进口报关，并将进口（转入）报关单号填入出口（转出）报关单的"关联报关单"栏。

（5）办理进口货物直接退运手续的，本栏目填报《进口货物直接退运表》或者《海关责令进口货物直接退运通知书》编号。

（6）保税监管场所进出货物，在"保税监管场所"栏填写本保税监管场所编码，其中涉及货物在保税监管场所间流转的，在本栏填写对方保税监管场所代码。

（7）涉及加工贸易货物销毁处置的，填写海关加工贸易货物销毁处置申报表编号。

（8）当监管方式为"暂时进出货物"（2600）和"展览品"（2700）时，如果为复运进出境货物，在进出口货物报关单的本栏内分别填报"复运进境""复运出境"。

（9）跨境电子商务进出口货物，在本栏目内填报"跨境电子商务"。

（10）加工贸易副产品内销，在本栏内填报"加工贸易副产品内销"。

（11）公式定价进口货物应在报关单备注栏内填写公式定价备案号，格式为："公式定价"+备案编号+"@"。对于同一报关单下有多项商品的，如需要指明某项或某几项商品为公式定价备案的，则备注栏内填写应为："公式定价"+备案编号+"#"+商品序号+"@"。

（12）获得《预审价决定书》的进出口货物，应在报关单备注栏内填报《预审价决定书》编号，格式为预审价（P+2 位商品项号+决定书编号），若报关单中有多项商品为预审价，需依次写入括号中，如：预审价（P01VD511500018、P02VD511500019）。

（13）含预归类商品报关单，应在报关单备注栏内填写预归类 R-3-关区代码-年份-顺序编号，其中关区代码、年份、顺序编号均为 4 位数字，例如 R-3-0100-2016-0001。

（14）含归类裁定报关单，应在报关单备注栏内填写归类裁定编号，格式为"c"+四位数字编号，例如 c0001。

（15）申报时其他必须说明的事项填报在本栏目。

33．项号

本栏目分两行填报及打印。第一行填报报关单中的商品顺序编号；第二行专用于加工贸易、减免税等已备案、审批的货物，填报和打印该项货物在《加工贸易手册》或《征免税证明》等备案、审批单证中的顺序编号。

有关优惠贸易协定项下报关单填制要求将另行公告。

加工贸易项下进出口货物的报关单，第一行填报报关单中的商品顺序编号，第二行填报该项商品在《加工贸易手册》中的商品项号，用于核销对应项号下的料件或成品数量。其中第二行特殊情况填报要求如下。

（1）深加工结转货物，分别按照《加工贸易手册》中的进口料件项号和出口成品项号填报。

（2）料件结转货物（包括料件、制成品和未完成品折料），出口报关单按照转出

《加工贸易手册》中进口料件的项号填报；进口报关单按照转进《加工贸易手册》中进口料件的项号填报。

（3）料件复出货物（包括料件、边角料），出口报关单按照《加工贸易手册》中进口料件的项号填报；如边角料对应一个以上料件项号时，填报主要料件项号。料件退换货物（包括料件、不包未完成品），进出口报关单按照《加工贸易手册》中进口料件的项号填报。

（4）成品退换货物，退运进境报关单和复运出境报关单按照《加工贸易手册》原出口成品的项号填报。

（5）加工贸易料件转内销货物（以及按料件办理进口手续的转内销制成品、残次品、未完成品）应填制进口报关单，填报《加工贸易手册》进口料件的项号；加工贸易边角料、副产品内销，填报《加工贸易手册》中对应的进口料件项号。如边角料或副产品对应一个以上料件项号时，填报主要料件项号。

（6）加工贸易成品凭《征免税证明》转为减免税货物进口的，应先办理进口报关手续。进口报关单填报《征免税证明》中的项号，出口报关单填报《加工贸易手册》原出口成品项号，进、出口报关单货物数量应一致。

（7）加工贸易货物销毁，本栏目应填报《加工贸易手册》中相应的进口料件项号。

（8）加工贸易副产品退运出口、结转出口，本栏目应填报《加工贸易手册》中新增的变更副产品的出口项号。

（9）经海关批准实行加工贸易联网监管的企业，按海关联网监管要求，企业需申报报关清单的，应在向海关申报进出口（包括形式进出口）报关单前，向海关申报"清单"。一份报关清单对应一份报关单，报关单上的商品由报关清单归并而得。加工贸易电子账册报关单中项号、品名、规格等栏目的填制规范比照《加工贸易手册》。

34．商品编号

本栏目填报的商品编号由 10 位数字组成。前 8 位为《中华人民共和国进出口税则》确定的进出口货物的税则号列，同时也是《中华人民共和国海关统计商品目录》确定的商品编码，后 2 位为符合海关监管要求的附加编号。

35．商品名称、规格型号

本栏目分两行填报及打印。第一行填报进出口货物规范的中文商品名称，第二行填报规格型号。

具体填报要求如下。

（1）商品名称及规格型号应据实填报，并与进出口货物收发货人或受委托的报关企业所提交的合同、发票等相关单证相符。

（2）商品名称应当规范，规格型号应当足够详细，以能满足海关归类、审价及许可证件管理要求为准，可参照《中华人民共和国海关进出口商品规范申报目录》中对商品名称、规格型号的要求进行填报。

（3）加工贸易等已备案的货物，填报的内容必须与备案登记中同项号下货物的商品名称一致。

（4）对需要海关签发《货物进口证明书》的车辆，商品名称栏应填报"车辆品牌+排气量（注明 cc）+车型（如越野车、小轿车等）"。进口汽车底盘不填报排气量。车辆品牌应按照《进口机动车辆制造厂名称和车辆品牌中英文对照表》中"签注名称"一栏的要求填报。规格型号栏可填报"汽油型"等。

（5）由同一运输工具同时运抵同一口岸并且属于同一收货人、使用同一提单的多种进口货物，按照商品归类规则应当归入同一商品编号的，应当将有关商品一并归入该商品编号。商品名称填报一并归类后的商品名称；规格型号填报一并归类后商品的规格型号。

（6）加工贸易边角料和副产品内销，边角料复出口，本栏目填报其报验状态的名称和规格型号。

（7）进口货物收货人以一般贸易方式申报进口属于《需要详细列名申报的汽车零部件清单》（海关总署 2006 年第 64 号公告）范围内的汽车生产件的，应按以下要求填报。

① 商品名称填报进口汽车零部件的详细中文商品名称和品牌，中文商品名称与品牌之间用"/"相隔，必要时加注英文商业名称；进口的成套散件或者毛坯件应在品牌后加注"成套散件""毛坯"等字样，并与品牌之间用"/"相隔。

② 规格型号填报汽车零部件的完整编号。在零部件编号前应当加注"S"字样，并与零部件编号之间用"/"相隔，零部件编号之后应当依次加注该零部件适用的汽车品牌和车型。

汽车零部件属于可以适用于多种汽车车型的通用零部件的，零部件编号后应当加注"TY"字样，并用"/"与零部件编号相隔。

与进口汽车零部件规格型号相关的其他需要申报的要素，或者海关规定的其他需要申报的要素，如"功率""排气量"等，应当在车型或"TY"之后填报，并用"/"与之相隔。

汽车零部件报验状态是成套散件的，应当在"标记唛码及备注"栏内填报该成套散件装配后的最终完整件的零部件编号。

（8）进口货物收货人以一般贸易方式申报进口属于《需要详细列名申报的汽车零部件清单》（海关总署 2006 年第 64 号公告）范围内的汽车维修件的，填报规格型号时，应当在零部件编号前加注"W"，并与零部件编号之间用"/"相隔；进口维修件的品牌与该零部件适用的整车厂牌不一致的，应当在零部件编号前加注"WF"，并与零部件编号之间用"/"相隔。其余申报要求同上条执行。

36．数量及单位

本栏目分三行填报及打印。

（1）第一行应按进出口货物的法定第一计量单位填报数量及单位，法定计量单位以《中华人民共和国海关统计商品目录》中的计量单位为准。

（2）凡列明有法定第二计量单位的，应在第二行按照法定第二计量单位填报数量及单位。无法定第二计量单位的，本栏目第二行为空。

（3）成交计量单位及数量应填报并打印在第三行。

（4）法定计量单位为"千克"的数量填报，特殊情况下填报要求如下。

① 装入可重复使用的包装容器的货物，应按货物扣除包装容器后的重量填报，如罐装同位素、罐装氧气及类似品等。

② 使用不可分割包装材料和包装容器的货物，按货物的净重填报（即包括内层直接包装的净重重量），如采用供零售包装的罐头、化妆品、药品及类似品等。

③ 按照商业惯例以公量重计价的商品，应按公量重填报，如未脱脂羊毛、羊毛条等。

④ 采用以毛重作为净重计价的货物，可按毛重填报，如粮食、饲料等大宗散装货物。

⑤ 采用零售包装的酒类、饮料，按照液体部分的重量填报。

（5）成套设备、减免税货物如需分批进口，货物实际进口时，应按照实际报验状态确定数量。

（6）具有完整品或制成品基本特征的不完整品、未制成品，根据《商品名称及编码协调制度》归类规则应按完整品归类的，按照构成完整品的实际数量填报。

（7）加工贸易等已备案的货物，成交计量单位必须与《加工贸易手册》中同项号下货物的计量单位一致，加工贸易边角料和副产品内销、边角料复出口，本栏目填报其报验状态的计量单位。

（8）优惠贸易协定项下进出口商品的成交计量单位必须与原产地证书上对应商品的计量单位一致。

（9）法定计量单位为立方米的气体货物，应折算成标准状况（即摄氏零度及1个标准大气压）下的体积进行填报。

37．原产国（地区）

原产国（地区）应依据《中华人民共和国进出口货物原产地条例》《中华人民共和国海关关于执行〈非优惠原产地规则中实质性改变标准〉的规定》以及海关总署关于各项优惠贸易协定原产地管理规章规定的原产地确定标准填报。同一批进出口货物的原产地不同的，应分别填报原产国（地区）。进出口货物原产国（地区）无法确定的，填报"国别不详"（代码701）。

本栏目应按海关规定的《国别（地区）代码表》选择填报相应的国家（地区）名称及代码。

38．最终目的国（地区）

最终目的国（地区）填报已知的进出口货物的最终实际消费、使用或进一步加工制造国家（地区）。不经过第三国（地区）转运的直接运输货物，以运抵国（地区）为最终目的国（地区）；经过第三国（地区）转运的货物，以最后运往国（地区）为最终目的国（地区）。同一批进出口货物的最终目的国（地区）不同的，应分别填报最终目的国（地区）。进出口货物不能确定最终目的国（地区）时，以尽可能预知的最后运往国（地区）为最终目的国（地区）。

本栏目应按海关规定的《国别（地区）代码表》选择填报相应的国家（地区）名称及代码。

39．单价

本栏目填报同一项号下进出口货物实际成交的商品单位价格。无实际成交价格的，本栏目填报单位货值。

40．总价

本栏目填报同一项号下进出口货物实际成交的商品总价格。无实际成交价格的，本栏目填报货值。

41．币制

本栏目应按海关规定的《货币代码表》选择相应的货币名称及代码填报，如《货币代码表》中无实际成交币种，需将实际成交货币按申报日外汇折算率折算成《货币代码表》列明的货币填报。

42．征免

本栏目应按照海关核发的《征免税证明》或有关政策规定，对报关单所列每项商品选择海关规定的《征减免税方式代码表》中相应的征减免税方式填报。

加工贸易货物报关单应根据《加工贸易手册》中备案的征免规定填报；《加工贸易手册》中备案的征免规定为"保金"或"保函"的，应填报"全免"。

43．特殊关系确认

本栏目根据《中华人民共和国海关审定进出口货物完税价格办法》（以下简称《审价办法》）第十六条，填报确认进出口行为中买卖双方是否存在特殊关系，有下列情形之一的，应当认为买卖双方存在特殊关系，在本栏目应填报"是"，反之则填报"否"。

（1）买卖双方为同一家族成员的。

（2）买卖双方互为商业上的高级职员或者董事的。

（3）一方直接或者间接地受另一方控制的。

（4）买卖双方都直接或者间接地受第三方控制的。

（5）买卖双方共同直接或者间接地控制第三方的。

（6）一方直接或者间接地拥有、控制或者持有对方 5%以上（含 5%）公开发行的

有表决权的股票或者股份的。

（7）一方是另一方的雇员、高级职员或者董事的。

（8）买卖双方是同一合伙的成员的。

买卖双方在经营上相互有联系，一方是另一方的独家代理、独家经销或者独家受让人，如果符合前款的规定，也应当视为存在特殊关系。

44．价格影响确认

本栏目根据《审价办法》第十七条，填报确认进出口行为中买卖双方存在的特殊关系是否影响成交价格，纳税义务人如不能证明其成交价格与同时或者大约同时发生的下列任何一款价格相近的，应当视为特殊关系对进出口货物的成交价格产生影响，在本栏目应填报"是"，反之则填报"否"。

（1）向境内无特殊关系的买方出售的相同或者类似进出口货物的成交价格。

（2）按照《审价办法》倒扣价格估价方法的规定所确定的相同或者类似进出口货物的完税价格。

（3）按照《审价办法》计算价格估价方法的规定所确定的相同或者类似进出口货物的完税价格。

45．支付特许权使用费确认

本栏目根据《审价办法》第十三条，填报确认进出口行为中买方是否存在向卖方或者有关方直接或者间接支付特许权使用费。特许权使用费是指进出口货物的买方为取得知识产权权利人及权利人有效授权人关于专利权、商标权、专有技术、著作权、分销权或者销售权的许可或者转让而支付的费用。如果进出口行为中买方存在向卖方或者有关方直接或者间接支付特许权使用费的，在本栏目应填报"是"，反之则填报"否"。

46．版本号

本栏目适用加工贸易货物出口报关单。本栏目应与《加工贸易手册》中备案的成品单耗版本一致，通过《加工贸易手册》备案数据或企业出口报关清单提取。

47．货号

本栏目适用加工贸易货物进出口报关单。本栏目应与《加工贸易手册》中备案的料件、成品货号一致，通过《加工贸易手册》备案数据或企业出口报关清单提取。

48．录入员

本栏目用于记录预录入操作人员的姓名。

49．录入单位

本栏目用于记录预录入单位名称。

50．海关批注及签章

本栏目供海关作业时签注。

本规范所述尖括号（〈〉）、逗号（，）、连接符（—）、冒号（：）等标点符号及数字，填报时都必须使用非中文状态下的半角字符。

相关用语的含义如下。

报关单录入凭单：指申报单位按报关单的格式填写的凭单，用作报关单预录入的依据。该凭单的编号规则由申报单位自行决定。

预录入报关单：指预录入单位按照申报单位填写的报关单凭单录入、打印由申报单位向海关申报，海关尚未接受申报的报关单。

报关单证明联：指海关在核实货物实际进出境后按报关单格式提供的，用作进出口货物收发货人向国税、外汇管理部门办理退税和外汇核销手续的证明文件。

二、报检单

（一）进出口商品检验检疫的基本概念

进出口检验检疫是指由具有权威的检验检疫机构依照相应的法律、法规或进出口合同的规定，对进出口商品的质量、数量、重量、包装、卫生、安全及装运条件进行检验并出具相应的检验证书的一系列活动。

在国际贸易中，检验检疫机构一般分为官方、半官方和民间三大类。

在我国，中国质量监督检验检疫总局（General Administration of Quality Supervision, Inspection and Quarantine, AQSIQ）主管全国出入境商品检验检疫、动植物检疫、国境卫生检疫工作。总局下辖各地的国家质检分支机构，实行垂直管理体制。

📢 **小提示**

除国家质检总局外，我国还有为进出口贸易提供检验服务的中介组织，如中国进出口商品检验总公司（China National Import & Export Commodities Inspection Corporation, CCIC）。该公司经国务院批准成立，是国家指定的实施进出口商品检验和鉴定业务的检验实体，它的性质属于民间商品检验检疫机构。CCIC 在全国各省、市、自治区和直辖市设有分支机构。

（二）进出口商品报检

1. 报检的概念

进出口商品的报检是指进出口商品的收发货人或其代理人，根据《商检法》等有关法律、法规，对法定检验的进出口商品，在检验检疫机构规定的时限和地点，向检验检疫机构办理申请检验、配合检验、付费和取得商检单等手续的全过程。检验也称

为报验。检验检疫机构接受申请人报验，是检验检疫工作的开始。

2．出入境检验检疫的报检范围

根据国家质量监督检验检疫总局发布的《出入境检验检疫报检规定》（总局令第 16号）规定，出入境检验检疫的报检范围主要包括四个方面：国家法律法规规定必须由出入境检验检疫机构（以下简称检验检疫机构）检验检疫的；输入国家或地区规定必须凭检验检疫机构出具的证书方准入境的；有关国际条约规定须经检验检疫的；申请签发原产地证明书及普惠制原产地证明书的。

具体的检验内容包括：进出口商品检验；进口商品安全质量许可检验；出口商品质量许可检验；包装检验；出口商品装运技术检验；出入境动植物检疫；出入境卫生检疫；进出口商品鉴定。

3．报检单位

出入境检验检疫报检单位有两大类：自理报检单位和代理报检单位。

4．电子报检

电子报检是指报检人使用报检软件通过检验检疫电子业务服务平台将报检数据以电子方式传输给检验检疫机构，经检验检疫业务管理系统和检务人员处理后，将受理报检信息反馈报检人，实现远程办理出入境检验检疫报检的行为。

5．出入境货物报检单据

入境报检时，应填写入境货物报检单并提供合同、发票、提单等有关单证。如有下列情况报检时，还应按要求提供有关文件。

（1）凡实施安全质量许可、卫生注册或其他需审批审核的货物，应提供有关证明。

（2）品质检验的还应提供国外品质证书或质量保证书、产品使用说明书及有关标准和技术资料；凭样成交的，须加附成交样品；以品级或公量计价结算的，应同时申请重量鉴定。

（3）报检入境废物时，还应提供国家环保部门签发的《进口废物批准证书》和经认可的检验机构签发的装运前检验合格证书等。

（4）申请残损鉴定的还应提供理货残损单、铁路商务记录、空运事故记录或海事报告等证明货损情况的有关单证。

（5）申请重（数）量鉴定的还应提供重（数）量明细单、理货清单等。

（6）货物经收、用货部门验收或其他单位检测的，应随附验收报告或检测结果以及重量明细单等。

（7）入境的国际旅行者，应填写入境检疫申明卡。

（8）入境的动植物及其产品，在提供贸易合同、发票、产地证书的同时，还必须提供输出国家或地区官方的检疫证书；需办理入境检疫审批手续的，还应提供入境动植物检疫许可证。

（9）过境动植物及其产品报检时，应持货运单和输出国家或地区官方出具的检疫证书；运输动物过境时，还应提交国家检验检疫局签发的动植物过境许可证。

（10）报检入境运输工具、集装箱时，应提供检疫证明，并申报有关人员健康状况。

（11）入境旅客、交通员工携带伴侣动物的，应提供入境动物检疫证书及预防接种证明。

（12）因科研等特殊需要，输入禁止入境物的，必须提供国家检验检疫局签发的特许审批证明。

（13）入境特殊物品的，应提供有关的批件或规定的文件。

出境报检时，应填写出境货物报检单并提供对外贸易合同（售货确认书或函电）、信用证、发票、装箱单等必要的单证。如有下列情况报检时，还应按要求提供有关文件。

（1）凡实施质量许可、卫生注册或需经审批的货物，应提供有关证明。

（2）出境货物须经生产者或经营者检验合格并加附检验合格证或检测报告；申请重量鉴定的，应加附重量明细单或磅码单。

（3）凭样成交的货物，应提供经买卖双方确认的样品。

（4）出境人员应向检验检疫机构申请办理国际旅行健康证明书及国际预防接种证书。

（5）报检出境运输工具、集装箱时，还应提供检疫证明，并申报有关人员健康状况。

（6）生产出境危险货物包装容器的企业，必须向检验检疫机构申请包装容器的性能鉴定。生产出境危险货物的企业，必须向检验检疫机构申请危险货物包装容器的使用鉴定。

（7）报检出境危险货物时，必须提供危险货物包装容器性能鉴定结果单和使用鉴定结果单。

（8）申请原产地证明书和普惠制原产地证明书的，应提供商业发票等资料。

（9）出境特殊物品的，根据法律法规规定应提供有关的审批文件。

6. 出入境货物报检的时限和地点

（1）出境货物报检时间限制。出境货物最迟应于报关或出境装运前 10 天向检验检疫机构申请报检；出境动物应在出境前 60 天报检、隔离前 7 天报检。

（2）出境货物报检地点。出境货物所在地检验检疫机构办理报检。对由内地运往口岸分批、并批的货物，应在产地办理预检，合格后，方可运往口岸办理出境货物的查验换证手续。对由内地运往口岸后，由于改变国别或地区有不同检疫要求的、超过检验检疫有效期的、批次混乱货证不符的，或经口岸查验不合格的，须在口岸重新报检。出入境的运输工具应在出境前向口岸检验检疫机关报检或申报。

（3）入境货物报检时间限制。申请货物品质检验和鉴定的，一般应在索赔有效期到期前不少于 20 天内报检；输入其他动物的应当在进境前 15 天报检；输入植物、种子、种苗及其他繁殖材料的，应当在进境前 7 天报检；动植物性包装物、铺垫材料进境时应当及时报检；运输动植物、动植物产品和其他检疫物过境的，应当在进境时报检；入境的集装箱货物、废旧物品在到达口岸时，必须向检验检疫机构报检并接受检疫，经检疫或实施消毒、除鼠、除虫或其他必要的卫生处理合格的，方准入境；输入微生物、人体组织、生物制品、血液及其制品或种畜、禽及其精液、胚胎、受精卵的，应当在入境前 30 天报检。

（4）入境货物报检地点限制。法律、法规规定必须经检验检疫机构检验的进口商品的收货人或者其代理人，应当向报关地检验检疫机构报检；审批、许可证等有关政府批文中规定了检验检疫地点的，在规定的地点报检；大宗、散装进口货物的鉴重及合同规定凭卸货口岸检验检疫机构的品质、重量检验证书作为计算价格结算货款的货物，应向卸货口岸或到达站检验检疫机构报检；进口粮食、原糖、化肥、硫黄、矿砂等散装货物，按照国际贸易惯例，应在卸货口岸报检，并须在目的地口岸承载货物的船舱内或在卸货过程中，按有关规定抽取代表性样品进行检验；进口化工原料和化工产品，分拨调运后，不易按原发货批号抽取代表性样品，应在卸货口岸报检；在国内转运过程中，容易造成水分挥发、散失或易腐易变的货物，应在卸货口岸报检；在卸货时，发现货物残损或短少时，必须向卸货口岸或到达站检验检疫机构报检；需要结合安装调试进行检验的成套设备、机电仪器产品以及在卸货口岸开箱检验难以恢复包装的货物，可以向收、用货人所在地检验检疫机构报检；输入动植物、动植物产品和其他检疫物的，应向进境口岸检验检疫机构报检，并由口岸检验检疫机构实施检疫；进境后需办理转关手续的检疫物，除活动物和来自动植物疫情流行国家或地区的检疫物须由进境口岸检疫外，其他均应到指定检验检疫机构报检，并实施检疫。

7.《出（入）境货物报检单》的填制规范

中华人民共和国出（入）境检验检疫货物报检单如图 9-3、图 9-4 所示。

报检单所列各项内容应填写完整、准确、清晰，不得涂改，中英文内容应一致，报检单位应填写单位的全称并加盖单位印章。缮制规范如下。

（1）编号：由检验检疫机构报检受理人员填写，前 6 位为检验检疫机构代码，第 7 位为报检类代码，第 8、第 9 位为年代码，第 10～第 15 位为流水号。

（2）报检单位登记号：报检单位在检验检疫机构备案或注册登记的代码。

（3）联系人：报检人员姓名。

（4）电话：报检人员的联系电话。

（5）报检日期：检验检疫机构实际受理报检的日期，由检验检疫机构受理报检人员填写。

中华人民共和国出入境检验检疫

出境货物报检单

报检单位（加盖公章）： 编　号

报检单位登记号： 联系人： 电话： 报检日期： 年 月 日

发货人	（中文）		企业性质（划"✓"）	□合资□外资□合作
	（外文）			
收货人	（中文）			
	（外文）			

货物名称(中/外文)	H.S.编码	产地	数/重量	货物总值	包装种类及数量

运输工具名称号码		合同号	
贸易方式		贸易国别(地区)		提单/运单号	
到货日期		起运国家(地区)		许可证/审批号	
卸货日期		起运口岸		出境口岸	
索赔有效期至		经停口岸		目的地	

集装箱规格、数量及号码	

合同订立的特殊条款 以及其他要求		货物存放地点	
		用途	

随附单据（划"✓"或补填）	标 记 及 号 码	*外商投资企业（划"✓"）	□是□否
□合同　　□到货通知		*检验检疫费	
□信用证　□装箱单		总金额 （人民币元）	
□发票　　□质保书			
□提/运单　□理货清单		计费人	
□兽医卫生证书　□磅码单			
□植物检疫证书　□验收报告		收费人	
□动物检疫证书　□			
□卫生证书　□			
□原产地证			
□许可/审批文件　□			

报检人郑重声明：	领 取 证 单	
1. 本人被授权报检。	日期	
2. 上列填写内容正确属实。		
签名：_____	签名	

注：有"*"号栏由出入境检验检疫机关填写 ◆国家出入境检验检疫局制

图 9-3　出境货物报检单

中华人民共和国出入境检验检疫

入境货物报检单

报检单位（加盖公章）：　　　　　　　　　　　　　　　　　　　编　号

报检单位登记号：　　　　　　联系人：　　电话：　　　　报检日期：　　　年　月　日

发货人	（中文）					企业性质（划"✓"）		□合资□外资□合作	
	（外文）								
收货人	（中文）								
	（外文）								

货物名称(中/外文)	H.S.编码	产地	数/重量	货物总值	包装种类及数量

运输工具名称号码		合同号	
贸易方式	贸易国别(地区)	提单/运单号	
到货日期	起运国家(地区)	许可证 / 审批号	
卸货日期	起运口岸	入境口岸	
索赔有效期至	经停口岸	目的地	

集装箱规格、数量及号码		
合同订立的特殊条款 以及其他要求		货物存放地点
		用途

随附单据（划"✓"或补填）		标 记 及 号 码	*外商投资企业（划"✓"）	□是□否
□合同 □信用证 □发票 □提/运单 □兽医卫生证书 □植物检疫证书 □动物检疫证书 □卫生证书 □原产地证 □许可/审批文件	□到货通知 □装箱单 □质保书 □理货清单 □磅码单 □验收报告 □ □ □		*检验检疫费 总金额 （人民币元）	
			计费人	
			收费人	

报检人郑重声明： 　1. 本人被授权报检。 　2. 上列填写内容正确属实。 　　　　　　签名：_____		领 取 证 单	
		日期	
		签名	

注：有"*"号栏由出入境检验检疫机关填写　　　　　　　　　　◆国家出入境检验检疫局制

图 9-4　入境货物报检单

（6）收货人：外贸合同中的收货人，应中英文对照填写。

（7）发货人：外贸合同中的发货人。

（8）货物名称（中/英文）：本批货物的品名，应与进口合同、发票名称一致，如为废旧货物应注明。

（9）HS 编码：本批货物的商品编码。以当年海关公布的商品税则编码分类为准。

（10）原产国（地区）：本批货物的生产、开采或加工制造的国家或地区。对经过几个国家或地区加工制造的货物，以最后一个对货物进行实质性加工的国家或地区作为该货物的原产国。同一批货物的原产地不同的，应当分别填报原产国（地区）。退运货物原产国填制为"中国"。在保税区（含保税港区、监管仓库）或出口加工区进行了实质性加工的货物出区输往国内时，原产国填制为"中国"。

（11）数/重量：应与合同、发票或报关单上所列的货物数/重量一致，并应注明数/重量单位；重量一般填写"净重"。填制数/重量时，对与 HS 编码对应的第一计量单位必须输入。

（12）货物总值：应填报同一项号下进出口货物实际成交的价格，填写入境货物的总值及币种，应与合同、发票或报关单上所列的货物总值一致；对于非贸易性进出口货物等没有合同、发票情况的，按报关价填制。

（13）包装种类及数量：货物实际运输包装的种类及数量，应注明包装材质。

（14）运输工具名称号码：本批货物国际运输的运输工具的名称和号码。

（15）合同号：对外贸易合同、订单或形式发票的号码。

（16）贸易方式：该批货物进口的贸易方式。

（17）贸易国别（地区）：外贸合同的卖方所在国家或地区。

（18）提单/运单号：货物海运提单号、空运单号或铁路运单号。该号码必须与运输部门的载货清单所列的相应内容（包括数字、英文大小写、符号、空格等）一致。转船运输的，一般应填写最终航程的提（运）单号。

（19）到货日期：进口货物到达口岸的日期。日期为 8 位数字，顺序为年（4 位）、月（2 位）、日（2 位）。

（20）起运国家（地区）：进口货物起始发出直接运抵我国的国家或地区，或者在运输中转国（地区）未发生任何商业性交易的情况下运抵我国的国家或地区。从中国境内保税区、出口加工区入境的，填制"保税区"或"出口加工区"。

（21）许可证/审批号：需办理进境许可证或审批的货物应填写有关许可证号或审批号。

（22）卸毕日期：货物在口岸的卸毕日期。日期为 8 位数字，顺序为年（4 位）、月（2 位）、日（2 位）。

（23）起运口岸：装运本批货物的交通工具起始发出直接运抵我国的口岸。货物

从内陆国家陆运至他国海港口岸装船出运的，按第一海港口岸填制。从中国境内保税区、出口加工区入境的，填制"保税区"或"出口加工区"。

（24）入境口岸：本批货物从运输工具卸离的第一个境内口岸。

（25）索赔有效期：对外贸易合同中约定的索赔期限，如60天。合同中未约定索赔有效期的，应注明"无索赔期"。

（26）经停口岸：指货物随运输工具离开第一个境外口岸后，在抵达我国入境口岸之前所抵靠的发生货物（或集装箱）装卸的境外口岸。

（27）目的地：指已知的进境货物在我国国内消费、使用的地区或最终运抵的地点。一般应具体到县市行政区名称。对于同一县市行政区内有超过一个检验检疫机构的，应根据当地检验检疫机构的要求对目的地进行进一步细化。

（28）集装箱规格、数量及号码：货物若以集装箱运输应填写集装箱的规格、数量及号码，数据应与提/运单一致。

（29）合同订立的特殊条款以及其他要求：在合同中订立的有关检验检疫的特殊条款及其他要求应填入此栏，若没有可填"无"。

（30）货物存放地点：货物进境后拟存放的地点，以便检验检疫机构顺利验货。

（31）用途：本批货物的实际用途。根据实际情况，按照"用途代码表"选填种用或繁殖、食用、奶用、观赏或演艺、伴侣动物、实验、药用、饲用、介质土、食品包装材料、食品加工设备、食品添加剂、食品容器、食品洗涤剂、食品消毒剂、其他。对于选择"其他"的，应在报检单中手填具体的用途。

（32）随附单据：按实际在随附单据种类前的"□"上划"√"或补填。

（33）标记及号码：货物的运输标志，应填标记号码（唛头）中除了图形以外的所有文字和数字，应与合同、提单、发票和货物实际状况保持一致。若没有标记号码则填"N/M"。

（34）外商投资财产：由检验检疫机构报检受理人员填写；但企业通过申报系统填制报检单及发送电子数据时，可以在此项中选择"是"或"否"。由于检验检疫机构已不再执行强制性的价值鉴定工作，因此，企业一般选择"否"。

（35）签名：由负责本批货物报检的报检人员手签或盖章，不得打印。

（36）检验检疫费：由检验检疫机构计费人员核定费用后填写。

（37）领取证单：报检人在领取检验检疫机构出具的有关检验检疫证单时填写实际领证日期并签名。

（三）检验检疫证书

检验检疫证书（Inspection Certificate）是由政府机构或公证机构对进出口商品检验检疫或鉴定后，根据不同的检验结构或鉴定项目出具并签署的书面声明，证明货物已检验达标并评述检验结果的书面单证，如图 9-5～图 9-7 所示。

编号：NO.:891213

中华人民共和国出入境检验检疫
ENTRY-EXTT INSPECTION AND QUARANTINE OF
THE PEOPLE'S PEPUBLIC OF CHINA

品质检验证书
INSPECTION CERTIFICATE OF QUALITY

发货人：
CONSIGNOR:GUANGZHOU TOP IMPORT & EXPORT TRADING CO., LTD.
ROOM 3019 HUICUIGE,HUABIAO SQUARE,NO.601 TIANHE NORTH
ROADGUANGZHOU,CHINA

收货人：
CONSIGNEE:WENSCO DAILY PRODUCT CO.,LTD.
555 HASTINGS SEYMOUR STREETVANCOUVER CENTRE
VANCOUVER,BCCANADA

品名：
DESCRIPTION OF GOODS:3 ITEMS OF DAILY VASE
报检数量/重量：标记及号码
QUANTITY/WEIGHTDECLARED: MARK&NO.
2034PCS/7125.00KGS/23.083M³

包装种类及数量：
NUMBER AND TYPE OF PACKAGES: 339 CTNS   WDP

P/O NO.: EX090823A

运输工具：   VANCOUVER
MEANS OF CONVEYANCE:WHR MIT/ H.265CTN NO.: 1-339
检验结果:MADE IN CHINA
RESULTS OF INSPECTION:
经检验，上述货物符合 EX 090823A 号合同规定
WE HEREBY CERTIFY THAT AT TIME AND PLACE
OF SHIPMENTTHAT GOODS ARE OF CHINESE
JIANGXI ORIGIN IN SOUNDCONDITIONAND ARE
FIT FOR HUMAN USE.
印章
OFFICIAL STAMP
签订地方签订时间

PLACE OF ISSUE:广州 DATE OF ISSUE:OCT.17,2009

授权签字人姓名
AUTHORIZED OFFICE SIGNATURE WING
我们已尽所知和最大的能力实施上述检验，我能因我们签发本证书而免除卖方或者其他方面
根据合同和法律所承担的产品责任和其他责任。
ALL INSPECTIONS ARE CARRIED OUT CONSCIENTIOUSLY TO THE BEST OF OUR
KONWLEDGE AND A BILITY THIS CERIFICATE DOES NOT IN ANY RESPECT ABSOLVE
THE SELLER AND OTHER RELATED PARTIES FROM HIS CONTRACTUAL AND LEGAL
OBLIGATIONS ESPECIALLY WHEN PRODUCT QUALITY IS CONCERNED.

图 9-5 品质证书

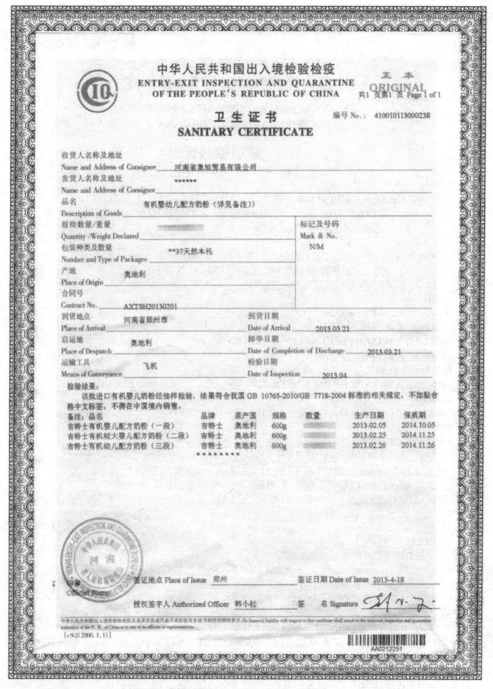

图 9-6 　卫生证书

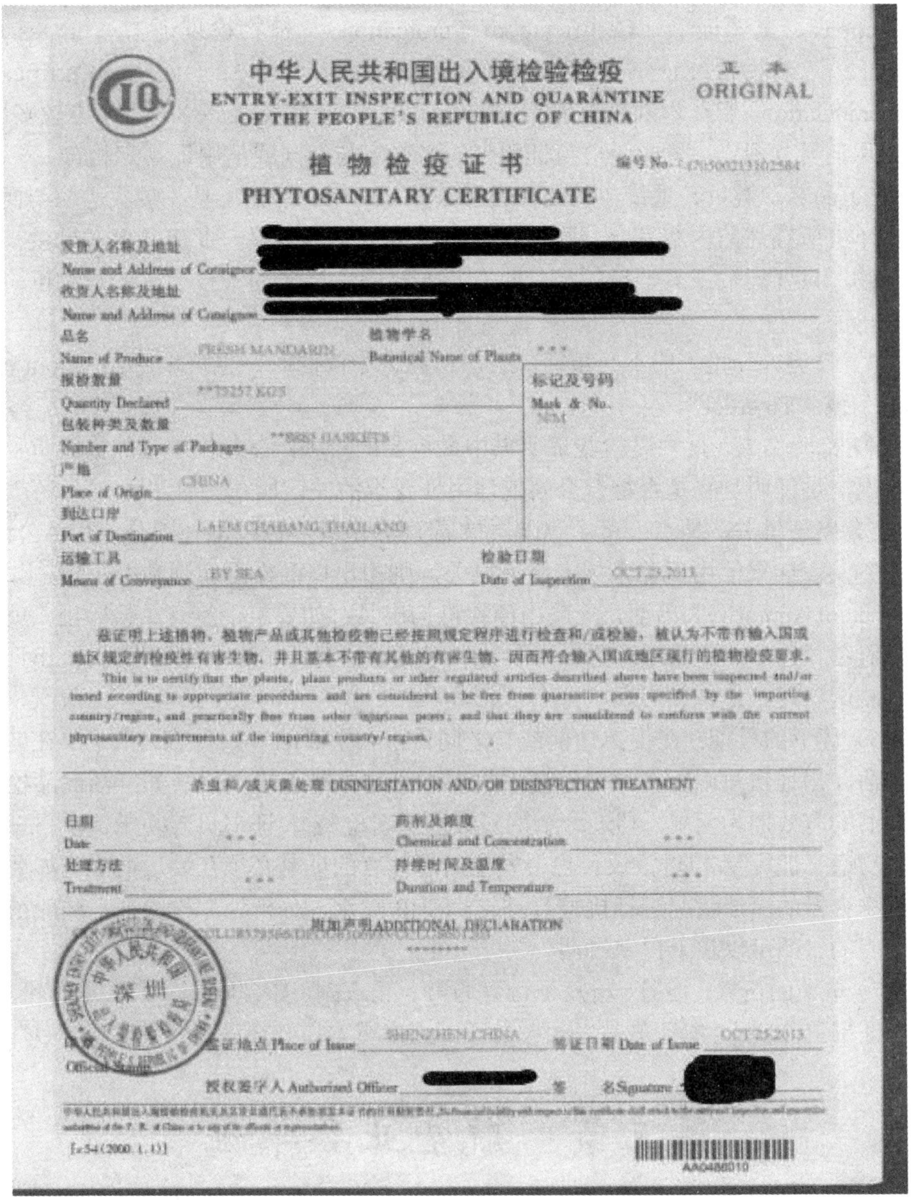

中华人民共和国出入境检验检疫
ENTRY-EXIT INSPECTION AND QUARANTINE
OF THE PEOPLE'S REPUBLIC OF CHINA

正 本
ORIGINAL

植 物 检 疫 证 书
PHYTOSANITARY CERTIFICATE

编号No. (70)500213302504

发货人名称及地址
Name and Address of Consignor

收货人名称及地址
Name and Address of Consignee

品名
Name of Produce   FRESH MANDARIN

植物学名
Botanical Name of Plants   ***

报检数量
Quantity Declared   **75257 KGS

标记及号码
Mark & No.   N/M

包装种类及数量
Number and Type of Packages   **5883 BASKETS

产地
Place of Origin   CHINA

到达口岸
Port of Destination   LAEM CHABANG, THAILAND

运输工具
Means of Conveyance   BY SEA

检验日期
Date of Inspection   OCT.25,2013

兹证明上述植物、植物产品或其他检疫物已经按照规定程序进行检查和/或检验，被认为不带有输入国或
地区规定的检疫性有害生物，并且基本不带有其他的有害生物，因而符合输入国或地区现行的植物检疫要求。
        This is to certify that the plants, plant products or other regulated articles described above have been inspected and/or
tested according to appropriate procedures and are considered to be free from quarantine pests specified by the importing
country/region, and practically free from other injurious pests; and that they are considered to conform with the current
phytosanitary requirements of the importing country/region.

杀虫和/或灭菌处理 DISINFESTATION AND/OR DISINFECTION TREATMENT

日期
Date   ***

药剂及浓度
Chemical and Concentration   ***

处理方法
Treatment   ***

持续时间及温度
Duration and Temperature   ***

附加声明 ADDITIONAL DECLARATION
CLCR572506/UFOODFLOUO601000
****

签证地点 Place of Issue   SHENZHEN,CHINA

签证日期 Date of Issue   OCT.25,2013

授权签字人 Authorized Officer

签 名 Signature

[z-54(2000.1.13)]

AA0488010

图 9-7 植物检疫证书

检验检疫证书由报验人和检验检疫机构共同缮制完成，各种证书的主要内容有如下几个方面。

（1）证书名称。检验、检疫证书因其证明内容有别、各国标准不一、货物差异、当事人要求不同等而名称各异。卫生证书（Certificate of Sanitation）、消毒证书（Certificate of

Disinfection）、熏蒸证书（Certificate of Fumigation）、植物检疫证书（Phytosanitary Certificate）、动物检疫证书（Veterinary Certificate）、未再加工证明（Certificate of Non-manipulation）和非木制包装证（Non-wood Packing Certificate）等近年中较多出现，除非信用证另有规定，检验、检疫证明书的名称应与合同或信用证规定相符。

（2）品名、数量、重量、包装种类及数量、口岸、运输工具、唛头等应与商业发票及提单上所描述的内容完全一致。报检时每份报检单只限一批货，但对批量小的同一类货物，只要运输工具、目的地、收发货人相同，且属同一报关单的货物可同一单申报和出证。

（3）收货人一栏一般不必填写，若出口商为中间商时，也可填"To whom it may concern"或"To order"。

（4）检验结果，此栏是检验证明书中最重要的一项，在此栏中记载报验货物经检验的状况，是证明货物是否符合合同或信用证要求的关键所在。

（5）出证机关、地点：可由我国质检局/商会出具，也可由外国公证行、公证人、鉴定人签发，如果信用证并未规定出证机关，则由出口商根据实际情况决定，如要求"Competent Authority"出证，一般由商检机构出具；如要求手签有关检验证，就不可以只加盖图章；加盖图章时，图章内的文字可以不是英文（这不构成不符）；出证地点通常在装运口岸。

（6）证书的日期：在提单之前或与之同日；个别商品（如食盐）由于要在装船后进行公估，出证日可晚于提单日；证书日也不可过分早于提单日（如鲜活商品检验、检疫证书的有效期为两周，超过这个期限必须重新检验）；证书日若晚于提单日三天以上，容易遭开证行/人拒付，议付也会发生问题；有的证书必须在装运前出（如要求对运输货物容器的清洁状况进行检验）；根据 ISBP 规定，分析证、检验证、装船前检验证上注明的日期可以晚于提单日期。

（7）单证的份数：检验、检疫证份数通常一正三副，如合同或 L/C 要求两份正本，可以在证书上注明："本证书是×××号证书正本重本"并在证书号前加注"D"。

第三节　航空业务单证

一、国际航空运输的经营方式

（一）班机运输

班机是指定期开航的、定航线、定始发站、定目的港、定途经站的飞机。一般航空公司都使用客货混合型飞机（Combination Carrier），一方面搭载旅客，另一方面又运送少量货物。一些较大的航空公司在一些航线上开辟定期的货运航班，使用全货机（All Cargo Carrier）运输货物。

（二）包机运输

包机根据类型分为民航包机和公务包机两大类。民航包机主要是指租用民航公司的民航客机执行非周期性的非固定航线的飞行任务，公务包机主要是指租用公务机公司的公务机执行非固定航线。

包机运输方式分为整包机和部分包机两种。

小提示：部分包机与班机的区别

（1）时间比班机长，尽管部分包机有固定时间表，但往往因其他原因不能按时起飞。

（2）各国政府为了保护本国航空公司利益，常对从事包机业务的外国航空公司实行各种限制。如包机的活动范围比较狭窄，降落地点受到限制，需降落指定地点外的其他地点时，一定要向当地政府有关部门申请，同意后才能降落（如申请入境、通过领空和降落地点等）。

（三）集中托运

集中托运是指集中托运人（Consolidator）将若干批单独发运的货物组成一整批，向航空公司办理托运，采用一份航空总运单集中发运到同一目的站，由集中托运人在目的地指定的代理收货，再根据集中托运人签发的航空分运单分拨给各实际收货人的运输方式，也是航空货物运输中开展最为普遍的一种运输方式，是航空货运代理的主要业务之一。

集中托运所涉及的文件有以下几方面。

（1）航空货运单。在集中托运业务中，涉及两种航空货运单：一种是托运人和集运商之间使用的分运单（House Air Waybill，HAWB），另一种是集运商和航空公司之间使用的主运单（Master Air Waybill，MAWB）。

（2）集中托运货物舱单。集中托运货物舱单主要有各个分运单号，及其中货物的运送目的地、件数、重量和体积等项目。

（3）识别标签。对于集中托运货物，要在每一件货物上贴上识别标签，在识别标签上特别注明主单号和分单号。

（四）联运方式

陆空联运是火车、飞机和卡车的联合运输方式。简称 TAT（Train-Air-Truck），或

火车、飞机的联合运输方式，简称 TA（Train-Air）。通过运用这几种复合一贯制运输的方式，可以真正地实现"门到门"的运输服务模式，从而能够更好地适应现代物流对及时性和准确性的要求。

我国空运出口货物通常采用陆空联运方式。我国幅员辽阔，而国际航空港口岸主要集中在北京、上海、广州等特大城市。虽然省会城市和一些主要城市每天都有班机飞往上海、北京、广州，但班机所带货量有限，费用比较高。如果采用国内包机，费用更贵。因此在货量较大的情况下，往往采用陆运至航空口岸，再与国际航班衔接。

（五）航空快递

航空快递业务又称航空急件传送，是目前国际航空运输中最快捷的运输方式。航空快递是指航空快递企业利用航空运输，收取收件人的快件并按照向发件人承诺的时间将其送交指定地点或者收件人，掌握运送过程的全部情况并能将即时信息提供给有关人员查询的门对门速递服务。其运送对象多为急需的药品和医疗器械、贵重物品、图纸资料、样货、单证和书报杂志等小件物品。也被称为"桌到桌运输（Desk to Desk Service）"。航空快递的主要业务方式有三种：门/桌到门/桌（Door/Desk to Door/Desk）；门/桌到机场（Door/Desk to Airport）；专人派送。

航空快递业有自己独特的运输单据——交付凭证（Proof of Delivery，POD）。交付凭证一式四份。第一联留在始发地并用于出口报关；第二联贴附在货物表面，随货同行，收件人可以在此联签字表示收到货物（交付凭证由此得名），但通常快件的收件人在快递公司提供的送货记录上签字，而将此联保留；第三联作为快递公司内部结算的依据；第四联作为发件凭证留存发件人处，同时该联印有背面条款，一旦产生争议时可作为判定当事各方权益，解决争议的依据。

🔊 小提示

航空快递的收件范围主要有文件和包裹两大类。其中文件主要是指商业文件和各种印刷品，对于包裹一般要求毛重不超过 32 千克（含 32 千克）或外包装单边不超过 102 厘米，三边相加不超过 175 厘米。随着航空运输行业竞争更加激烈，快递公司为吸引更多的客户，对包裹大小的要求趋于放松。

二、航空运单

航空货运使用的是航空运单。航空运单（Airway Bill）是承运人与托运人之间签订的运输契约，也是承运人或其代理人签发的货物收据。航空运单还可作为核收运费的依据和海关查验放行的基本单据。但航空运单不是代表航空公司的提货通知单。在航空运单的收货人栏内，必须详细填写收货人的全称和地址，而不能做成指示性抬头。航空运单的性质、作用、构成及分类在本书第五章已经有详细叙述，此处不再赘述。

（一）航空运单填写责任

根据《华沙公约》第七条第一款与第四款，以及《中华人民共和国民用航空法》第一百一十三条和第一百一十四条的规定，托运人应当填写航空货运单正本一式三份，承运人根据托运人的请求填写航空货运单的，在没有相反证明的情况下，应当视为代托运人填写。其他法律体系关于本项的立法取向与华沙公约也是一致的。

实践中，航空货运单上往往记载着一些格式性的条款，并在揽货时反复多次使用，其中不乏一些限制、免除承运人责任的条款。这些条款的有效性在不同层面是不一样的。首先是法律法规的规定，如果违反了法律、行政法规的强制性规定的条款，是无效的。如在赔偿责任领域，航空法已经对赔偿的责任限制做出了强制性的规定，那么如果在航空货运单上对赔偿责任的约定低于法律规定的责任限制，那么这样的规定可以说是无效的。在格式条款不违法的基础上，此种情况则属于《合同法》中第三十九条第一款规定的"限制其责任的条款"。该条款对双方是否具有法律拘束力，应取决于当事人在订约时是否已经意识到该限制其责任条款的存在。判断该问题的法律依据是《合同法》第三十九条第一款的内容，即提供格式条款的一方应采取合理的方式，提请对方注意免除或者限制其责任的条款。这类条款的效力，取决于格式条款提供方是否提请对方注意到了这类条款。在航空货运实践中，如果存在这类条款，那么航空承运人或代理人最好在航空货运单的条款末尾处注明该类格式条款在货运单中具体的位置，以证明在揽货过程中尽到了注意义务，使格式条款真正地发生法律效力。

（二）航空运单的注意事项

一张航空运单只能用于一个委托人在同一时间、同一点托运的由承运人承运的，运往同一目的站的同一收货人的一件或多件货物。但一份航空运单可用于不同种类的货物，且可用于联程运输。航空运单由航空公司注册印刷。任何 IATA（国际航空运输协会）成员都不允许印制可以转让的航空货运单，货运单上的"不可转让"字样不可被删去或篡改，即航空运单不可以转让。航空运单的法律依据有效期为 2 年。

（三）航空运单的内容与填制规范

图 9-8 是中国国际航空公司所制航空运单，供读者参照。

999—

Shipper's Name and Address	Shipper's Account Number		

DESUN TRADING CO., LTD.
HUARONGMANSION   RM2901   NO.85
GUANJIAQIAO, NANJING 210005, CHINA
TEL: 0086-25-4715004   FAX: 0086-25-4711363

Not Negotiable
Air Waybill
Issued by

中国国际航空公司
AIR CHINA
BEIJING CHINA

Copies 1, 2 and 3 of this Air Waybill are originals and have the same validity.

Consignee's Name and Address	Consignee's Account Number

NEO GENERAL TRADING CO.
P.O. BOX 99552, RIYADH22766, KSA
TEL: 00966-1-4659220   FAX: 00966-1-4659213

It is agreed that the goods described herein are accepted for carriage in apparent good order And condition (except as noted) and SUBJECT TO THE CONDITIONS OF CONTRACTON THE REVERSE HEREOF. ALL GOODS MAY BE CARRIED BY AND OTHER MEANS INCLUDING ROAD OR ANY OTHER CARRIER UNLESS SPECIFIC CONTRARY INSTRUCTIONS ARE GIVEN HEREON BY THE SHIPPER. THE SHIPPER'S ATTENTION IS DRAWN TO THE NOTICE CONCERNING CARRIER'S LIMITATION OF LIABILITY. Shipper may increase such limitation of liability by declaring a higher value for carriage and paying a supplemental charge if required.

Issuing Carrier's Agent Name and City

Agent's IATA Code   Account No.

Accounting Information

FREIGHT PREPAID

Airport of Departure (Addr. of First Carrier) and Requested Routing
NANJING

By First Carrier Routing and Destination	to	by	to	by	Currency	CHGS Code	WT/VAL PPD COLL	Other PPD COLL	Declared Value for Carriage	Declared Value for Customs
					USD		X	X		

Airport of Destination	Flight/Date For carrier Use Only Flight/Date	Amount of Insurance	INSURANCE - If Carrier offers insurance, and such insurance is requested in accordance with the conditions thereof, indicate amount to be insured in figures in box marked "Amount of Insurance."
DAMMAMPORT	FX0910 APRIL 7, 2001		

Handing Information

(For USA only) These commodities licensed by U.S. for ultimate destination .... Diversion contrary to U.S. law is prohibited

Gross Weight	Kg lb	Rate Class Commodity Item No.	Chargeable Weight	Rate Charge	Total	Nature and Quantity of Goods (incl. Dimensions or Volume)
19074.44	K	N	19074.44	20.61	393124.21	CANNED MUSRHOOM PIECES & STEMS 24 TINS X 425 GRAMS

Prepaid	Weight Charge	Other Charges
393124.21		

Valuation Charge

AWC: 50.00

Tax

Total other Charges Due Agent

Shipper certifies that the particulars on the face hereof are correct and that **insofar as any part of the**

consignment contains dangerous goods, such part is properly described by name and is in proper

condition for carriage by air according to the applicable Dangerous Goods Regulations.

Total other Charges Due Carrier
50.00

Signature of Shipper or his Agent

Total Prepaid	Total Collect	
393174.21		7/APRIL/2001 NANJING DESUN TRADING CO., LTD.

Currency Conversion Rates | CC Charges in Dest. Currency

Executed on (date)	at(place) Agent	Signature of Issuing Carrier or its

For Carrier's Use only at Destination	Charges at Destination	Total Collect Charges

999—

图 9-8   航空运单

航空公司所使用的航空运单大多借鉴 IATA 所推荐的标准格式，差别并不大。这里只介绍标准格式，也称中性运单。需要填写的栏目说明如下。

（1）始发站机场：需填写 IATA 统一制定的始发站机场或城市的三字代码，这一栏应该和（9）栏相一致。

1A：IATA 统一编制的航空公司代码，如我国的国际航空公司的代码就是 999。

1B：运单号。

（2）发货人姓名、住址（Shippers Name and Address）：填写发货人姓名、地址、所在国家及联络方法。

（3）发货人账号：只在必要时填写。

（4）收货人姓名、住址（Consignees Name and Address）：应填写收货人姓名、地址、所在国家及联络方法。与海运提单不同，因为空运单不可转让，所以"凭指示"之类的字样不得出现。

（5）收货人账号：同（3）栏一样只在必要时填写。

（6）承运人代理的名称和所在城市（Issuing Carriers Agent Name and City）。

（7）代理人的 IATA 代号。

（8）代理人账号。

（9）始发站机场及所要求的航线（Airport of Departure and Requested routing）：这里的始发站应与（1）栏填写的相一致。

（10）支付信息（Accounting Information）：此栏只有在采用特殊付款方式时才填写。

（11A）（C、E）. 去往（To）：分别填入第一（二、三）中转站机场的 IATA 代码。

（11B）（D、F）. 承运人（By）：分别填入第一（二、三）段运输的承运人。

（12）货币（Currency）：填入 ISO 货币代码。

（13）收费代号：表明支付方式。

（14）运费及声明价值费（WT/VAL，Weight Charge/Valuation Charge）。

此时可以有两种情况：预付（PPD，Prepaid）或到付（COLL Collect）。需要注意的是，航空货物运输中运费与声明价值费支付的方式必须一致，不能分别支付。

（15）其他费用（Other）：也有预付和到付两种支付方式。

（16）运输声明价值（Declared Value for Carriage）：在此栏填入发货人要求的用于运输的声明价值。如果发货人不要求声明价值，则填入"NVD（No Value Declared）"。

（17）海关声明价值（Declared Value for Customs）：发货人在此填入对海关的声明价值，或者填入"NCV（No Customs Valuation）"，表明没有声明价值。

（18）目的地机场（Airport of Destination）：填写最终目的地机场的全称。

（19）航班及日期（Flight/Date）：填入货物所搭乘航班及日期。

（20）保险金额（Amount of Insurance）：只有在航空公司提供代保险业务而客户也有此需要时才填写。

（21）操作信息（Handling Information）：一般填入承运人对货物处理的有关注意事项，如"Shippers certification for live animals（托运人提供活动物证明）"等。

22A～22L 为货物运价、运费细节。

（22A）货物件数和运价组成点（No. of Pieces RCP，Rate Combination Point）：填入货物包装件数。如 10 包即填"10"。当需要组成比例运价或分段运价相加时，在此栏填入运价组成点机场的 IATA 代码。

（22B）毛重（Gross Weight）：填入货物总毛重。

（22C）重量单位：可选择千克（kg）或磅（lb）。

（22D）运价等级（Rate Class）：针对不同的航空运价共有 6 种代码，它们是 M（Minimum，起码运费）、C（Specific Commodity Rates，特种运价）、S（Surcharge，高于普通货物运价的等级货物运价）、R（Reduced，低于普通货物运价的等级货物运价）、N（Normal，45 千克以下货物适用的普通货物运价）、Q（Quantity，45 千克以上货物适用的普通货物运价）。

（22E）商品代码（Commodity Item No.）：在使用特种运价时需要在此栏填写商品代码。

（22F）计费重量（Chargeable Weight）：此栏填入航空公司据以计算运费的计费重量，该重量可以与货物毛重相同也可以不同。

（22G）运价（Rate/Charge）：填入该货物适用的费率。

（22H）运费总额（Total）：此栏数值应为起码运费值或者是运价与计费重量两栏数值的乘积。

（22I）货物的品名、数量，含尺码或体积（Nature and Quantity of Goods incl. Dimensions or Volume）：货物的尺码应以厘米或英寸为单位，尺寸分别以货物最长、最宽、最高边为基础。体积则是上述三边的乘积，单位为立方厘米或立方英寸。

（22J）该运单项下货物总件数。

（22K）该运单项下货物总毛重。

（22L）该运单项下货物总运费。

（23）其他费用（Other Charges）：指除运费和声明价值附加费以外的其他费用。根据 IATA 规则各项费用分别用三个英文字母表示。其中前两个字母是某项费用的代码，如运单费就表示为 AW（Air Waybill Fee）。第三个字母是 C 或 A，分别表示费用应支付给承运人（Carrier）或货运代理人（Agent）。

（24～26）分别记录运费、声明价值费和税款金额，有预付与到付两种方式。

（27～28）分别记录需要付予货运代理人（Due Agent）和承运人（Due Carrier）的其他费用合计金额。

（29）需预付或到付的各种费用。

（30）预付、到付的总金额。

（31）发货人的签字。

（32）签单时间（日期）、地点、承运人或其代理人的签字。

（33）货币换算及目的地机场收费记录。

第四节　海运业务单证

一、国际海运经营方式

海上运输是随着航海贸易的发展应运而生的。为了适应不同货物和不同贸易合同对运输的要求，并且合理利用远洋船舶的运输能力，从而获得最优的经济效益，当前国际海上运输普遍采用的运营方式有两大类：班轮运输和租船运输。

（一）班轮运输概述

班轮运输（Liner Shipping）是指轮船公司将船舶按事先制定的船期表（Sailing Schedule），在特定海上航线的若干个固定挂靠的港口之间，定期为非特定的众多货主提供货物运输服务，并按事先公布的费率或协议费率收取运费的一种船舶经营方式。

班轮运输托运程序一般分为四步，即订舱—装配—装船—换取提单。

（二）租船运输概述

租船运输，又称租船，是海洋运输的一种方式，是指租船人向船东租赁船舶用于货物运输的一种方式。租船运输适用于大宗货物运输，有关航线和港口、运输货物的种类以及航行的时间等，都按照承租人的要求，由船舶所有人确认。租船人与出租人之间的权利义务以双方签订的租船合同确定。

租船方式主要有定程租船和定期租船两种。

小提示：租船运输的基本特点

（1）租船运输是根据租船合同组织运输的，租船合同条款由船东和租方双方共同商定。

（2）一般由船东与租方通过各自或共同的租船经纪人洽谈成交租船业务。

（3）不定航线，不定船期。船东对于船舶的航线、航行时间和货载种类等按照租船人的要求来确定，提供相应的船舶，经租船人同意进行调度安排。

（4）租金率或运费率是根据租船市场行情来决定。

（5）船舶营运中有关费用的支出，取决于不同的租船方式由船东和租方分担，并在合同条款中订明。例如，装卸费用条款 FIO 表示租船人负责装卸费，若写明 Liner Term，则表示船东负责装卸费。

（6）租船运输适宜大宗货物运输。

（7）各种租船合同均有相应的标准合同格式。

二、班轮货运单据

在班轮运输中，从办理物品的托运手续开始，到物品装船、卸船直至交付的整个过程，都需要编制各种单证。这些单证是货方（包括托运人和收货人）与船方之间办理货物交接的证明，也是货方、港方、船方等有关单位之间从事业务工作的凭证，又是划分货方、港方、船方各自责任的必要依据。

在这些单证中，有的是受国际公约和各国国内法规约束的，有的则是按照港口当局的规定和航运习惯而编制使用的。尽管这些单证种类繁多，而且因各国港口的规定会有所不同，但主要单证是基本一致的，并能在国际航运中通用，如图9-9所示。

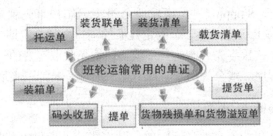

图9-9　班轮货运主要单证

（一）海运托运单的含义和作用

托运单（Booking Note：B/N）是托运人根据买卖合同和信用证的有关内容向承运人或其代理人办理货物运输的书面凭证。经承运人或其代理人对该单的签认，即表示已接受这一托运，承运人与托运人之间对货物运输的相互关系即告建立。海运托运单是由托运人填写并盖章确认的，专门用于委托船公司或其代理人承运而缮制的一种表单，表单上列有出运后缮制提运单所需要的各项内容，并印有"托运人证实所填内容全部属实并愿意遵守承运人的一切运输章程"的文字说明。

海运托运单有电子托运单和纸质托运单两种形式。

电子托运单是利用电信技术，各承运人将船期表和其他订舱信息和数据，如港口、船期、航期、载货量、舱位、箱量、停泊码头等，放在公共数据中心，作为各托运人网上订舱的操作平台。托运人可以在自己的办公地将托运单的电子数据报文通过终端申报方式发送到船公司的计算机系统，船公司或其代理人收到电子托运单数据后，根据船舶载货量和具体托运内容来安排舱位，一旦船公司确认订舱后，便发送"接受订舱"的电子回执给托运人，并进一步将确定的船名、航次、关单号和船舶动态等信息数据发送给托运人，完成了电子托运订舱的全部手续。电子托运单有形式简单、订舱速度快、差错率低、可与纸质托运单共存的特点，改变了"凭场站收据换海运提单"这种传统的、低效率的做法。

纸质托运单一式十联，其各联作用如下。

第一联：集装箱货物托运单（货主留底）（B/N）。

第二联：集装箱货物托运单（船代留底）。

第三联：运费通知（1）。

第四联：运费通知（2）。

第五联：（装货单）（S/O）。

第五联副本：缴纳出口货物港务费申请书。

第六联：大副联（场站收据副本）。

第七联：场站收据（D/R）。

第八联：货代留底。

第九联：配舱回单（1）。

第十联：配舱回单（2）。

（二）托运单的缮制规范

发货人一般应在装运前10天制好出口货物托运单或明细单，送交承运公司办理托运手续。其主要内容及缮制要求如下。

（1）经营单位或发货人（Shipper）：一般为出口商。

（2）收货人（Consignee）：以信用证或合同的要求为准，可以填 To Order, To Order of ××，×× CO.和 To Beaber 等，一般以前两种使用较多。

（3）通知人（Notify）：以信用证要求为准，必须有公司名称和详细地址。

（4）分批装运（Partial Shipment）和转运（Transhipment）：要明确表示是否可以分批和转运。

（5）运费（Freight）：应注明是"运费预付（Freight Prepaid）"还是"运费到付（Freight Collect）"。

（6）装运日期（Shipping Date）：按信用证或合同规定的装运期填写。

（7）货物描述及包装（Description of Goods；NO.S of Packages）：填写商品的大类名称及外包装的种类和数量。

（8）总毛重、总净重及总体积（Total Gross Weight、Net Weight、Measurement）：按实际填写。

图 9-10 所示为海运托运单示例，供读者参考。

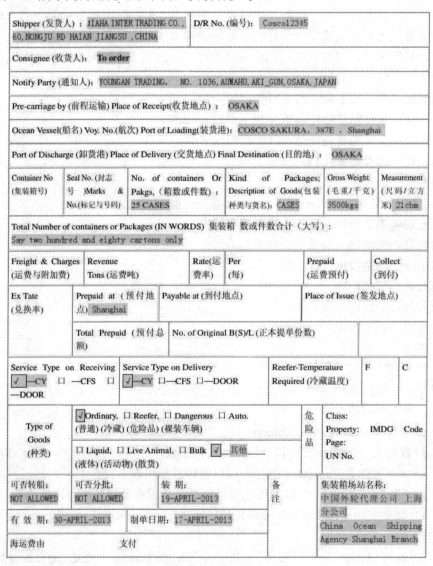

Shipper (发货人)：JIAHA INTER TRADING CO., 60, NONGJU RD HAIAN JIANGSU ,CHINA		D/R No. (编号)：Coscol2345			
Consignee (收货人)：**To order**					
Notify Party (通知人)：YOUNGAN TRADING. NO. 1036, AUMAHU, AKI_GUN, OSAKA, JAPAN					
Pre-carriage by (前程运输) Place of Receipt(收货地点)：OSAKA					
Ocean Vessel(船名) Voy. No.(航次) Port of Loading(装货港)：COSCO SAKURA, 387E , Shanghai					
Port of Discharge (卸货港) Place of Delivery (交货地点) Final Destination (目的地)：OSAKA					
Container No (集装箱号)	Seal No. (封志号)Marks & No.(标记与号码)	No. of containers Or Pakgs, （箱数或件数）：25 CASES	Kind of Packages; Description of Goods(包装种类与货名)：CASES	Gross Weight (毛重/千克) 3500kgs	Measurement (尺码/立方米) 21cbm
Total Number of containers or Packages (IN WORDS) 集装箱 数或件数合计（大写）：Say two hundred and eighty cartons only					
Freight & Charges (运费与附加费)	Revenue Tons (运费吨)	Rate(运费率)	Per (每)	Prepaid (运费预付)	Collect (到付)
Ex Tate (兑换率)	Prepaid at（预付地点）Shanghai	Payable at (到付地点)		Place of Issue (签发地点)	
	Total Prepaid （预付总额）	No. of Original B(S)/L (正本提单份数)			
Service Type on Receiving ✓—CY □—CFS □—DOOR	Service Type on Delivery ✓—CY □—CFS □—DOOR	Reefer-Temperature Required (冷藏温度)		F	C
Type of Goods (种类)	✓Ordinary, □ Reefer, □ Dangerous □ Auto. (普通) (冷藏) (危险品) (裸装车辆) □ Liquid, □ Live Animal, □ Bulk ✓__其他__ (液体) (活动物) (散货)			危险品	Class: Property: IMDG Code Page: UN No.
可否转船：NOT ALLOWED	可否分批：NOT ALLOWED	装 期：19-APRIL-2013	备注		集装箱场站名称：中国外轮代理公司 上海分公司 China Ocean Shipping Agency Shanghai Branch
有 效 期：30-APRIL-2013	制单日期：17-APRIL-2013				
海运费由 支付					

图 9-10 海运托运单

（三）海运提单的定义和作用

1．提单的概念

提单（Bill of Lading，B/L）是船公司或其代理人签发给托运人，用以证明海上货运合同和货物已经由承运人接收或者装船，以及承运人保证在目的港据以交付货物，且可以转让的单证。提单中载明的向记名人交付货物，或者按照指示人的指示交付货物，或者向提单持有人交付货物的条款，构成承运人据以交付货物的保证。

2．提单的作用

海运提单的作用主要体现在以下三个方面。

（1）货物收据。提单是承运人签发给托运人的收据，确认承运人已收到提单所列货物并已装船，或者承运人已接管了货物，已代装船。

（2）运输契约证明。承运人之所以为托运人承运有关货物，是因为承运人和托运人之间存在一定的权利义务关系，双方权利义务关系以提单作为运输契约的凭证。

（3）货权凭证。提单是货物所有权的凭证。谁持有提单，谁就有权要求承运人交付货物，并且享有占有和处理货物的权利，提单代表了其所载明的货物。

3．电子提单

电子提单（Electronic Bill of Lading），是指通过电子数据交换系统（Electronic Data Interchange，EDI）传递的有关海上货物运输合同的数据。

电子提单不同于传统提单，它是无纸单证，即按照一定规则组合而成的电子数据。各有关当事人凭密码通过 EDI 进行电子提单相关数据的流转，既解决了因传统提单晚于船舶到达目的港，不便于收货人提取货物的问题，又具有一定的交易安全性。1990年在国际海事委员会第 34 届大会上通过了《国际海事委员会电子提单规则》，联合国国际贸易法委员会也通过了《1996 年联合国国际贸易法委员会电子商务示范法》，这些国际规则的建立都为电子提单逐渐取代纸质提单提供了政策支持。1997 年，我国交通部颁布了《国际海上集装箱运输电子数据管理办法》，为我国有关电子提单的使用和管理提供了相关依据。

（四）提单的分类

（1）根据提单有无不良批注可分为清洁提单和不清洁提单。

（2）根据货物是否已装船分为已装船提单和备运提单。

（3）根据提单是否可以流通分为记名提单、不记名提单和指示提单。

（4）根据运输方式可分为直达提单、转船提单和联运提单。

（5）根据运费支付方式可分为运费预付提单和运费到付提单。

（6）根据提单的效力可分为正本提单和副本提单。

（五）海运提单的内容与缮制

（1）托运人（Shipper），一般为信用证中的受益人。如果开证人为了贸易上的需要，要求做第三者提单（Thirdparty B/L），也可照办。

（2）收货人（Consignee），如要求记名提单，则可填上具体的收货公司或收货人名称；如属指示提单，则填为"指示"（Order）或"凭指示"（To Order）；如需在提单上列明指示人，则可根据不同要求，做成"凭托运人指示"(To The Order of Shipper)，"凭收货人指示"（To The Order of Consignee）或"凭银行指示"（To The Order of XX Bank）。

（3）被通知人（Notify Party），这是船公司在货物到达目的港时发送到货通知的收件人，有时即为进口人。在信用证项下的提单，一般为信用证的申请人，如信用证上对提单被通知人有具体规定时，则必须严格按信用证要求填写。如果是记名提单或收货人指示提单，且收货人又有详细地址的，则此栏可以不填。如果是空白指示提单或托运人指示提单则此栏必须填列被通知人名称及详细地址，否则船方就无法与收货人联系，收货人也不能及时报关提货，甚至会因超过海关规定申报时间被没收。

（4）提单号码（B/L NO），一般列在提单右上角，以便于工作联系和查核。发货人向收货人发送装船通知（Shipment Advice）时，也要列明船名和提单号码。

（5）船名（Name of Vessel），应填列货物所装的船名及航次。

（6）装货港（Port of Loading），应填列实际装船港口的具体名称。

（7）卸货港（Port of Discharge），填列货物实际卸下的港口名称。如属转船，第一程提单上的卸货港填转船港，收货人填二程船公司；第二程提单装货港填上述转船港，卸货港填最后目的港，如由第一程船公司出联运提单（Through B/L），则卸货港即可填最后目的港，提单上列明第一和第二程船名。如经某港转运，要显示"VIA ××"字样。在运用集装箱运输方式时，使用"联合运输提单"（Combined Transport B/L），提单上除列明装货港、卸货港外，还要列明"收货地"（Place of Receipt）、"交货地"（Place of Delivery）以及"第一程运输工具"（PRE-CARRIAGE BY）、"海运船名和航次"（Ocean Vessel，VOY NO）。填写卸货港，还要注意同名港口问题，如属选择港提单，就要在这栏中注明。

（8）货名（Description of Goods），一般需要与货物出口时向当地海关申报的品名一致，在信用证项下货名必须与信用证上规定的一致。

（9）件数和包装种类（Number and Kind of Packages），要按箱子实际包装情况填列。

（10）唛头（Shipping Marks），信用证有规定的，必须按规定填列，否则可按发票上的唛头填列。

（11）毛重，尺码（Gross Weight，Measurement），除信用证另有规定者外，一般以千克为单位列出货物的毛重，以立方米列出货物体积。

（12）运费和费用（Freight and Charges），一般为预付（Freight Prepaid）或到付（Freight Collect）。如 CIF 或 CFR 出口，一般均填上运费预付字样，千万不可漏列，否则收货人会因运费问题提不到货，虽可查清情况，但拖延提货时间，也将造成损失。如是 FOB 出口，则运费可制作"运费到付"字样，除非收货人委托发货人垫付运费。

（13）提单的签发、日期和份数：提单必须由承运人或船长或他们的代理签发，并应明确表明签发人身份。一般表示方法有：Carrier，Captain，或"As Agent for The Carrier：×××"等。提单份数一般按信用证要求出具，如"Full Set of"一般理解成三份正本若干份副本等，其中一份正本完成提货任务后，其余各份失效。提单还是结汇的必需单据，特别是在跟单信用证结汇时，银行要求所提供的单证必须一致，因此提单上所签的日期必须与信用证或合同上所要求的最后装船期一致或先于装船期。如果卖方估计货物无法在信用证装期前装上船，应尽早通知买方，要求修改信用证，而不应利用"倒签提单""预借提单"等欺诈行为取得货款。

图 9-11 是某公司的海运提单，供读者参考。

（六）海运提单的签发和转让

有权签发提单的人有承运人及其代理、船长及其代理、船主及其代理。代理人签署时必须注明其代理身份和被代理方的名称及身份。签署提单的凭证是大副收据，签发提单的日期应该是货物被装船后大副签发收据的日期。提单有正本和副本之分。正本提单一般签发一式两份或三份，这是为了防止提单流通过程中万一遗失时，可以应用另一份正本。各份正本具有同等效力，但其中一份提货后，其余各份均告失效。副本提单承运人不签署，份数根据托运人和船方的实际需要而定。副本提单只用于日常业务，不具备法律效力。

海运提单作为货权凭证，只要具备一定的条件就可以转让，转让的方式有两种：空白背书和记名背书。提单的流通性小于汇票的流通性，其主要表现为，提单的受让人不像汇票的正当持票人那样享有优于前手背书人的权利。具体来说，如果一个人用欺诈手段取得一份可转让的提单，并把它背书转让给一个善意的、支付了价金的受让人，则该受让人不能因此而取得货物的所有权，不能以此对抗真正的所有人。相反，如果在汇票流通过程中发生这种情况，则汇票的善意受让人的权利仍将受到保障，他仍有权享受汇票上的一切权利。鉴于这种区别，有的法学者认为提单只具有"准可转让性"（Quasi-negotiable）。

1. Shipper Insert Name, Address and Phone AIGE IMPORT & EXPORT COMPANY ROOM 2501, JIAFA MANSION, BEIJING WEST ROAD, SHANGHAI 200001, P.R.CHINA	B/L. No. COBL0001082
2. Consignee Insert Name, Address and Phone TO ORDER	国际货运有限公司 INTERNATIONAL TRANSPORTATION CO.,LTD. **ORIGINAL** Port-to-Port or Combined Transport **BILL OF LADING**

| 3. Notify Party Insert Name, Address and Phone
(It is agreed that no responsibility shall attach to the Carrier or his agents for failure to notify)
RIQING EXPORT AND IMPORT COMPANY
P.O.BOX 1589, NAGOYA, JAPAN | RECEIVED in external apparent good order and condition except as other-Wise noted. The toTALSW number of packages or unites stuffed in the container,The
description of the goods and the weights shown in this Bill of Lading are Furnished by the Merchants, and which the carrier has no reasonable means Of checking and is not a part of this Bill of Lading contract. The carrier has Issued the number of Bills of Lading stated below, all of this tenor and date, |

4. Combined Transport* Pre - carriage by	5. Combined Transport* Place of Receipt	One of the original Bills of Lading must be surrendered and endorsed or sig-Ned against the delivery of the shipment and whereupon any other original
6. Ocean Vessel Voy. No. TBA 011W	7. Port of Loading SHANGHAI	Bills of Lading shall be void. The Merchants agree to be bound by the terms And conditions of this Bill of Lading as if each had personally signed this Bill of Lading.
8. Port of Discharge NAGOYA	9. Combined Transport* Place of Delivery	SEE clause 4 on the back of this Bill of Lading (Terms continued on the back Hereof, please read carefully). *Applicable Only When Document Used as a Combined Transport Bill of Lading.

Marks & Nos. Container / Seal No.	No. of Containers or Packages	Description of Goods (If Dangerous Goods, See Clause 20)	Gross Weight Kgs	Measurement
CANNED LITCHIS JAPAN C/NO.1-1000 MADE IN CHINA	1000CARTONS	CANNED LITCHIS 850Gx24TINS/CTN FRIGHT COLLECT	22440KGS	22.588CBM
		Description of Contents for Shipper's Use Only (Not part of This B/L Contract)		

10. ToTALSW Number of containers and/or packages (in words)
    Subject to Clause 7 Limitation

11. Freight & Charges Declared Value Charge	Revenue Tons	Rate	Per	Prepaid	Collect
Ex. Rate:	Prepaid at		Payable at	Place and date of issue SHANGHAI 2010-06-24	
	Total Prepaid		No. of Original B(s)/L 3/3	Signed for the Carrier, **AIGE IMPORT & EXPORT COMPANY** **AIGE ZHANG**	

LADEN ON BOARD THE VESSEL

DATE 2010-06-24   BY

图 9-11 海运提单

第五节 国际集装箱业务单证

一、国际集装箱运输概述

集装箱运输始于 1956 年 4 月的美国，当时一家叫作海陆运输（Sea Land）的公司将一艘 T-2 型油轮在航线上首航。试航 3 个月后，因其装卸速度快、装卸费用少、货运周转速度快、经济效益好等特点，受到货主的好评。从此集装箱运输在国际贸易中被广泛使用，并在 20 世纪 70 年代得到迅速发展。据有关学者统计，2013 年全球集装箱吞吐量已经达到 6.42 亿标箱（TEU）。根据国际航运组织估计，2018 年全球的集装箱吞吐量将达到 8.4 亿 TEU，约占世界货运总量的 90%。目前我国沿海港口集装箱运输的发展大体呈现三个区域：以香港、深圳为龙头的珠江三角洲地区；以上海、宁波—舟山为中心的长三角地区；以青岛、天津、大连为代表的环渤海地区。2014 年全球港口集装箱吞吐量前十的港口中，中国有 7 家港口入围。

集装箱（Container）是指具有一定强度、刚度和规格专供周转使用的大型装货容器。使用集装箱转运货物，可直接在发货人的仓库装货，运到收货人的仓库卸货，中途更换车、船时，无须将货物从箱内取出换装。

集装箱标准按使用范围分有国际标准、国家标准、地区标准和公司标准四种。

集装箱运输方式根据货物装箱数量和方式分为整箱（Full Container Load，FCL）和拼箱（Less than Container Load，LCL）两种。

集装箱的交接方式主要有四种：FCL/FCL、LCL/LCL、FCL/LCL、LCL/FCL，其中以 FCL/FCL 交接效果最好，也最能发挥国际集装箱运输的优越性。

集装箱的交接地点有三类：发货人或收货人的工厂、仓库，集装箱堆场（Container Yard，CY）和集装箱货运站（Container Freight Station，CFS）。这些交接地点形成了集装箱运输中货物交接点的九种组合方式：门到门、门到场、门到站、场到门、场到场、场到站、站到门、站到场、站到站。

小提示

国际标准是指根据国际标准化组织（ISO）第 104 技术委员会制定的国际标准来建造和使用的国际通用的标准集装箱。集装箱标准化历经了一个发展过程，国际标准化组织 ISO/TC104 技术委员会自 1961 年成立以来对集装箱国际标准作过多次补充、增减和修改，现行的国际标准为第 1 系列共 13 种，其宽度均一样（2 438mm）、长度有四种（12 192mm、9 125mm、6 058mm、2 991mm）、高度有三种（2 896mm、2 591mm、2 438mm）。

二、国际集装箱运输单证

20 世纪 80 年代，我国各口岸基本上采用的是传统的货运单证。1990 年 12 月 5 日，国务院第 68 号令发布了《中华人民共和国海上国际集装箱运输管理规定》，交通部又于 1992 年 6 月 9 日以第 35 号令发布了《中华人民共和国海上国际集装箱运输管理规定实施细则》，这样一来，我国各口岸的集装箱货物运输主要单证基本上统一起来。在集装箱货物进出口业务中，除采用了与传统的散杂货运输中相同的商务单证外，在船务单证中根据集装箱运输的特点，采用了空箱提交单、集装箱设备交接单、集装箱装箱单、场站收据、提货通知书、到货通知书、交货记录、卸货报告和待提集装箱报告等。现做一个简单介绍。

1. 空箱提交单（Equipment Dispatch Order）

空箱提交单又称集装箱发放通知单（Container Release Order），俗称提箱单，是船公司或其代理人指示集装箱堆场将空集装箱及其他设备提交给本单持有人的书面凭证。

集装箱的空箱提交单一式三份，发货人或其代理人凭订舱委托书，接受订舱委托后，由船公司或其代理人签发，除自留一联备查外，发货人或其代理人和存箱的集装箱堆场或空箱储存场各执一联。

2. 集装箱设备交接单（Equipment Interchange Receipt）

集装箱设备交接单简称设备交接单（Equipment Receipt，E/R），是进出港区、场站时，用箱人、运箱人与管箱人或其代理人之间交接集装箱和特殊集装箱及其设备的凭证；是拥有和管理集装箱的船公司或其代理人与利用集装箱运输的陆运人签订有关设备交接基本条件的协议（Equipment interchange Agreement）。

设备交接单分出场（港）设备交接单和进场（港）设备交接单两种，各有三联，分别为管箱单位（船公司或其代理人）留底联；码头、堆场联；用箱人、运箱人联。

设备交接单位的各栏分别由管箱单位的船公司或其代理人，用箱人或运箱人，码头、堆场的经办人填写。船公司或其代理人填写的栏目有：用箱人/运箱人、船名/航次、集装箱的类型及尺寸、集装箱状态（空、重箱）、免费使用期限和进（出）场目的等。由用箱人、运箱人填写的栏目有：运输工具的车号；如果是进场设备交接单，还须填写来自地点、集装箱号、提单号、铅封号等栏目。由码头、堆场填写的栏目有：集装箱进、出场日期、检查记录，如果是出场设备交接单，还须填写所提集装箱号和提箱地点等栏目。

3. 集装箱装箱单（Container Load Plan）

集装箱装箱单是详细记载每一个集装箱内所装货物名称、数量、尺码、重量、标志和箱内货物积载情况的单证，对于特殊货物还应加注特定要求，如对冷藏货物要注明对箱内温度的要求等。它是集装箱运输的辅助货物舱单。

集装箱装箱单每一个集装箱一份，一式五联，其中，码头、船代、承运人各一联，发货人、装箱人两联。集装箱货运站装箱时由装箱的货运站缮制；由发货人装箱时，由发货人或其代理人的装箱货运站缮制。

4．场站收据（Dock Receipt，D/R）

场站收据是由发货人或其代理人编制，是承运人签发的，证明船公司已从发货人处接收了货物，并证明当时货物状态，船公司对货物开始负有责任的凭证，托运人据此向承运人或其代理人换取待装提单或装船提单。它相当于传统的托运单、装货单、收货单等一整套单据，共有十联（有的口岸有七联）。

其构成为：集装箱货物托运单两联：第一联，货主留底，第二联，船代留底。运费通知两联：第三联，运费通知（1）和第四联运费通知（2）。第五联，装货单，即场站收据副本（1），包括缴纳出口港务费申请书附页。第六联，大副联，即场站收据副本（2）。第七联，场站收据正本。第八联，货代留底。第九联、第十联，配舱回单（1）和（2）。

5．特殊货物清单

在集装箱内装运危险货物、动物货、植物货，以及冷冻货物等特殊货物时，托运人在托运这些货物时，必须根据有关规章，事先向船公司或其代理人提交相应的危险货物清单、冷藏货集装箱清单和动物货清单、植物货清单，或称为×××装货一览表。

（1）危险货物清单（Dangerous Cargo List）。危险货物的托运人在装运危险货物时，必须根据有关危险货物运输和保管的规章，如《国际危规》，事先向船公司或其代理人提交危险品清单。

危险品清单一般需记载以下一些主要内容：船名、航次、船籍、装货港、卸货港、提单号、货名、国际危规类别、标志、页号、联合国编号、件数及包装、货重、集装箱号、铅封号、运输方式和装船位置等。

（2）冷藏货集装箱清单（List of Reef or Container）。冷藏货集装箱清单是装载冷冻货物或冷藏货物的冷藏集装箱的汇总清单。冷藏货集装箱清单由货运代理人或装箱人缮制。它记载的内容主要包括船名、航次、船籍、装货港、开航日期、卸货港、集装箱号码、铅封号、规格、提单号、货物名称、货物重量、箱重、总重和要求温度等。

（3）动物货清单（Zoological Cargo List）和植物货清单（Botanical Cargo List）。关于动物及其尸体、骨、肉、皮、毛和装载这些货物的容器和包装等货物和关于植物、种子、新鲜水果和装载这些货物的容器和包装等货物的进口，根据进出境动植物检疫法，需要由动植物检疫机构检查和批准方可进出口。

这些检查和进出口是由收、发货人或其代理人来申请办理的，但船公司或其代理

人必须在船舶卸货以前，按接受检疫的货物和集装箱，分别编制动物货清单、植物货清单提交给检疫机构。但是若不单独编制这种清单，也可用单独的舱单来代替。

6．提货通知书（Delivery Notice）

提货通知是船公司在卸货港的代理人向收货人或通知人（往往是收货人的货运代理人）发出的船舶预计到港时间的通知。它是船公司在卸货港的代理人根据掌握的船舶动态和装箱港的代理人寄来的提单副本或其他货运单证、资料编制的。

提货通知书只是船公司或其代理人为使货运程序能顺利进行而发出的单证，对于这个通知发出得是否及时，以及收货人或其代理人是否能收到，作为承运人的船公司并不承担责任，也就是说，承运人并不对此通知承担责任风险。作为进口商的货运代理人，为了保证进口货物代理的服务质量，也应主动与船公司的代理人联系，及早获取进口货物提货通知书，便于提前做好接卸进口货物的准备。

7．交货记录（Delivery Record）

交货记录共五联：到货通知书1联，提货单1联，费用账单2联，交货记录1联。交货记录在船舶抵港前有船舶代理依据舱单、提单副本等卸船资料预先缮制。到货通知书除进库日期外，所有栏目有船舶代理填制，其余4联相对应的栏目同时填制完成。提货单盖章处由责任单位盖章，费用账单剩余项目由场站、港区填制，交货记录出库情况由场站、港区的发货员填制，并由发货人、提货人签名。

8．其他单证

（1）卸货报告（Outturn Report）。卸货报告是集装箱堆场或货运站在交付货物后，将交货记录中记载的批注，按不同装载的船名，而分船编制的交货状态的批注汇总清单。船公司根据这一报告掌握货物灭失和发生损坏的情况，以便采取必要措施；同时也可作为收货人对货物灭失或损坏提出索赔时，船公司理赔的重要依据。不过，有些船公司不要求提交这一单据，而以交货记录作为理赔的依据。

（2）待提集装箱（货物）报告[Report of Undelivered Container（Cargo）]。待提集装箱（货物）报告是集装箱堆场或货运站编制并送交船公司的，表明经过一段时间尚未能疏运的，仍滞留在堆场或货运站的重箱或货物的书面报告。据此，船公司或其代理人可向收货人及其代理人发出催提货物的通知，以利疏港和加速集装箱的周转。

实际业务中，船公司向收货人发出的到货通知书中，通常都有关于提货期限和对不按时提取货物将按规定对货物进行处理的规定。例如，有的港口在到货通知书上就明确规定："根据海关规定，货物到港（站）14天内未能及时向海关申报，由此引起的海关滞报金，由收货人承担。""货物到港10天内未能及时提取货物，由此引起的港口疏港所发生的费用，由收货人承担。货物抵港3个月不提取，将作为无主货处理。"

案例分析

集装箱运输货损当事人赔偿责任的确定

A公司（以下称发货人）将装载布料的6个集装箱委托一家国际货运代理公司（以下称货代）拖运到香港装船去西雅图港，集装箱在西雅图港卸船后再通过铁路运抵交货地（底特律）。

该批出口布料由货代出具全程提单，提单记载装船港香港、卸船港西雅图、交货地底特律，运输条款CY-CY，提单同时记载"由货主装载、计数"的批注。集装箱在香港装船后，船公司又签发了以货代为托运人的海运提单，提单记载装船港香港、卸船港西雅图，运输条款CY-CY。集装箱在西雅图港卸船时，6个集装箱中有3个外表状况有较严重破损，货代在西雅图港的代理与船方代理对此破损做了记录，并由双方在破损记录上共同签署。3个集装箱在运抵底特律后，收货人开箱时发现外表有破损的集装箱内布料已严重受损，另一集装箱尽管箱子外表状况良好，但箱内布料也有不同程度受损，此后，收货人因货损与发货人、货代船公司发生了争执。

对本案中，集装箱货损责任的确定，根据有关国际货运条约、惯例，以及货代船公司签发的提单所记载的运输条款，对发货人、货代以及船公司的责任，我们可以认定如下。

（一）发货人的责任

在本案中，发货人不应承担责任，理由是：在集装箱整箱运输条件下，其交接双方责任是"以集装箱外表状况是否良好，海关关封是否完整"来确定的，在本案中，当发货人将装载的集装箱交由货代公司安排托运至香港装船时，货代公司并未对集装箱外表状况提出异议，并且货代公司所签发的提单属于清洁提单，因而应认定发货人交运的货物状况良好，并且在集装箱运输下，对承运人责任期限的规定是："从接收货物时起，至交付货物为止"。提单记载的运输条款是CY-CY，则说明发货人与承运人对集装箱的交接责任以出口国CY大门为界，既然集装箱进CY大门时其外表状况未做任何批注，则可认定，发货人是完好交货，其责任即告终止。因此，发货人不承担货损责任。

（二）货代公司的责任

在本案中，货代公司应对外表状况良好但箱内布料有损害的集装箱负赔偿责任。根据1968年的《海牙—维斯比规定》：

"提单签发人应对全程运输承担责任，如无法确定货损原因、货损区段时，此项赔偿可以依据海上法规"。

在本案中，箱子外表状况良好，海关关封完整，但箱内货物已造成损害，无法确定责任方、货损原因、货损区段。此时，货代应对这一集装箱承担责任。

（三）船公司的责任

在本案中，船公司应承担 3 个集装箱内的布料损害赔偿。

其理由如下：

船公司签发的是海运提单，而货代签发的是全程提单，因此船公司是货物的实际承运人，是按货代要求完成海上运输，6 个集装箱在香港装船时，船公司对 6 个集装箱的外表状况并没有做任何批注，则可以认定是在完好的状态下接箱，但在西雅图港卸船交货时，却发现其中 3 箱已造成箱损，这在一定程度上可认定箱损发生在海上运输区段。

（资料来源：http://guanli.100xuexi.com/view/specdata/20100602/512D12BC-027B-4DBD-B5CC-5F50B8FF5680.html）

思考题：

1．你认为发货人认为自己没有任何责任，责任都在代理 B 公司和船公司的看法正确吗？理由是什么？

2．根据本章所学知识，以案例为事实，在实际经营活动中应如何避免此类事件发生？

 **本章小结**

本章介绍了常见的进口单证和出口单证的种类及其含义；全面总结了航空、海运和集装箱运输单证的填报规范和注意事项；重点分析了信用证和汇票的区别与联系；详细介绍了报关报检业务单证及填制规范。

延伸阅读

承运人无单放货　托运人为何反遭败诉

2003 年，中国内地 A 公司与中国香港 B 有限公司以 CIF 价格信用证结汇方式签订了某纺织品的出口销售合同。A 公司在收到信用证后，即委托日本中国汽船有限公司 C 承运价值约为 26 万美元的纺织品，起运港为我国宁波港，目的港为塞班港。装运后不久日本中国汽船有限公司 C 就向中国 A 公司签发了正本提单一式三份，提单上载明托运人是中国 A 公司，收货人为"to the order of issuing bank"。货物运抵目的港后，开证行以单证不符为由将全套单据退回，于是日本中国汽船有限公司 C 就凭收货人保函无单放货。2002年5月A公司得知货物已被无单放掉，致函C公司要求立即将货物退运回装运港。日本中国汽船有限公司C表示同意安排退运事宜，但却迟迟不予办理。8月中旬，A公司遂向日本中国汽船有限公司C发出索赔函，要求其赔偿无单放货所造成的货物损失。9月初，A公司以无单放货为由向宁波海事法院提起诉讼，要求日本中国汽船有限公司C赔偿货款损失及相关利息。随后，日本中国汽船有限公司C开始将货物追回退运，但货物抵达中转港中国香港后，A公司获悉货物已被拆箱、换箱，遂拒收滞港货物。

在案件受理过程中，日本中国汽船有限公司C才向法院提供其与日本汽船株式会社D公司签署的委托代理协议，以证明自己乃D公司的签单代理人而非协议承运人。并且日本中国汽船有限公司C已经追回、控制了货物，依退运协议完成了退运，而且合同货物现在仍然存在，只因原告无理由拒收才滞留在港。经审理后宁波海事法院认为由于A公司未能提供相应证据证明货物确已灭失并且遭受损失，其拒绝接受退运货物、索赔货款及利息的诉讼请求缺乏事实和法律依据，依法驳回其诉讼请求。作为货运代理的日本中国汽船有限公司C无单放货，而作为一般意义上的受害人中国A公司却不能取得胜诉，其中的原因值得认真研讨。

本案例的相关启示。

本案例反映的为一起无单放货的海上货物运输纠纷，这一案例对作为托运人的出口方如何在诉讼请求中提供适当的诉讼点及诉讼的法律与事实依据，如何正确认识货代提单的潜在风险，如何选择适当的诉讼对象和诉讼原因等方面提出了值得思考和探索的问题，且对我国刚刚获得进出口经营权的广大中小企业的国际贸易实践具有一定的借鉴作用。

1. 关于货代提单的潜在风险

在本案例中，日本中国汽船有限公司C向中国A公司签发的提单属于货代提单，因为事后日本中国汽船有限公司C向法院提供了其与日本汽船株式会社D签署的委托代理协议，证明了自己是实际承运人D公司的签单代理人而非协议承运人。在单一海运方式下，货代签发提单给托运人结汇，然后再以自己的名义向船公司订舱取得实际海运提单，但这套提单上的托运人是货代，收货人或通知人是货代在目的港的代理。货代提单所涉及的合约一般有两个：其一为货代与出口商作为订约双方的揽货协议；其二为承运人和货代作为订约双方的运输协议。从合约关系来看，出口商在运输合约下是不能要求承运人负任何责任的，他必须通过货代来要求承运人赔偿。

退一步讲，即便出口商获得了合约下的诉权，也不能确定承运人要负哪一种责任。因为无论《海牙规则》还是《海牙—维斯比规则》都认为承运人要负责的是船舶的适航，妥善地装载、照看货物等，将货物安全、完好地运抵目的港交货。此后货物再有任何偏差甚至发生欺诈活动，都是承运人职责结束后的事情，不应该由承运人承

担责任。可见合约下对承运人提出起诉难以获得胜诉，这样出口方接受货代提单的风险就显而易见。虽然为了顺应世界航运业的发展，国际商会的《UCP500》规则认可了货代提单，但一旦出口商向银行提交的单据与信用证有所不符，信用证的付款保证便不再存在，最终只能像本案一样回到货权和客户的问题上来。我们应该看到《UCP500》在接受货代提单时是添加附加条件的，即由货代作为承运人或作为一个具名承运人的代理签发。《UCP500》要求货代只能作为具名承运人的代理出具货代提单的规定就是想让承运人作为揽货协议的一方直接对出口方负责。但无论如何，承运人所负的责任也仅限于货物运输途中的安全，对于国际贸易货物欺诈或到货后的货损货差问题，承运人一般没有直接责任。

2. 关于托运人诉讼对象的选择

在本案例中，国际承运人的国内代理人日本中国汽船有限公司 C 违反有关规定超越代理权限仅凭保函放货是一种违规行为。A 公司可以无单放货为诉因选择以侵权之诉起诉承运人及其代理人要求各侵权人承担连带赔偿责任，还可以合同之诉单独起诉承运人要求承担违约责任，但究竟选择何种诉因及诉讼对象应该具体分析。本案例中 D 公司作为契约承运人，间接接受了 A 公司的委托承运了合同货物并转托其代理人日本中国汽船有限公司 C 出具了已装船正本提单。但只有在承运人或其代理人将货物交付给正本提单持有人或其授权的人，并收回正本提单，才能视为有效交付。A 公司是托运人，在其所持有的正本提单未转让的情况下，D 公司应负有向 A 出口公司交付货物的合同义务。承运人或其代理在未收到正本提单或银行保函的情况下，不能无单放货并且也有义务在未完成交货时妥善保管好提单项下的物权，或向法院提存。理论上讲，D 公司如不能证明其未默认或追认货运代理人的越权代理行为，应承担无单放货的侵权责任。但本案例的托运人与实际承运人不存在直接的运输契约关系，所以以合同之诉单独起诉承运人缺乏依据，况且只有代理人在授权范围内实施的行为经过被代理人追认，或者承运人知道代理人实施违法行为而不予反对，承运人才承担连带责任，在本案例中 A 公司显然无法提供这方面的举证。

（资料来源：http://www.lawtime.cn/info/hetong/ysht/2010071640233.html）

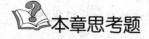 **本章思考题**

一、思考题

1. 试分析信用证和汇票的区别和联系。

2. 什么是报关？什么是报检？主要的单证有哪些？

3. 国际航空货物运输有什么特点？使用航空运单的注意事项有什么？

4．什么是班轮运输？班轮运输需要哪些单证？

5．集装箱运输有哪些优越性？涉及哪些单证？

二、填空题

1．单证以性质划分，可以分为（　　　）单据和（　　　）单据。

2．根据国际贸易规则，按照 CIF 贸易条件成交的合同，实行单据和付款对流的原则，即卖方（　　　）交货，买方（　　　）付款。

三、判断题

1．信用证支付方式下，卖方凭以向客户收取货款的，不是实际货物，而是用来证明其完全相符的全套单据。（　　　）

2．联合国实际推荐使用的运输标志（唛头）代码由收货人简称、合同号、目的地和件号四个部分组成。（　　　）

3．信用证项下单证不符，开证行可以拒付货款；托收项下单据不符，买方可以拒付货款。（　　　）

4．单证工作能及时反映货、船、证等业务的管理现状，为了杜绝差错事故的发生，避免带来不必要的经济损失，因此必须加强工作责任心。（　　　）

四、选择题

1．根据联合国推广使用的国际标准，以下日期代码表示正确的是（　　　）。

A．2005/8/4　　　　　　　　　B．2005-08-04

C．04/08/2005　　　　　　　　D．08/04/2005

2．单证缮制必须做到正确、完整、及时、简明和整洁，其中（　　　）是单证工作的前提。

A．正确　　　　　　　　　　　B．完整

C．及时　　　　　　　　　　　D．简明

3．以下关于信用证项下及时出单表述正确的是（　　　）。

A．收到信用证后应立即制作全套单据

B．单据的制作日期应符合商业习惯的合理日期

C．单据的出单日期不能超过信用证规定的有效期

D．向银行交单的日期不能超过信用证规定的交单日期

4．制单中"三相符"的要求包括（　　　）。

A．单证相符　　　　　　　　　B．单单相符

C．单货相符　　　　　　　　　D．货同相符

参 考 文 献

1. 中国货代协会网：http://www.cifa.org.cn
2. 中国物流网：http://www.china-logisticsnet.com
3. 中华物流网：http://www.zhwlw.com.cn
4. 第三方物流网：http://www.56net.com.cn
5. 中国物流与采购网：http://www.cflp.org.cn
6. 物流中国：http://www.56zg.com
7. 商务部网站：http://www.mofcom.gov.cn
8. 中华人民共和国铁道部网：http://www.china-mor.gov.cn
9. 中华人民共和国交通运输部网：http://www.moc.gov.cn
10. 中国海关网：http://www.customs.gov.cn
11. 锦程物流网：http://www.jctrans.com
12. 中国国际海运网：http://www.shippingchina.com
13. 中国道路运输网：http://www.chinarta.com
14. 中国铁路货运网：http://www.zgtlhy.com
15. 中国航空运输协会：http://www.cata.org.cn
16. 刘丽艳. 国际物流与货运代理[M]. 北京：清华大学出版社，2012.
17. 刘文歌. 国际物流与货运代理[M]. 北京：清华大学出版社，2012.
18. 陈洋. 国际物流实务[M]. 北京：高等教育出版社，2003.
19. 徐勇谋. 国际物流管理[M]. 北京：化学工业出版社，2004.
20. 杨霞芳. 国际物流管理[M]. 上海：同济大学出版社，2004.
21. 杨志刚. 国际货运物流实务、法规与案例[M]. 北京：化学工业出版社，2003.
22. 张晓莺. 运输管理实务[M]. 武汉：武汉理工大学出版社，2007.
23. 宋文官. 运输管理实务[M]. 北京：高等教育出版社，2010.
24. 全国国际货代行业人员岗位专业证书考试指导教材[M]. 北京：中国商务出版社，2010.
25. 马军功. 国际船舶代理业务与国际集装箱货代业务[M]. 北京：对外经济贸易大学出版社，2003.
26. 王任祥. 国际物流[M]. 杭州：浙江大学出版社，2009.
27. 张清. 国际物流实务[M]. 北京：清华大学出版社，北京交通大学出版社，2012.

28．胡延松，赵玉国．现代物流概论[M]．武汉：武汉理工大学出版社，2007．

29．艳霞，杨丽．物流运输管理[M]．北京：机械工业出版社，2008．

30．王辉，林略．物流学导论[M]．重庆：重庆大学出版社，2008．

31．吴承健，傅培华，王珊珊．物流学概论[M]．杭州：浙江大学出版社，2009．

32．张海燕，吕明哲．国际物流[M]．大连：东北财经大学出版社，2014．

33．（英）John Mangan, Chandra Lalwani, Tim Butcher．国际物流与供应链管理[M]．刘志学，左晓露，等，译．北京：电子工业出版社，2011．

34．P. David，R. Stewart. International logistics：the management of international trade operations[M]．Peking：Tsinghua University press，2014．

35．苏振东，苏杭．国际物流管理[M]．大连：大连理工大学出版社，2010．

36．逯宇铎，鲁力群．国际物流管理[M]．北京：机械工业出版社，2015．

37．逯宇铎，李正峰，苏振东．国际物流学[M]．北京：北京大学出版社，2012．

38．赖瑾瑜，姚大伟．国际物流实务[M]．北京：中国商务出版社，2006．

39．戴正翔．国际物流单证实务[M]．北京：清华大学出版社，北京交通大学出版社，2014．

40．L. Douglas. International Logistics：global supply chain management[M]．Peking：Publishing house of electronics industry，2006．

41．王国文．国际物流与制度因素[M]．北京：中国物资出版社，2010．

42．林正章．国际物流与供应链[M]．北京：清华大学出版社，2006．

43．王晓东，赵忠秀．国际物流与商务[M]．北京：清华大学出版社，2008．

44．周哲，申雅君．国际物流[M]．北京：清华大学出版社，2007．

45．杨志刚，杜小磊，孙志强．国际物流实务、法规与案例[M]．北京：人民交通出版社，2006．

46．盖地．税务筹划学[M]．第三版．北京：中国人民大学出版社，2013．

47．盖地．税务会计与税务筹划[M]．第八版．北京：中国人民大学出版社，2016．

48．梁文涛．税务筹划[M]．第二版．北京：北京交通大学出版社，2014．

49．刘蓉．税收筹划[M]．北京：中国税务出版社，2008．

50．柴庆春．国际物流管理[M]．北京：北京大学出版社，2011．

51．高晓亮．国际物流[M]．北京：北京交通大学出版社，2009．

52．刘冰涛．国际货物运输[M]．重庆：重庆大学出版社，2006．

53．吴长仲．国际航运[M]．大连：大连海运出版社，1992．

54．张建奇．国际货运代理实务[M]．北京：北京大学出版社，2013．

55．张良卫．国际物流[M]．北京：高等教育出版社，2011．

56．王赫男，毕晓芬．国际物流[M]．北京：电子工业出版社，2008．